Mickiewicz

Utwory dramatyczne

Adam Mickiewicz
Dzieła poetyckie

Wiersze

Powieści poetyckie

Księgi narodu polskiego
i pielgrzymstwa polskiego

Utwory dramatyczne

Pan Tadeusz

Czytelnik Warszawa

1982

Adam

Mickiewicz

Utwory dramatyczne

3

Tekst według Wydania Jubileuszowego *Dzieł*
A. Mickiewicza, Warszawa 1955, t. 3, *Utwory dra-matyczne*, oprac. S. Pigoń. Fragmenty francuskie
przełożył z rękopisu A. Górski.

Opracowanie graficzne
Wojciech Freudenreich

ISBN 83-07-00486-1

ISBN 83-07-00483-7

DZIADY

DZIADY

POEMA

UPIÓR

Serce ustało, pierś już lodowata,
Ścięły się usta i oczy zawarły;
Na świecie jeszcze, lecz już nie dla świata!
    Cóż to za człowiek? — Umarły.

Patrz, duch nadziei życie mu nadaje,
Gwiazda pamięci promyków użycza,
Umarły wraca na młodości kraje
    Szukać lubego oblicza.

Pierś znowu tchnęła, lecz pierś lodowata,
10 Usta i oczy stanęły otworem,
Na świecie znowu, ale nie dla świata;
    Czymże ten człowiek? — Upiorem.

Ci, którzy bliżej cmentarza mieszkali,
Wiedzą, iż upiór ten co rok się budzi,
Na dzień zaduszny mogiłę odwali
    I dąży pomiędzy ludzi.

Aż gdy zadzwonią na niedzielę czwartą,
Wraca się nocą opadły na sile,
Z piersią skrwawioną, jakby dziś rozdartą,
20   Usypia znowu w mogile.

Pełno jest wieści o nocnym człowieku,
Żyją, co byli na jego pogrzebie;
Słychać, iż zginął w młodocianym wieku,
    Podobno zabił sam siebie.

Teraz zapewne wieczne cierpi kary,
Bo smutnie jęczał i płomieniem buchał;
Niedawno jeden zakrystyjan stary
    Obaczył go i podsłuchał.

Mówi, iż upiór, skoro wyszedł z ziemi,
30 Oczy na gwiazdę poranną wywrócił,
Załamał ręce i usty chłodnemi
    Takową skargę wyrzucił:

«Duchu przeklęty, po co śród parowu
Nieczułej ziemi ogień życia wzniecasz?
Blasku przeklęty, zagasłeś i znowu,
    Po co mi znowu przyświecasz?

«O sprawiedliwy, lecz straszny wyroku!
Ujrzeć ją znowu, poznać się, rozłączyć;
I com ucierpiał, to cierpieć co roku,
40   I jakem skończył, zakończyć.

«Żebym cię znalazł, muszę między zgrają
Błądzić z długiego wyszedłszy ukrycia;
Lecz nie dbam, jak mię ludzie powitają;
    Wszystkiegom doznał za życia.

«Kiedyś patrzyła, musiałem jak zbrodzień
Odwracać oczy; słyszałem twe słowa,
Słyszałem co dzień, i musiałem co dzień
    Milczeć jak deska grobowa.

«Śmieli się niegdyś przyjaciele młodzi,
50 Zwali tęsknotę dziwactwem, przesadą;
Starszy ramieniem ściska i odchodzi
    Lub mądrą nudzi mię radą.

10

«Śmieszków i radców zarówno słuchałem,
Choć i sam może nie lepszy od drugich,
Sam bym się gorszył zbytecznym zapałem
Lub śmiał się z żalów zbyt długich.

«Ktoś inny myślał, że obrażam ciebie,
Uwłaczam jego rodowitej dumie;
Przecież ulegał grzeczności, potrzebie,
60   Udawał, że nie rozumie.

«Lecz i ja dumny, żem go równie zbadał,
Choć mię nie pyta, chociaż milczeć umiem;
Mówiłem gwałtem, a gdy odpowiadał,
Udałem, że nie rozumiem.

«Ale kto nie mógł darować mi grzechu,
Ledwie obelgę na ustach przytrzyma,
Niechętne lica gwałci do uśmiechu
I litość kłamie oczyma;

«Takiemu tylko nigdym nie przebaczył,
70 Wszakżem skargami nigdy ust nie zmazał,
Anim pogardy wymówić nie raczył,
Kiedym mu uśmiech okazał.

«Tegoż dziś doznam, jeśli dziką postać
Cudzemu światu ukażę spod cieni;
Jedni mię będą egzorcyzmem chłostać,
Drudzy ucieką zdziwieni.

«Ten dumą śmieszy, ten litością nudzi,
Inny szyderskie oczy zechce krzywić.
Do jednej idąc, za cóż tyle ludzi
80   Muszę obrażać lub dziwić?

11

«Cóżkolwiek będzie, dawnym pójdę torem:
Szydercom litość, śmiech litościwemu.
Tylko, o luba! tylko ty z upiorem
　　Powitaj się po dawnemu.

«Spojrzyj i przemów, daruj małą winę,
Że śmiem do ciebie raz jeszcze powrócić,
Mara przeszłości, na jedną godzinę
　　Obecne szczęście zakłócić.

«Wzrok twój, nawykły do świata i słońca,
90　Może się trupiej nie ulęknie głowy,
I może raczysz cierpliwie do końca
　　Grobowej dosłuchać mowy.

«I ścigać myśli po przeszłych obrazach
Błądzące jako pasożytne ziele,
Które śród gmachu starego po głazach
　　Rozpierzchłe gałązki ściele».

DZIADY· Jest to nazwisko uroczystości obchodzonej dotąd między pospólstwem w wielu powiatach Litwy, Prus i Kurlandii, na pamiątkę dziadów, czyli w ogólności zmarłych przodków. Uroczystość ta początkiem swoim zasięga czasów pogańskich i zwała się niegdyś ucztą kozła, na której przewodniczył Koźlarz, Huslar, Guślarz, razem kapłan i poeta (gęślarz). W teraźniejszych czasach, ponieważ światłe duchowieństwo i właściciele usiłowali wykorzenić zwyczaj połączony z zabobonnymi praktykami i zbytkiem częstokroć nagannym, pospólstwo więc święci D z i a d y tajemnie w kaplicach lub pustych domach niedaleko cmentarza. Zastawia się tam pospolicie uczta z rozmaitego jadła, trunków, owoców i wywołują się dusze nieboszczyków. Godna uwagi, iż zwyczaj częstowania zmarłych zdaje się być wspólny wszystkim ludom pogańskim, w dawnej Grecji za czasów homerycznych, w Skandynawii, na Wschodzie i dotąd po wyspach Nowego Świata. D z i a d y nasze mają to szczególnie, iż obrzędy pogańskie pomieszane są z wyobrażeniami religii chrześcijańskiej, zwłaszcza iż dzień zaduszny przypada około czasu tej uroczystości. Pospólstwo rozumie, iż potrawami, napojem i śpiewami przynosi ulgę duszom czyscowym.

Cel tak pobożny święta, miejsca samotne, czas nocny, obrzędy fantastyczne przemawiały niegdyś silnie do mojej imaginacji; słuchałem bajek, powieści i pieśni o nieboszczykach powracających z prośbami lub przestrogami; a we wszystkich zmyśleniach poczwarnych można było dostrzec pewne dążenie moralne i pewne nauki, gminnym sposobem zmysłowie przedstawiane.

Poema niniejsze przedstawi obrazy w podobnym duchu, śpiewy zaś obrzędowe, gusła i inkantacje są po większej części wiernie, a niekiedy dosłownie z gminnej poezji wzięte.

13

DZIADY

CZĘŚĆ II

GUŚLARZ — STARZEC PIERWSZY Z CHÓRU — CHÓR WIEŚNIAKÓW
I WIEŚNIACZEK — KAPLICA, WIECZÓR

> *There are more things in Heaven and Earth,*
> *Than are dreamt of in your philosophy.*
>
> **Shakespeare**
>
> Są dziwy w niebie i na ziemi, o których
> ani śniło się waszym filozofom.

Chór

Ciemno wszędzie, głucho wszędzie,
Co to będzie, co to będzie?

Guślarz

Zamknijcie drzwi od kaplicy
I stańcie dokoła truny;
Żadnej lampy, żadnej świécy,
W oknach zawieście całuny.
Niech księżyca jasność blada
Szczelinami tu nie wpada.
Tylko żwawo, tylko śmiało.

Starzec

10 Jak kazałeś, tak się stało.

Chór

Ciemno wszędzie, głucho wszędzie,
Co to będzie, co to będzie?

14

Guślarz

Czyscowe duszeczki!
W jakiejkolwiek świata stronie:
Czyli która w smole płonie,
Czyli marznie na dnie rzeczki,
Czyli dla dotkliwszej kary
W surowym wszczepiona drewnie,
Gdy ją w piecu gryzą żary,
20 I piszczy, i płacze rzewnie;
Każda spieszcie do gromady!
Gromada niech się tu zbierze!
Oto obchodzimy Dziady!
Zstępujcie w święty przybytek;
Jest jałmużna, są pacierze,
I jedzenie, i napitek.

Chór

Ciemno wszędzie, głucho wszędzie,
Co to będzie, co to będzie?

Guślarz

Podajcie mi garść kądzieli,
30 Zapalam ją; wy z pośpiechem,
Skoro płomyk w górę strzeli,
Pędźcie go lekkim oddechem.
O tak, o tak, daléj, daléj,
Niech się na powietrzu spali.

Chór

Ciemno wszędzie, głucho wszędzie,
Co to będzie, co to będzie?

Guślarz

Naprzód wy z lekkimi duchy,
Coście śród tego padołu

15

Ciemnoty i zawieruchy,
40 Nędzy, płaczu i mozołu
Zabłysnęli i spłonęli
Jako ta garstka kądzieli.
Kto z was wietrznym błądzi szlakiem,
W niebieskie nie wzleciał bramy,
Tego lekkim, jasnym znakiem
Przyzywamy, zaklinamy.

Chór
Mówcie, komu czego braknie,
Kto z was pragnie, kto z was łaknie.

Guślarz
Patrzcie, ach, patrzcie do góry,
50 Cóż tam pod sklepieniem świeci?
Oto złocistymi pióry
Trzepioce się dwoje dzieci.
Jak listek z listkiem w powiewie,
Kręcą się pod cerkwi wierzchołkiem;
Jak gołąbek z gołąbkiem na drzewie,
Tak aniołek igra z aniołkiem.

Guślarz i Starzec
Jak listek z listkiem w powiewie,
Kręcą się pod cerkwi wierzchołkiem;
Jak gołąbek z gołąbkiem na drzewie,
60 Tak aniołek igra z aniołkiem.

Aniołek
(do jednej z wieśniaczek)
Do mamy lecim, do mamy.
Cóż to, mamo, nie znasz Józia?
Ja to Józio, ja ten samy,
A to siostra moja Rózia.

16

My teraz w raju latamy,
Tam nam lepiej niż u mamy.
Patrz, jakie główki w promieniu,
Ubiór z jutrzenki światełka,
A na oboim ramieniu
70 Jak u motylków skrzydełka.
W raju wszystkiego dostatek,
Co dzień to inna zabawka:
Gdzie stąpim, wypływa trawka,
Gdzie dotkniem, rozkwita kwiatek.

Lecz choć wszystkiego dostatek,
Dręczy nas nuda i trwoga.
Ach, mamo, dla twoich dziatek
Zamknięta do nieba droga!

Chór
Lecz choć wszystkiego dostatek,
80 Dręczy ich nuda i trwoga.
Ach, mamo, dla twoich dziatek
Zamknięta do nieba droga!

Guślarz
Czego potrzebujesz, duszeczko,
Żeby się dostać do nieba?
Czy prosisz o chwałę Boga?
Czyli o przysmaczek słodki?
Są tu pączki, ciasta, mleczko
I owoce, i jagodki.
Czego potrzebujesz, duszeczko,
90 Żeby się dostać do nieba?

Aniołek
Nic nam, nic nam nie potrzeba.
Zbytkiem słodyczy na ziemi

17

Jesteśmy nieszczęśliwemi.
Ach, ja w mojem życiu całem
Nic gorzkiego nie doznałem.
Pieszczoty, łakotki, swawole,
A co zrobię, wszystko caca.
Śpiewać, skakać, wybiec w pole,
Urwać kwiatków dla Rozalki,
100 Oto była moja praça,
A jej praca stroić lalki.
Przylatujemy na Dziady
Nie dla modłów i biesiady,
Niepotrzebna msza ofiarna;
Nie o pączki, mleczka, chrusty, —
Prosim gorczycy dwa ziarna;
A ta usługa ţak marna
Stanie za wszystkie odpusty.

Bo słuchajcie i zważcie u siebie,
110 Że według bożego rozkazu:
Kto nie doznał goryc:y ni razu,
Ten nie dozna słodyczy w niebie.

Chór

Bo słuchajmy i zważmy u siebie,
Że według bożego rozkazu:
Kto nie doznał goryczy ni razu,
Ten nie dozna słodyczy w niebie.

Guślarz

Aniołku, duszeczko!
Czego chciałeś, macie obie.
To ziarneczko, to ziarneczko,
120 Teraz z Bogiem idźcie sobie.
A kto prośby nie posłucha,

18

W imię Ojca, Syna, Ducha.
Widzicie Pański krzyż?
Nie chcecie jadła, napoju,
Zostawcież nas w pokoju!
A kysz, a kysz!

Chór

A kto prośby nie posłucha,
W imię Ojca, Syna, Ducha.
Widzicie Pański krzyż?
130 Nie chcecie jadła, napoju,
Zostawcież nas w pokoju;
A kysz, a kysz!
(Widmo znika)

Guślarz

Już straszna północ przybywa,
Zamykajcie drzwi na kłódki;
Weźcie smolny pęk łuczywa,
Stawcie w środku kocioł wódki.
A gdy laską skinę z dala,
Niechaj się wódka zapala.
Tylko żwawo, tylko śmiało.

Starzec
140 Jużem gotów.

Guślarz
Daję hasło.

Starzec
Buchnęło, zawrzało
I zgasło.

Chór

Ciemno wszędzie, głucho wszędzie,
Co to będzie, co to będzie?

Guślarz

Dalej wy z najcięższym duchem,
Coście do tego padołu
Przykuci zbrodni łańcuchem
Z ciałem i duszą pospołu.
Choć zgon lepiankę rozkruszy,
150 Choć was anioł śmierci woła,
Żywot z cielesnej katuszy
Dotąd wydrzeć się nie zdoła.
Jeżeli karę tak srogą
Ludzie nieco zwolnić mogą
I zbawić piekielnej jamy,
Której jesteście tak blisko:
Was wzywamy, zaklinamy
Przez żywioł wasz, przez ognisko!

Chór

Mówcie, komu czego braknie,
160 Kto z was pragnie, kto z was łaknie?

Głos
(za oknem)

Hej, kruki, sowy, orlice!
O wy przeklęte żarłoki!
Puśćcie mnie tu pod kaplicę,
Puśćcie mnie choć na dwa kroki.

Guślarz

Wszelki duch! jakaż potwora!
Widzicie w oknie upiora?

20

Jak kość na polu wybladły;
Patrzcie! patrzcie, jakie lice!
W gębie dym i błyskawice,
170 Oczy na głowę wysiadły,
Świecą jak węgle w popiele.
Włos rozczochrany na czele.
A jak suchy snop cierniowy
Płonąc miotłę ognia ciska,
Tak od potępieńca głowy
Z trzaskiem sypią się iskrzyska.

Guślarz i Starzec
A jak suchy snop cierniowy
Płonąc miotłę ognia ciska,
Tak od potępieńca głowy
180 Z trzaskiem sypią się igrzyska.

Widmo
(zza okna)
Dzieci! nie znacie mnie, dzieci?
Przypatrzcie się tylko z bliska,
Przypomnijcie tylko sobie!
Ja nieboszczyk pan wasz, dzieci!
Wszak to moja była wioska.
Dziś ledwo rok mija trzeci,
Jak mnie złożyliście w grobie.
Ach, zbyt ciężka ręka boska!
Jestem w złego ducha mocy,
190 Okropne cierpię męczarnie.
Kędy noc ziemię ogarnie,
Tam idę szukając nocy;
A uciekając od słońca
Tak pędzę żywot tułaczy,
A nie znajdę błędom końca.

21

Wiecznych głodów jestem pastwą;
A któż mię nakarmić raczy?
Szarpie mię żarłoczne ptastwo;
A któż będzie mój obrońca?
²⁰⁰ Nie masz, nie masz mękom końca!

Chór

Szarpie go żarłoczne ptastwo,
A któż mu będzie obrońca?
Nie masz, nie masz mękom końca!

Guślarz

A czegoż potrzeba dla duszy,
Aby uniknąć katuszy?
Czy prosisz o chwałę nieba?
Czy o poświęcone gody?
Jest dostatkiem mleka, chleba,
Są owoce i jagody.
²¹⁰ Mów, czego trzeba dla duszy,
Aby się dostać do nieba?

Widmo

Do nieba?... bluźnisz daremnie...
O nie! ja nie chcę do nieba;
Ja tylko chcę, żeby ze mnie
Prędzej się dusza wywlekła.
Stokroć wolę pójść do piekła,
Wszystkie męki zniosę snadnie;
Wolę jęczeć w piekle na dnie,
Niż z duchami nieczystemi
²²⁰ Błąkać się wiecznie po ziemi,
Widzieć dawnych uciech ślady,
Pamiątki dawnej szkarady;
Od wschodu aż do zachodu,

22

Od zachodu aż do wschodu
Umierać z pragnienia, z głodu
I karmić drapieżne ptaki.
Lecz niestety! wyrok taki,
Że dopóty w ciele muszę
Potępioną włóczyć duszę,
230 Nim kto z was, poddani moi,
Pożywi mię i napoi.

Ach, jak mnie pragnienie pali;
Gdyby mała wody miarka!
Ach! gdybyście mnie podali
Choćby dwa pszenicy ziarka!

Chór

Ach, jak go pragnienie pali!
Gdyby mała wody miarka!
Ach, gdybyśmy mu podali
Choćby dwa pszenicy ziarka!

Chór ptaków nocnych

240 Darmo żebrze, darmo płacze:
My tu czarnym korowodem,
Sowy, kruki i puchacze,
Niegdyś, panku, sługi twoje,
Któreś ty pomorzył głodem,
Zjemy pokarmy, wypijem napoje.
Hej, sowy, puchacze, kruki,
Szponami, krzywymi dzioby
Szarpajmy jadło na sztuki!
Chociażbyś trzymał już w gębie,
250 I tam ja szponę zagłębię;
Dostanę aż do wątroby.

Nie znałeś litości, panie!
Hej, sowy, puchacze, kruki,
I my nie znajmy litości:
Szarpajmy jadło na sztuki,
A kiedy jadła nie stanie,
Szarpajmy ciało na sztuki,
Niechaj nagie świecą kości.

Kruk

Nie lubisz umierać z głodu!
260 A pomnisz, jak raz w jesieni
Wszedłem do twego ogrodu?
Gruszka dojrzewa, jabłko się czerwieni;
Trzy dni nic nie miałem w ustach,
Otrząsnąłem jabłek kilka.
Lecz ogrodnik skryty w chrustach
Zaraz narobił hałasu
I poszczuł psami jak wilka.
Nie przeskoczyłem tarasu,
Dopędziła mię obława;
270 Przed panem toczy się sprawa,
O co? o owoce z lasu,
Które na wspólną wygodę
Bóg dał jak ogień i wodę.
Ale pan gniewny zawoła:
«Potrzeba dać przykład grozy».
Zbiegł się lud z całego sioła,
Przywiązano mię do sochy,
Zbito dziesięć pęków łozy.
Każdą kość, jak z kłosa żyto,
280 Jak od suchych strąków grochy,
Od skóry mojej odbito!
Nie znałeś litości, panie!

24

Chór ptaków

Hej, sowy, puchacze, kruki,
I my nie znajmy litości!
Szarpajmy jadło na sztuki;
A kiedy jadła nie stanie,
Szarpajmy ciało na sztuki,
Niechaj nagie świecą kości!

Sowa

Nie lubisz umierać z głodu!
290 Pomnisz, jak w kucyją samą,
Pośród najtęższego chłodu,
Stałam z dziecięciem pod bramą.
Panie! wołałam ze łzami,
Zlituj się nad sierotami!
Mąż mój już na tamtym świecie,
Córkę zabrałeś do dwora,
Matka w chacie leży chora,
Przy piersiach maleńkie dziecię.
Panie, daj nam zapomogę,
300 Bo dalej wyżyć nie mogę!

Ale ty, panie, bez duszy!
Hulając w pjanej ochocie,
Przewalając się po złocie,
Hajdukowi rzekłeś z cicha:
«Kto tam gościom trąbi w uszy?
Wypędź żebraczkę, do licha».
Posłuchał hajduk niecnota,
Za włosy wywlekł za wrota!
Wepchnął mię z dzieckiem do śniegu!
310 Zbita i przeziębła srodze,
Nie mogłam znaleźć noclegu;

25

Zmarzłam z dziecięciem na drodze.
Nie znałeś litości, panie!

Chór ptaków

Hej, sowy, puchacze, kruki,
I my nie znajmy litości!
Szarpajmy jadło na sztuki,
A kiedy jadła nie stanie,
Szarpajmy ciało na sztuki,
Niechaj nagie świecą kości!

Widmo

320 Nie ma, nie ma dla mnie rady!
Darmo podajesz talerze,
Co dasz, to ptastwo zabierze.
Nie dla mnie, nie dla mnie Dziady!

Tak, muszę dręczyć się wiek wiekiem,
Sprawiedliwe zrządzenia boże!
Bo kto nie był ni razu człowiekiem,
Temu człowiek nic nie pomoże.

Chór

Tak, musisz dręczyć się wiek wiekiem,
Sprawiedliwe zrządzenia boże!
330 Bo kto nie był ni razu człowiekiem,
Temu człowiek nic nie pomoże.

Guślarz

Gdy nic tobie nie pomoże,
Idźże sobie precz, nieboże.
A kto prośby nie posłucha,
W imię Ojca, Syna, Ducha.
Czy widzisz Pański krzyż?

Nie bierzesz jadła, napoju?
Zostawże nas w pokoju!
A kysz, a kysz!

Chór

340 A kto prośby nie posłucha,
W imię Ojca, Syna, Ducha.
Czy widzisz Pański krzyż?
Nie bierzesz jadła, napoju?
Zostawże nas w pokoju!
A kysz, a kysz!

(Widmo znika)

Guślarz

Podajcie mi, przyjaciele,
Ten wianek na koniec laski.
Zapalam święcone ziele,
W górę dymy, w górę blaski!

Chór

350 Ciemno wszędzie, głucho wszędzie,
Co to będzie, co to będzie?

Guślarz

Teraz wy, pośrednie duchy,
Coście u tego padołu
Ciemnoty i zawieruchy
Żyłyście z ludźmi pospołu;
Lecz, od ludzkiej wolne skazy,
Żyłyście nie nam, nie światu,
Jako te cząbry i ślazy,
Ni z nich owocu, ni kwiatu,
360 Ani się ukarmi zwierzę,
Ani się człowiek ubierze;
Lecz w wonne skręcone wianki

27

Na ścianie wiszą wysoko.
Tak wysoko, o ziemianki,
Była wasza pierś i oko!

Która dotąd czystym skrzydłem
Niebieskiej nie przeszła bramy,
Was tym światłem i kadzidłem
Zapraszamy, zaklinamy.

Chór

370 Mówcie, komu czego braknie,
Kto z was pragnie, kto z was łaknie.

Guślarz

A toż czy obraz Bogarodzicy?
Czyli anielska postać?
Jak lekkim rzutem obręcza
Po obłokach zbiega tęcza,
By z jeziora wody dostać,
Tak ona świeci w kaplicy.
Do nóg biała spływa szata,
Włos z wietrzykami swawoli,
380 Po jagodach uśmiech lata,
Ale w oczach łza niedoli.

Guślarz i Starzec

Do nóg biała spływa szata,
Włos z wietrzykami swawoli,
Po jagodach uśmiech lata,
Ale w oczach łza niedoli.

Guślarz i Dziewczyna

Guślarz

Na głowie ma kraśny wianek,
W ręku zielony badylek,

A przed nią bieży baranek,
A nad nią leci motylek,
390 Na baranka bez ustanku
Woła: baś, baś, mój baranku,
Baranek zawsze z daleka;
Motylka rózeczką goni
I już, już trzyma go w dłoni;
Motylek zawsze ucieka.

Dziewczyna

Na głowie mam kraśny wianek,
W ręku zielony badylek,
Przede mną bieży baranek,
Nade mną leci motylek,
400 Na baranka bez ustanku
Wołam: baś, baś, mój baranku,
Baranek zawsze z daleka;
Motylka rózeczką gonię
I już, już chwytam go w dłonie;
Motylek zawsze ucieka.

Dziewczyna

Tu niegdyś w wiosny poranki
Najpiękniejsza z tego sioła,
Zosia pasając baranki
Skacze i śpiewa wesoła.
La la la la.

410 Oleś za gołąbków parę
Chciał raz pocałować w usta;
Lecz i prośbę, i ofiarę
Wyśmiała dziewczyna pusta.
La la la la.

29

    Józio dał wstążkę pasterce,
    Antoś oddał swoje serce;
    Lecz i z Józia i z Antosia
    Śmieje się pierzchliwa Zosia.
        La la la la.*

Tak, Zosią byłam, dziewczyną z tej wioski,
Imię moje u was głośne,
420 Że chociaż piękna, nie chciałam zamęścia
I dziewiętnastą przeigrawszy wiosnę,
Umarłam nie znając troski
Ani prawdziwego szczęścia.
Żyłam na świecie; lecz, ach! nie dla świata!
Myśl moja, nazbyt skrzydlata,
Nigdy na ziemskiej nie spoczęła błoni.
Za lekkim zefirkiem goni,
Za muszką, za kraśnym wiankiem,
Za motylkiem, za barankiem;
430 Ale nigdy za kochankiem.
Pieśni i fletów słuchałam rada:
Często, kiedy sama pasę,
Do tych pasterzy goniłam stada,
Którzy mą wielbili krasę;
Lecz żadnego nie kochałam.
Za to po śmierci nie wiem, co się ze mną dzieje,
Nieznajomym ogniem pałam;
Choć sobie igram do woli,
Latam, gdzie wietrzyk zawieje,
440 Nic mię nie smuci, nic mię nie boli,
Jakie chcę, wyrabiam cuda.
Przędę sobie z tęczy rąbki,
Z przezroczystych łez poranku

---

* Z Getego

Tworzę motylki, gołąbki.
Przecież nie wiem, skąd ta nuda:
Wyglądam kogoś za każdym szelestem,
Ach, i zawsze sama jestem!
Przykro mi, że bez ustanku
Wiatr mną jak piórkiem pomiata.
450 Nie wiem, czy jestem z tego, czy z tamtego świata.
Gdzie się przybliżam, zaraz wiatr oddali,
Pędzi w górę, w dół, z ukosa:
Tak pośród pierzchliwej fali
Wieczną przelatując drogę,
Ani wzbić się pod niebiosa,
Ani ziemi dotknąć nie mogę.

Chór
Tak pośród pierzchliwej fali
Przez wieczne lecąc bezdroże,
Ani wzbić się pod niebiosa,
460 Ani dotknąć ziemi nie może.

Guślarz
Czego potrzebujesz, duszeczko,
Żeby się dostać do nieba?
Czy prosisz o chwałę Boga,
Czy o przysmaczek słodki?
Są tu pączki, ciasta, mleczko,
I owoce, i jagodki.
Czego potrzebujesz, duszeczko,
Żeby się dostać do nieba?

Dziewczyna
Nic mnie, nic mnie nie potrzeba!
470 Niechaj podbiegą młodzieńce,
Niech mię pochwycą za ręce,

31

Niechaj przyciągną do ziemi,
Niech poigram chwilkę z niemi.

Bo słuchajcie i zważcie u siebie,
Że według bożego rozkazu:
Kto nie dotknął ziemi ni razu,
Ten nigdy nie może być w niebie.

Chór
Bo słuchajmy i zważmy u siebie,
Że według bożego rozkazu:
480 Kto nie dotknął ziemi ni razu,
Ten nigdy nie może być w niebie.

Guślarz
(do kilku wieśniaków)
Darmo bieżycie; to są marne cienie,
Darmo rączki ściąga biedna,
Wraz ją spędzi wiatru tchnienie.
Lecz nie płacz, piękna dziewico!
Oto przed moją źrzenicą
Odkryto przyszłe wyroki:
Jeszcze musisz sama jedna
Latać z wiatrem przez dwa roki,
490 A potem staniesz za niebieskim progiem.
Dziś modlitwa nic nie zjedna.
Lećże sobie z Panem Bogiem.
A kto prośby nie posłucha,
W imię Ojca, Syna, Ducha!
Czy widzisz Pański krzyż?
Nie chciałaś jadła, napoju?
Zostawże nas w pokoju.
A kysz, a kysz!

32

Chór

A kto prośby nie posłucha,
500 W imię Ojca, Syna, Ducha!
Czy widzisz Pański krzyż?
Nie chciałaś jadła, napoju?
Zostawże nas w pokoju.
A kysz, a kysz!

(Dziewica znika)

Guślarz

Teraz wszystkie dusze razem,
Wszystkie i każdą z osobna,
Ostatnim wołam rozkazem!
Dla was ta biesiada drobna;
Garście maku, soczewicy
510 Rzucam w każdy róg kaplicy.

Chór

Bierzcie, czego której braknie,
Która pragnie, która łaknie.

Guślarz

Czas odemknąć drzwi kaplicy.
Zapalcie lampy i świécy.
Przeszła północ, kogut pieje,
Skończona straszna ofiara,
Czas przypomnieć ojców dzieje.
Stójcie...

Chór

Cóż to?

Guślarz

Jeszcze mara!

Chór

Ciemno wszędzie, głucho wszędzie,
520   Co to będzie, co to będzie?

Guślarz
(do jednej z wieśniaczek)

Pasterko, ot tam w żałobie...
Wstań, bo czy mi się wydaje,
Czy ty usiadłaś na grobie?
Dziatki! patrzajcie, dla Boga!
Wszak to zapada podłoga
I blade widmo powstaje;
Zwraca stopy ku pasterce
I stanęło tuż przy boku.
Zwraca lice ku pasterce,
530   Białe lice i obsłony,
Jako śnieg po nowym roku.
Wzrok dziki i zasępiony
Utopił całkiem w jej oku.
Patrzcie, ach, patrzcie na serce!
Jaka to pąsowa pręga,
Tak jakby pąsowa wstęga
Albo jak sznurkiem korale,
Od piersi aż do nóg sięga.
Co to jest, nie zgadnę wcale!
540   Pokazał ręką na serce,
Lecz nic nie mówi pasterce.

Chór

Co to jest, nie zgadniem wcale.
Pokazał ręką na serce,
Lecz nic nie mówi pasterce.

34

Guślarz

Czego potrzebujesz, duchu młody?
Czy prosisz o chwałę nieba?
Czyli o święcone gody?
Jest dostatkiem mleka, chleba,
Są owoce i jagody.
550 Czego potrzebujesz, duchu młody,
Żeby się dostać do nieba?

(Widmo milczy)

Chór

Ciemno wszędzie, głucho wszędzie,
Co to będzie, co to będzie?

Guślarz

Odpowiadaj, maro blada!
Cóż to, nic nie odpowiada?

Chór

Cóż to, nic nie odpowiada?

Guślarz

Gdy gardzisz mszą i pierogiem,
Idźże sobie z Panem Bogiem;
A kto prośby nie posłucha,
560 W imię Ojca, Syna, Ducha!
Czy widzisz Pański krzyż?
Nie chciałeś jadła, napoju?
Zostawże nas w pokoju.
A kysz, a kysz!

(Widmo stoi)

Chór

A kto prośby nie posłucha,
W imię Ojca, Syna, Ducha!

35

Czy widzisz Pański krzyż?
Nie chciałeś jadła, napoju?
Zostawże nas w pokoju.
570   A kysz, a kysz!

Guślarz
Przebóg! cóż to za szkarada?
Nie odchodzi i nie gada!

Chór
Nie odchodzi i nie gada!

Guślarz
Duszo przeklęta czy błoga,
Opuszczaj święte obrzędy!
Oto roztwarta podłoga,
Kędy wszedłeś, wychodź tędy.
Bo cię przeklnę w imię Boga.
(po pauzie)
Precz stąd na lasy, na rzeki,
580 I zgiń, przepadnij na wieki!
(Widmo stoi)
Przebóg! cóż to za szkarada?
I milczy, i nie przepada!

Chór
I milczy, i nie przepada!

Guślarz
Darmo proszę, darmo gromię,
On się przeklęctwa nie boi.
Dajcie kropidło z ołtarza...
Nie pomaga i kropidło!
Bo utrapione straszydło
Jak stanęło, tak i stoi,

36

590 Niemo, głucho, nieruchomie,
Jak kamień pośród cmentarza.

Chór

Bo utrapione straszydło
Jak stanęło, tak i stoi,
Niemo, głucho, nieruchomie,
Jak kamień pośród cmentarza.

Ciemno wszędzie, głucho wszędzie,
Co to będzie, co to będzie?

Guślarz

To jest nad rozum człowieczy!
Pasterko! znasz tę osobę?
600 W tym są jakieś straszne rzeczy.
Po kim ty nosisz żałobę?
Wszak mąż i rodzina zdrowa?
Cóż to! nie mówisz i słowa?
Spojrzyj, odezwij się przecię!
Czyś ty martwa, moje dziecię?
Czegoż uśmiechasz się? czego?
Co w nim widzisz wesołego?

Chór

Czegoż uśmiechasz się? czego?
Co w nim widzisz wesołego?

Guślarz

610 Daj mnie stułę i gromnicę,
Zapalę, jeszcze poświęcę...
Próżno palę, próżno święcę,
Nie znika przeklęta dusza.
Weźcie pasterkę pod ręce,

37

Wyprowadźcie za kaplicę.
Czegoż oglądasz się? czego?
Co w nim widzisz powabnego?

Chór

Czegoż oglądasz się? czego?
Co w nim widzisz powabnego?

Guślarz

620 Przebóg, widmo kroku rusza!
Gdzie my z nią, on za nią wszędzie...
Co to będzie, co to będzie?

Chór

Gdzie my z nią, on za nią wszędzie.
Co to będzie, co to będzie?

DZIADY

CZĘŚĆ IV

MIESZKANIE KSIĘDZA — STÓŁ NAKRYTY, TYLKO CO PO WIECZERZY — KSIĄDZ —
PUSTELNIK — DZIECI — DWIE ŚWIECE NA STOLE — LAMPA PRZED OBRAZEM NAJ-
ŚWIĘTSZEJ PANNY MARYI — NA ŚCIENIE ZEGAR BIJĄCY

*Ich hob alle mürbe Leichenschleier auf, die
in Särgen lagen — ich entfernte den erhabe-
nen Trost der Ergebung, bloss um mir immer
fort zu sagen: „Ach, so war es ja nicht! —
Tausend Freuden sind auf ewig nachgewor-
fen in Grüfte und [du] stehst allein hier und
überrechnest sie!" Dürftiger! Dürftiger! Schla-
ge nicht das ganze zerrissene Buch der Vergan-
genheit auf!... Bist du noch nicht traurig genug?*

Jean Paul

Ksiądz

Dzieci, wstawajmy od stoła!
Teraz, po powszednim chlebie,
Klęknijcie przy mnie dokoła,
Podziękujmy Ojcu w niebie.
Dzień dzisiejszy Kościół święci
Za tych spółchrześcijan dusze,
Którzy spomiędzy nas wzięci
Czyscowe cierpią katusze.
Za nich ofiarujmy Bogu.
        (rozkłada książkę)
10 Oto stosowna nauka.

Dzieci
(czytają)

«Onego czasu...»

39

Ksiądz

Kto tam? kto tam stuka?
(Pustelnik wchodzi ubrany dziwacznie)

Dzieci

Jezus, Maryja!

Ksiądz

Któż to jest na progu?
(zmieszany)
Ktoś ty taki?... po co?... na co?

Dzieci

Ach, trup, trup! upiór, ladaco!
W imię Ojca!... zgiń, przepadaj!

Ksiądz

Ktoś ty, bracie? odpowiadaj.

Pustelnik
(powolnie i smutnie)
Trup... trup!... tak jest, moje dziecię.

Dzieci

Trup... trup... ach! ach! nie bierz tata!

Pustelnik

Umarły!... o nie! tylko umarły dla świata!
20 Jestem pustelnik, czy mnie rozumiecie?

Ksiądz

Skąd przychodzisz tak nierano?
Kto jesteś? jakie twe miano?
Kiedy się tobie przypatruję z bliska,

40

Zdaje się, że cię kiedyś widziałem w tej stronie.
Powiedz, mój bracie, jakiegoś ty rodu?

Pustelnik

O tak! tak, byłem tutaj... o, dawno! za młodu!
Przed śmiercią!... będzie trzy lata!
Lecz co tobie do mego rodu i nazwiska?
Gdy dzwonią po umarłym, dziad stoi przy dzwonie;
30 Pytają ludzie, kto zeszedł ze świata?

(udając dziada)

«A na co ta ciekawość? zmów tylko pacierze».
Otóż ja także umarły dla świata.
Na co tobie ciekawość, zmów tylko pacierze.
Nazwiska,

(patrzy na zegar)

jeszcze rano... powiedzieć nie mogę;
Idę z daleka, nie wiem, z piekła czyli z raju,
I dążę do tegoż kraju.
Mój Księże, pokaż, jeśli wiesz, drogę!

Ksiądz

(łagodnie, z uśmiechem)

· Dróg śmierci pokazywać nie chciałbym nikomu.

(poufale)

My, księża, tylko błędne prostujemy ścieżki.

Pustelnik

(z żalem)

40 Inni błądzą, Ksiądz w małym, ale własnym domu,
Czy to na wielkim świecie pokój lub zamieszki,
Czy gdzie naród upada, czy kochanek ginie,
O nic nie dbasz usiadłszy z dziećmi przy kominie.
A ja się męczę w słotnej, ciemnej porze!

41

Słyszysz, jaki szturm na dworze?
Czy widzisz łyskanie gromu?
(ogląda się)
Błogosławione życie w małym, własnym domu!
(śpiewa)
Kto miłości nie zna, ten żyje szczęśliwy,
I noc ma spokojną, i dzień nietęskliwy.*
50   W cichym, własnym domu!
(śpiewa)
Z pałaców sterczących dumnie
Znijdź, piękna, do mojej chatki;
Znajdziesz u mnie świeże kwiatki,
Czułe serce znajdziesz u mnie.

Widzisz ptcząt zalecanki,
Słyszysz srebrny szmer strumyka;
Dla kochanka i kochanki
Dosyć domku pustelnika.**

Ksiądz
Kiedy tak chwalisz mój dom i kominek,
60 Patrz, oto ogień służąca nakłada,
Siądź i pogrzej się; tobie potrzebny spoczynek.

Pustelnik
Pogrzej się! dobra, Księże, arcyprzednia rada!
(śpiewa pokazując na piersi)
Nie wiesz, jaki tu żar płonie,
Mimo deszczu, mimo chłodu,
Zawsze płonie!
Nieraz chwytam śniegu, lodu,
Na gorącym cisnę łonie;

* Pieśń gminna.
** Z Szyllera.

I śnieg tonie, i lód tonie,
Z piersi moich para bucha,
70 Ogień płonie!
Stopiłby kruszce i głazy,
Gorszy niż ten tysiąc razy,
(pokazując kominek)
Milion razy!
I śnieg tonie, i lód tonie,
Z piersi moich para bucha,
Ogień płonie!

Ksiądz
(na stronie)
Ja swoje, a on swoje; — nie widzi, nie słucha.

(do Pustelnika)
Jednak do nitki przemoczony wszystek,
Zbladłeś, przeziąbłeś strasznie, drżysz jak listek.
80 Ktokolwiek jesteś, długą przejść musiałeś drogę.

Pustelnik
Kto jestem?... jeszcze rano... powiedzieć nie mogę.
Idę z daleka, nie wiem, z piekła czyli z raju,
A dążę do tegoż kraju.
Tymczasem małą dam tobie przestrogę.

Ksiądz
(na stronie)
Trzeba z nim, widzę, innego sposobu.

Pustelnik
Pokaż... wszak dobrze wiesz do śmierci drogę?

Ksiądz
Dobrze, gotówem na wszelkie usługi,
Lecz od twojego wieku aż do grobu
Gościniec jest arcydługi.

43

Pustelnik

(z pomieszaniem i smutnie sam do siebie)

⁹⁰ Ach, tak prędko przebiegłem gościniec tak długi!

Ksiądz

Dlatego jesteś znużony i chory.
Posil się; wraz przyniosę jadło i napoje.

Pustelnik

(z obłąkaniem)

A potem pójdziem?

Ksiądz

(z uśmiechem)

Zróbmy na drogę przybory.
Czy dobrze?

Pustelnik

(z roztargnieniem i nieuwagą)

Dobrze.

Ksiądz

Chodźcie, dzieci moje!
Oto mamy w domu gościa;
Nim ja powrócę, bawcie jegomościa.

(odchodzi)

Dziecko

(oglądając)

Czemu waspan tak jesteś dziwacznie ubrany?
Jak strach albo rozbójnik, co to mówią w bajce,
Z różnych kawałków sukmany,
¹⁰⁰ Na skroniach trawa i liście,
Wytarte płótno, przy pięknej kitajce?

(postrzega sztylet, Pustelnik chowa)

Jaka to na sznurku blacha?
Różne paciorki, wstążek okrajce?
    Cha cha cha cha!
Dalibóg, waspan wyglądasz na stracha!
    Cha cha cha cha!

Pustelnik
(zrywa się i jakby przypomina się)

O dziatki, wy się ze mnie śmiać nie powinniście!
Słuchajcie, znałem pewną kobietę za młodu,
Tak jak ja nieszczęśliwą, z takiego powodu!
110 Miała takąż sukienkę i na głowie liście.
Gdy weszła do wsi, cała wieś nawałem,
Urągając się z jej biedy,
Pędzi, śmieje się, wykrzyka,
Podrzyźnia, palcem wytyka:
Ja się raz tylko, raz tylko zaśmiałem!
Kto wie, jeśli nie za to?... słuszne sądy boże!
Lecz któż mógł przewidzieć wtedy,
Że ja podobną sukienkę włożę?
Ja byłem taki szczęśliwy!
(śpiewa)

120   Kto miłości nie zna, ten żyje szczęśliwy,
    I noc ma spokojną i dzień nietęskliwy.
(Ksiądz przychodzi z winem i talerzem)

Pustelnik
(z wymuszoną wesołością)

Księże, a lubisz ty smutne piosenki?

Ksiądz

Nasłuchałem się ich w życiu dosyć, Bogu dzięki!
Lecz nie traćmy nadziei, po smutkach wesele.

45

Pustelnik

(śpiewa)

A odjechać od niej nudno,
A przyjechać do niej trudno!*
Prosta piosenka, ale dobrą myśl zawiera!

Ksiądz

No! potem o tym, teraz zajrzyjmy do misy.

Pustelnik

Prosta pieśń! o! w romansach znajdziesz lepszych wiele!

(z uśmiechem, biorąc książki z szafy)

130 Księże, a znasz ty żywot Heloisy?
Znasz ogień i łzy Wertera?

(śpiewa)

Tylem wytrwał, tyle wycierpiałem,
    Chyba śmiercią bole się ukoją;
Jeślim płochym obraził zapałem,
    Tę obrazę krwią okupię moją.**

(dobywa sztylet)

Ksiądz

(wstrzymuje)

Co to ma znaczyć?... szalony! czy można?
Odbierzcie mu żelazo, rozdejmijcie pięście.
Jesteś ty chrześcijanin? taka myśl bezbożna!
Znasz ty Ewangeliją?

Pustelnik

                    A znasz ty nieszczęście?

(chowa sztylet)

---

* Z pieśni gminnej.
** Z Getego.

46

140 Ale dobrze! nie trzeba chwytać się przed porą,
(patrzy na zegar)
Skazówka na dziewiątej i trzy świece gorą!
(śpiewa)
Tylem wytrwał, tyle wycierpiałem,
Chyba śmiercią bole się ukoją;
Jeślim płochym obraził zapałem,
Tę obrazę krwią okupię moją.

Za coś dla mnie tyle ulubiona?
Za com z twoim spotkał się wejrzeniem?
Jednąm wybrał z tylu dziewcząt grona,
I ta cudzym przykuta pierścieniem!

150 Ach, jeśli ty Getego znasz w oryginale,
Gdyby przy tym jej głosek i dźwięk fortepianu!
Ale cóż? ty o boskiej tylko myślisz chwale,
Oddany twego tylko powinnościom stanu.
(przerzucając książkę)
Wszakże lubisz książki świeckie?...
Ach, te to, książki zbójeckie!
(ciska książkę)
Młodości mojej niebo i tortury!
One zwichnęły osadę mych skrzydeł
I wyłamały do góry,
Że już nie mogłem na dół skręcić lotu.

160 Kochanek przeż sen tylko widzianych mamideł;
Nie cierpiąc rzeczy ziemskich nudnego obrotu,
Gardzący istotami powszedniej natury,
Szukałem, ach! szukałem tej boskiej kochanki,
Której na podsłonecznym nie bywało świecie,
Którą tylko na falach wyobraźnej pianki
Wydęło tchnienie zapału,

A żądza w swoje własne przystroiła kwiecie.
Lecz gdy w czasach tych zimnych nie ma ideału,
Przez teraźniejszość w złote odleciałem wieki,
170 Bujałem po zmyślonym od poetów niebie,
Goniąc i błądząc, w błędach nieznużony goniec;
Wreszcie, na próżno zbiegłszy kraj daleki,
Spadam i już się rzucam w brudne uciech rzeki:
Nim rzucę się, raz jeszcze spojrzę koło siebie!
I znalazłem ją na koniec!
Znalazłem ją blisko siebie,
Znalazłem ją!... ażebym utracił na wieki!

Ksiądz

Podzielam twoję boleść, nieszczęśliwy bracie!
Lecz może jest nadzieja? są różne sposoby...
180 Słuchaj, czy już od dawna doświadczasz choroby?

Pustelnik

Choroby?

Ksiądz

Czy już dawno płaczesz po twej stracie?

Pustelnik

Jak dawno? dałem słowo, powiedzieć nie mogę;
Kto inny powie tobie. Mam ja towarzysza,
Zawżdy z nim razem odbywamy drogę!

(ogląda się)

Ach, tu tak ciepło, wygodna zacisza;
A na podwórzu wicher, gromy, burza sroga!
Mój towarzysz zapewne biedny drży u proga!
Gdy nas razem wyroki nielitośne pędzą,
Dobry Księże, i jego przyjmij na gospodę.

48

Ksiądz

190 Nigdy nie zamykałem drzwi moich przed nędzą.

Pustelnik

Ale stój, stój, mój bracie, ja sam go przywiodę.

(odchodzi)

Dziecię

Cha cha cha! tato, co się jemu dzieje?
Biega i gada ani to, ni owo.
Jakie dziwaczne ubiory!

Ksiądz

Dzieci, będzie ten płakał, kto się z płaczu śmieje!
Nie śmiejcie się! to człowiek bardzo biedny, chory.

Dzieci

Chory? a on tak biega, wygląda tak zdrowo!

Ksiądz

Zdrów na twarzy, lecz w sercu głębokie ma rany.

Pustelnik

(ciągnąc gałąź jedliny)

Chodź, bracie, chodź tu!...

Ksiądz

(do Dzieci)

On ma rozum pomieszany.

Pustelnik

(do jodły)

200 Chodź, bracie, nie lękaj się dobrego księżyny.

49

Dzieci

Tato! ach, patrzaj, co on w ręku niesie:
Jak zbójca z wielką gałęzią jedliny.

Pustelnik
(do Księdza, ukazując gałąź)

Pustelnik przyjaciela znajdzie chyba w lesie!
Może cię zdziwia jego postać?

Ksiądz

Czyja?

Pustelnik

Mojego przyjaciela.

Ksiądz

Jako? tego kija?

Pustelnik

Niezgrabny, jak mówiłem, wychowany w lesie.
Przywitaj się!
(podnosi gałąź)

Dzieci

Co robisz? co robisz? ach, zbójca!
Pójdźże precz, rozbójniku, nie zabij nam ojca!

Pustelnik

O, prawda, moje dziatki, jest to wielki zbójca!
210 Ale on tylko sam siebie rozbija!

Ksiądz

Upamiętaj się, bracie; do czego ta jodła?

Pustelnik

Jodła? a, Ksiądz uczony! o głowo ty, głowo!

50

Przypatrz się lepiej, poznaj gałąź cyprysową;
To pamiątki rozstania, mego losu godła.

(bierze książki)

Weź księgę i odczytaj dzieje zeszłych wieków:
Dwie były poświęcone krzewiny u Greków.
Kto kochał, od swej lubej ukochany wzajem,
Błogie włosy mirtowym przyozdabiał majem.

(po pauzie)

Jej ręką ułamana gałąź cyprysowa
220 Zawsze mi przypomina ostatnie «bądź zdrowa!»
Przyjąłem ją, schowałem, dotąd wiernie służy!
Nieczuła, lepsza od tych niby czułych ludzi.
Jej płacz mój nie rozśmiesza i skarga nie nudzi;
Jedna mi pozostała, z przyjaciół tak wielu!
Wszystkie tajniki serca mojego posiada;
Jeśli chcesz o mnie wiedzieć, pytaj, przyjacielu,
Zostawię was sam na sam, niech resztę wygada.

(do gałęzi)

Powiedz, jak dawno płaczę lubej straty.
Dawno to być musiało! przed dawnymi laty!
230 Pamiętam, kiedy cyprys przyjąłem z jej ręki,
Był to listeczek taki, ot taki maleńki;
Zaniosłem, posadziłem na piasku, daleko...
I gorącą łez moich polewałem rzeką.
Patrz, jaka z liścia gałązka urosła,
Jaka gęsta i wyniosła!
Kiedy mię boleść ostatnia dotłoczy,
Nie chcąc na zagniewane poglądać niebiosa,
Okryłem mój grobowiec cieniem tych warkoczy.

(z łagodnym uśmiechem)

Ach, taki właśnie był kolor jej włosa
240 Jak te cyprysu gałązki!
Chcesz? pokażę.

(szuka i ciągnie od piersi)

51

Nie mogę odpiąć tej zawiązki.

(coraz z większym sileniem się)

Zawiązka miękka... z warkocza dziewicy...
Lecz skorom tylko położył na łonie,
Opasała mię wkoło na kształt włosiennicy;
Pierś przejada... w ciało tonie!...
Tonie, tonie, i wkrótce przetnie mi oddechy!
Wiele cierpię! ach! bo też wielkie moje grzechy!

Ksiądz

Uspokój się, uspokój! przyjm słowo pociechy!
Ach, tak okropne bole, moje dziecię,
250 Za twe na ziemi jakieżkolwiek grzechy
Przyjmie w rachunku Bóg na tamtym świecie!

Pustelnik

Grzechy? i proszę, jakież moje grzechy?
Czyliż niewinna miłość wiecznej godna męki?
Ten sam Bóg stworzył miłość, który stworzył wdzięki.
On dusze obie łańcuchem uroku
Powiązał na wieki z sobą!
Wprzód, nim je wyjął ze światłości stoku,
Nim je stworzył i okrył cielesną żałobą,
Wprzódy je powiązał z sobą!
260 Teraz, kiedy złych ludzi odłącza nas ręka,
Rozciąga się ten łańcuch, ale się nie spęka!
Czucia nasze dzielącej uległe przeszkodzie,
Chociaż nigdy nie mogą napotkać się z bliska,
Przecież zawżdy po jednym biegają obwodzie,
Łańcuchem od jednego skreślone ogniska.

Ksiądz

Jeżeli Pan Bóg złączył, ludzie nie rozłączą!
Może się troski wasze pomyślnie zakończą.

52

Pustelnik

Chyba tam! gdy nad podłym wzbijemy się ciałem,
Złączy się znowu jedność, dusza z duszą zleje;
270 Bo tutaj wszelkie dla nas umarły nadzieje,
Tutaj ja się z mą lubą na wieki rozstałem!

(po pauzie)

Obraz tego rozstania dotąd w myśli stoi. -
Pamiętam, śród jesieni... przy wieczornym chłodzie;
Jutro miałem wyjechać... błądzę po ogrodzie!
W rozmyślaniu, w modlitwach szukałem tej zbroi,
Którą bym odział serce, miękkie z przyrodzenia,
I wytrzymał ostatni pocisk jej spojrzenia!
Błądziłem po zaroślach, gdzie mnie oczy niosą.
Noc była najpiękniejsza! Pamiętam dziś jeszcze:
280 Na kilka godzin pierwej wylały się deszcze,
Cała ziemia kroplistą połyskała rosą.
Doliny mgła odziewa jakby morze śniegu;
Z tej strony chmura gruba napędzała lawy,
A z tamtej strony księżyc przezierał bladawy,
Gwiazdy toną w błękicie po nocnym obiegu.
Spojrzę... jak raz nade mną świeci gwiazdka wschodnia;
O, znam ją odtąd dobrze, witamy się co dnia!
Spojrzę na dół... na szpaler... patrz, tam przy altanie,
Ujrzałem ją niespodzianie!
290 Suknią między ciemnymi bielejąca drzewy
Stała w miejscu, grobowej podobna kolumnie;
Potem biegła, jak lekkie zefiru powiewy,
Oczy zwrócone w ziemię... nie spojrzała ku mnie!
A lica jej bardzo blade.
Nachylam się, zajrzę z boku,
I dojrzałem łezkę w oku;
Jutro, rzekłem, jutro jadę!
«Bądź zdrów!» — odpowie z cicha: ledwie posłyszałem,
«Zapomnij!»... Ja zapomnę? o! rozkazać snadno!

53

300 Rozkaż, luba, twym cieniom, niechaj wraz przepadną
I niech zapomną biegać za twym ciałem!...
Rozkazać snadno!
Zapomnij!!

(*śpiewa*)

Przestań płakać, przestań szlochać,
Idźmy każdy w swoją drogę,
Ja cię wiecznie będę...

(*urywa śpiewanie*)

wspominać,

(*kiwa głową*)

(*śpiewa*)

Ale twoją być nie mogę!

Wspominać tylko?... jutro, jutro jadę!
Chwytam za rączki i na piersi kładę.

(*śpiewa*)

310 Najpiękniejsza, jak aniołek raju,
Najpiękniejsza ze wszystkich dziewica,
Wzrok niebieski, jako słońce w maju,
Odstrzelone od modrych wód lica.

Pocałunek jej, ach, nektar boski!
Jako płomień chwyta się z płomieniem,
Jak dwóch lutni zlewają się głoski
Harmonijnym ożenione brzmieniem.

Serce z sercem zbiega, zlatuje się, ściska,
Lica, usta łączą się, drżą, palą,
320 Dusza wionie w duszę... niebo, ziemia pryska
Roztopioną dokoła nas falą!*

* Szyllera

54

Księże! o nie! ty tego nie czujesz obrazu!
Ty cukrowych ust lubej nie tknąłeś ni razu!
Niech ludzie świeccy bluźnią, szaleją młokosy,
Serce twe skamieniało na natury głosy.
O! luba, zginąłem w niebie,
Kiedym raz pierwszy pocałował ciebie!

(śpiewa)

Pocałunek jej, ach, nektar boski!
   Jako płomień chwyta się z płomieniem,
330 Jak dwóch lutni zlewają się głoski
   Harmonijnym ożenione brzmieniem.

(chwyta Dziecię i chce pocałować; Dziecię ucieka)

K s i ą d z

Czegoż boisz się sobie równego człowieka?

P u s t e l n i k

Przed nieszczęśliwym, ach, wszystko ucieka,
Jakby przed straszydłem z piekła!
Ach, tak! i ona przede mną uciekła!
«...Bądź zdrów!»... i w długiej ulicy
Niknie na kształt błyskawicy.

(do Dzieci)

I czegoż ona przede mną uciekła?
Czylim ją śmiałym przeraził wejrzeniem?
340 Czyli słówkiem, lub skinieniem?
Muszę przypomnieć!

(przypomina)

Tak się w głowie kręci!...
Nie! nie! ja wszystko widzę jak na dłoni,
Nie zgubiłem żadnego wyrazu z pamięci;
Dwa tylko słowa powiedziałem do niej.

(z żalem)

Księże, dwa tylko słowa!

55

«Jutro! bądź zdrowa!»
«Bądź zdrów!»... Gałązkę odrywa, podaje...
«Oto jest, rzekła: co nam tu
(na ziemię pokazuje)
zostaje!
Bądź zdrów!» — i w długiej ulicy
350 Niknie na kształt błyskawicy!

Ksiądz

Młodzieńcze, ja głęboko czuję, co cię boli!
Lecz słuchaj, są tysiące biedniejszych od ciebie.
Ja sam już nie na jednym płakałem pogrzebie.
Po ojcu i po matce już mówię pacierze,
Dwoje małych dziateczek aniołkami w niebie;
Ach, i moja wspólniczka szczęścia i niedoli,
Małżonka moja, którą kochałem tak szczerze!...
Ale cóż robić? Pan Bóg daje, Pan Bóg bierze!
Niechaj się dzieje według Jego świętej woli!

Pustelnik
(mocno)

360 Żona?

Ksiądz

Ach, to wspomnienie serce mi rozdarło!

Pustelnik

Jak to? gdzie się obrócę, wszyscy płaczą żony!
Lecz ja nie winien, twojej nie widziałem żony!
(spostrzega się)
Słuchaj! przyjmij pociechę, małżonku strapiony,
Żona twoja przed śmiercią już była umarłą!

Ksiądz

Jak to?

Pustelnik
(mocniej)
Gdy na dziewczynę zawołają: żono!
Już ją żywcem pogrzebiono!
Wyrzeka się przyjaciół, ojca, matki, brata,
Nawet... słowem, całego wyrzeka się świata,
Skoro stanęła na cudzym progu!

Ksiądz
370 Chociaż wyznania twoje mgła żalu pokrywa,
Wszakże ta, której płaczesz, jest podobno żywa?

Pustelnik
(z ironią)
Żywa? właśnie jest za co podziękować Bogu!
Żywa? jako? nie wierzysz! cóż się tobie zdaje?
Poprzysięgnę, uklęknę, palce na krzyż złożę,
Ona umarła i ożyć nie może!...
(po pauzie z wolna)
Ależ bo różne są śmierci rodzaje:
Jedna śmierć jest pospolita.
Śmiercią tą starzec, kobiéta,
Dziecię, mąż, słowem, tysiące
380 Ludzi umiera co chwila;
I taką śmiercią Maryla,
Którą widziałem na łące.
(śpiewa)
Tam u Niemnowej odnogi,
Tam u zielonej rozłogi,
Jaki to sterczy kurhanek?
Spodem uwieńczon jak w wianek,
W maliny, ciernie i głogi...
(przestaje śpiewać)
Ach, i to jest widok srogi,
Kiedy piękność w życia kwiecie,

390 Ledwie wschodząca na świecie,
Żegnać się musi z lubym jeszcze światem!
Patrz, patrz, blada na pościeli,
Jak na obłoczkach mglisty poranek!
Z płaczem dokoła stanęli:
I smutny ksiądz u łóżka,
I smutniejsza czeladka,
I smutniejsza od niej drużka,
I smutniejsza od nich matka,
I najsmutniejszy kochanek.
400 Patrz, uchodzi z lica krasa,
Wzrok zapada i zagasa,
Ale jeszcze, jeszcze świeci;
Usta, gdzie się róża kwieci,
Więdną, gubią blask szkarłatu,
I jak z piwoniji kwiatu
Wycięty wąski listeczek,
Taka siność jej usteczek.
Podniosła głowę nad łóżko,
Rzuciła na nas oczyma:
410 Głowa opada na łóżko,
W twarzyczce bladość opłatka.
Ręce stygną, a serduszko
Bije z cicha, bije z rzadka,
Już stanęło, już jej nié ma;
Oko to, niegdyś podobne słonku...
Czy widzisz, Księże, pierścienie?
Smutna pamiątka została!
Jak w pierścionku
Brylant pała,
420 Takie jaśniały w oczach płomienie.
Lecz iskra duszy już się nie pali!
Błyszczą one jak rdzeni spróchniałej światełka,
Jak na gałązkach wody perełka,

Kiedy ją wicher skrysztali.
Podniosła głowę nad łóżko,
Rzuciła na nas oczyma,
Głowa opada na łóżko,
W twarzyczce bladość opłatka,
Ręce stygną, a serduszko
430 Bije z cicha, bije z rzadka.
Już stanęło... już jej nié ma!

Dziecię

Umarła! ach, jaka szkoda!
Słuchając płakałem szczerze.
Czy to znajoma twoja, czy siostrzyczka młoda?
Ale nie płacz, niechaj jej wieczny pokój świeci,
Będziemy za nię co dzień mówili pacierze.

Pustelnik·

To jedna śmierć, moje dzieci;
Ale jest straszniejsza druga,
Bo nie umarza od razu,
440 Powolna, bolesna, długa:
Śmierć ta dwie społem osoby ugodzi,
Lecz moje tylko zabija nadzieje,
Drugiej bynajmniej nie szkodzi.
Ona żyje, ona chodzi,
Kilka drobnych łez wyleje,
Potem w niej czucie rdzawieje,
I została na kształt głazu.
Ach, dwie osoby uderza od razu!
Lecz moje tylko zabiła nadzieje,
450 A jej bynajmniej nie szkodzi!
Kwitnie życiem, kwitnie zdrowiem.
Taką śmiercią umarła... kto? o nie... nie powiem!
Nieprawdaż, dzieci? straszniejsza daleko,

Gdy trup z rozwartą, ot tak, powieką.

(Dzieci uciekają)

Jednak umarła!... Kiedy płaczę, ręce łamię,
Zbiegli się ludzie dokoła,
Wyciągają długie szyje,
Jeden mówi, że ja kłamię,
Drugi potrąca i woła:
460 «Patrz, szaleńcze, ona żyje!»

(do Księdza)

Nie wierz, choćby ci szyderce
Po tysiąc razy mówili:
Słuchaj, co mówi to serce:
Nie masz, nie masz Maryli!

(po pazuie)

Jeszcze rodzaj śmierci trzeci:
Śmierć wieczna, jak Pismo mówi.
Biada, biada człowiekowi,
Którego ta śmierć zabierze!
Tą śmiercią może ja umrę, dzieci;
470 Ciężkie, ciężkie moje grzechy!

Ksiądz

Przeciwko światu i przeciwko sobie
Cięższe twoje, niżeli przeciw Bogu, grzechy.
Człowiek nie jest stworzony na łzy i uśmiechy,
Ale dla dobra bliźnich swoich, ludzi.
Jakkolwiek w twardej Bóg doświadcza probie,
Zapomnij o swym proszku, zważ na ogrom świata.
Ta myśl wielka pomniejsze zapały przystudzi.
Sługa boży pracuje do późnego lata,
Gnuśnik tylko zawczasu zamyka się w grobie,
480 Nim go Pan trąbą straszliwą przebudzi.

Pustelnik
(zdziwiony)

Księże! a to są czary? sztuka niepojęta!

(na stronie)

Musi posiadać czarodziejskie sztuki,
Albo też nas podsłuchał i wszystko pamięta.

(do Księdza)

Wszak ja od niej słyszałem też same nauki!
Cała rzecz słowo w słowo jak z ust jej wyjęta,
Przy owym pożegnaniu, owego wieczora.

(z ironią)

Właśnie, właśnie to była do kazania pora!
Słyszałem od niej słówek pięknobrzmiących wiele:
«Ojczyzna i nauki, sława, przyjaciele!»
⁴⁹⁰ Lecz teraz groch ten całkiem od ściany odpada,
Ja sobie spokojnie drzémię.
Kiedyś duch mój przy wieszczym zapalał się rymie,
Kiedyś budził mię ze snu tryumf Milcyjada.

(śpiewa)

Młodości, ty nad poziomy
Wylatuj, a okiem słońca
Ludzkości całe ogromy
Przeniknij z końca do końca!

Już tchnienie jej rozwiało te kształty olbrzymie!
Został się lekki cienik, mara blada,
⁵⁰⁰ Drobniuchne źdźbła odłamki,
Które lada motyl spasa,
Które by ona mogła wciągnąć z odetchnieniem;
A ona chce budować na tym proszku zamki!
Zrobiwszy mnie komarem, chce zmienić w Atlasa
Dźwigającego nieba kamiennym ramieniem.
Na próżno! jedna tylko iskra jest w człowieku,
Raz tylko w młodocianym zapala się wieku.

61

Czasem ją oddech Minerwy rozniecie,
Wtenczas nad ciemne plemiona
510 Powstaje mędrzec, i gwiazda Platona
W długie wieki wieków świeci.

Iskrę tę jeśli duma rozżarzy w pochodnie,
Wtenczas zagrzmi bohater, pnie się do szkarłatu
Przez wielkie cnoty i przez większe zbrodnie,
I z pastuszego kija robi berło światu
Albo skinieniem oka stare trony wali.

(po pauzie, z wolna)
Czasem tę iskrę oko niebianki zapali,
Wtenczas trawi się w sobie, świeci sama sobie
Jako lampa w rzymskim grobie.

Ksiądz

520 O nieszczęśliwy zapaleńcze młody!
W żalach, które tak mocno zraniona pierś jąka,
Że nie jesteś zbrodniarzem, odkrywam dowody;
I że piękność, za którą twój się rozum błąka,
Nie z samej tylko powabna urody.
Jak z zapałem kochałeś, tak naśladuj godnie
Myślenia i uczucia niebieskiej istoty.
Zbrodniarz ją kochający wróciłby do cnoty,
A ty, niby cnotliwy, puszczasz się na zbrodnie!
Jakakolwiek przeszkoda tutaj was rozdwoi:
530 Idą ku sobie gwiazdy, choć je mgły zaciemią,
Mgła zniknie, gwiazda z gwiazdą na wieki się spoi,
Łańcuchy tu wiążące prysną razem z ziemią,
A tam nad ziemią znowu poznają się swoi,
I namiętność, choć zbytnią, Pan Bóg wam przebaczy.

Pustelnik

Jako? ty wiesz o wszystkim? co to wszystko znaczy?
(udaje głos Księdza)

62

Jej serce równie święte, jak powabne lice!
Łańcuch, który tu wiąże, nad ziemią opadnie!

Ty wiesz o wszystkim, ty nas podsłuchałeś zdradnie,
Wyłudziłeś tajemnicę
540 Ukrywaną w sercu na dnie,
O której przyjaciele nie wiedzą najszczersi.
Bo jedną rękę na cyprysu drzewie,
A drugą kładąc na piersi,
Zaprzysięgliśmy milczeć, i nikt o tym nie wie.

Ale tak, przypominam... tak, jednego razu,
Kiedy przez czarodziejski pędzla wynalazek
Odkradzione jej wdzięki przeniosłem w obrazek,
Przyjaciołom okazać chciałem cud obrazu.
Lecz to, co mnie unosi, ich nawet nie ruszy,
550 Czułość dla nich zabawą, która nam potrzebą;
Nie mają oka duszy, nie przejrzą do duszy!
Zimnym cyrklem chcą mierzyć piękności zalety!
Jak wilk lub jak astronom patrzają na niebo.
Inny jest wzrok pasterza, kochanka, poety.

Ach! ja tak ją na martwym ubóstwiam obrazku,
Że nie śmiem licem skazić jej bezbronnych ustek,
I gdy dobranoc daję przy księżyca blasku
Albo jeśli w pokoju lampa jeszcze płonie,
Nie śmiem rozkryć mych piersi, z szyi odpiąć chustek
560 Nim jej listkiem cyprysu oczu nie zasłonię.
A moi przyjaciele!... żałuję pośpiechu!...
Jeden, gdy ubóstwienie w oku moim czyta,
Ledwie zgryzioną wargą nie upuścił śmiechu,
I rzekł ziewając: «At sobie kobiéta!»
Drugi przydał: «Jesteś dziecko!»...
Ach, ten to starzec z swoim przeklętym rozumem

Pewnie wydał nas zdradziecko!

(coraz z większym pomieszaniem)

Opowiedział na rynku, przed dziećmi, przed tłumem;
A ktoś z tych dziatek, albo z gawiedzi,
570 Przyszedł i księdzu wyznał na spowiedzi...

(z największym obłąkaniem)

Możeś ty mnie podstępnie badał na spowiedzi?

Ksiądz

I na cóż nam te zdrady, spowiedź i podstępy?
Chociaż się dziwnym kłębkiem twoja żałość gmatwa,
Lecz czyj wzrok na bieg czucia nie jest całkiem tępy,
Temu do wywikłania tajemnica łatwa.

Pustelnik

Prawda! lecz to są ludzkiej własności narowy,
Że, co dzień cały w sercu tkwi boleśnie,
Na noc przechodzi do głowy:
Wtenczas człowiek sam nie wie, co rozplecie we śnie.
580 Dawno, dawno!... raz miałem przypadek ten samy.
Po pierwszym z nią widzeniu wróciwszy do domu
Poszedłem spać, ni słówka nie mówiąc nikomu.
Nazajutrz, gdy dzieńdobry przyniosłem dla mamy:
«Co to jest, mówi do mnie, żeś taki pobożny?
Modlisz się przez noc całą, wzdychasz nieustannie
I litaniją mówisz o Najświętszej Pannie».
Zrozumiałem i na noc zamknąłem podwoje,
Ale teraz nie mogę być równie ostrożny.
Nie mam domu; gdzie przyjdę, tam posłanie moje,
590 A często przez sen gadam... w myślach jak na fali!
Ustawna burza, zawieja,
Błyśnie i zmierzchnie,
Mnóstwo się zarysów skleja,
W jakieś tworzydło ocali,

64

I znowu pierzchnie.
Jeden tylko obrazek na zawsze wyryty,
Czy rzucam się na piasek i patrzę w głąb ziemną,
Błyszczy jak księżyc w wodzie odbity:
Nie mogę dostać, lecz błyszczy przede mną;
600 Czyli wzrokiem od ziemi strzelę na błękity,
Za moim wzrokiem dokoła
Płynie i postać anioła
Aż na górne nieba szczyty.
Potem jak orlik na żaglach pierza
(patrząc w górę)
Stanie w chmurze i z wysoka,
Nim sam upadnie na zwierza,
Już go zabił strzałą oka;
Nie wzrusza się i z lekka w jednym miejscu chwieje,
Jakby uplątany w sidło
610 Albo do nieba przybity za skrzydło:
Tak właśnie ona nade mną jaśnieje!

(śpiewa)
Czyli słońce światu płonie,
Czy noc wciąga szatę ciemną;
Jej wyglądam, za nią gonię,
Zawsze przy mnie, lecz nie ze mną!

Otóż, gdy ona stanie przed mymi oczyma,
A sam jestem na polu albo w gajów cieniu,
Na próżno każę milczeć, język nie dotrzyma,
Przemówię do niej słówko, nazwę po imieniu,
620 A zły człowiek podsłucha. Tak właśnie dziś rano
Zdradliwie mię podsłuchano.
Ranek był... wraz opiszę. Pamiętam dziś jeszcze,
Na kilka godzin pierwej wylały się deszcze,
W dolinach tuman na kształt prószącego śniegu,
A na łąkach zaranna połyska się rosa,

Gwiazdy w błękit tonęły po nocnym obiegu:
Jedna tylko nade mną świeci gwiazdka wschodnia,
Którą wtenczas widziałem, którą widzę co dnia.
Tam przy altanie
(spostrzega się)
cha! cha! pobiegłem z ukosa...
630 To nie o tym poranku! ha! szał romansowy!
Przeklęty zawrocie głowy!...
(po pauzie przypomina)
Był ranek; kiedy dumam, narzekam i jęczę,
Deszcz lał jak z wiadra, tęgi wicher dmuchał,
Utuliłem głowę w krzaczek...
(z łagodnym uśmiechem)
Ten ladaco mnie podsłuchał...
Lecz nie wiem, czy tylko jęki,
Czy nawet imię podsłuchał;
Bo bardzo blisko był krzaczek.

K s i ą d z
O biedny, biedny młodzieńcze!
640 Co mówisz? kto cię podsłuchał?

P u s t e l n i k
(poważnie)
Kto? oto pewny robaczek maleńki,
Który pełzał tuż przy głowie,
Świętojański to robaczek.
Ach, jakie ludzkie stworzenie!
Przypełznął do mnie i powie
(Zapewne mię chciał pocieszyć):
«Biedny człowieku, po co to jęczenie?
Ej, dosyć rozpaczą grzeszyć!
Kto temu winien, że piękna dziewczyna,
650 Żeś czuły? nie twoja wina.

66

Patrz, mówił dalej robaczek,
Na iskrę, co ze mnie s⁺rzela
I cały objaśnia krzaczek.

Zrazu szukałem w niej chluby,
Teraz widzę, że będzie przyczyną mej zguby
I zwabi nieprzyjaciela.
Iluż to braci moich złe jaszczurki spasły!
Kląłem więc ozdobę własną,
Która na mnie śmierć sprowadza,
660 Chcę, żeby te iskry zgasły;
Ale cóż robić? nie moja w tym władza,
I póki żyję, te iskry nie zgasną».

(po pauzie, pokazując na serce)
Tak, póki żyję, te iskry nie zgasną!

Dzieci
A posłuchajcie... a jaki cud, jaki!
Tato, słyszałeś o cudzie?

(Ksiądz odchodzi ściskając ramionami)
Czy można, żeby robaki
Rozmawiały tak jak ludzie?

Pustelnik
Czemuż nie? chodź tu, malcze, pod kantorek,
Nachyl się i przyłóż uszko;
670 Tu biedna duszka prosi o troje paciorek.
Aha, słyszysz, jak kołata?

Dziecko
Tak tak, tak tak, tata, tata.
A dalibógże kołata,
Jak zegarek pod poduszką.
Co to jest? tata, tek, ta tek!

Pustelnik

Mały robaczek, kołatek,
A niegdyś wielki lichwiarz!
(do kołatka)
                Czego żądasz, duszko?
(udaje głos)
«Proszę o troje paciorek».
A tuś mi, panie sknero! znałem się z tym dziadem,
680 Był moim bliskim sąsiadem;
Zakopawszy się do złota,
Zawaliwszy chatę drągiem,
Nie dbał, że w progu jęczy wdowa i sierota,
Nikogo nie obdarzył chlebem ni szelągiem.
Za życia dusza jego przy pieniędzy worku
Leżała na dnie w kantorku.
Za to i teraz po śmierci,
Nim słuszną karę odbierze w piekle,
Słyszycie, jak gryzie wściekle,
690 Jak świdruje i jak wierci.
Przecież, jeśli łaska czyja,
Mówcie trzy Zdrowaś Maryja.
(Ksiądz wchodzi ze szklanką wody)

Pustelnik
(coraz mocniej pomieszany)
A co, słyszałeś pisk złego ducha?

Ksiądz
Przebóg! co się tobie plecie?
(ogląda się)
Nic nie ma, wszędzie noc głucha!

Pustelnik
Nadstaw tylko lepiej ucha.
(do Dziecięcia)

68

Chodź tu, chodź tu, moje dziecię!
Czy słyszałeś?

Dziecię

      Prawda, tato,
Coś tam gada.

Pustelnik

Cóż ty na to?

Ksiądz

700 Pójdźcie spać, dzieci, co się wam marzy,
Nic ani sząśnie, cicho wokoło.

Pustelnik

(do Dzieci z uśmiechem)

Nie dziw, głosu natury nie dosłyszą starzy!

Ksiądz

Mój bracie, weź wody w dłonie
I zmyj trochę twoje czoło,
Może ten zapał gwałtowny ochłonie.

Pustelnik

(bierze i myje, tymczasem zegar zaczyna bić; po kilku uderzeniach Pustelnik
upuszcza wodę i patrzy nieporuszony poważnie i ponuro)

Oto dziesiąta wybija

(kur pieje)

I kur pierwsze daje hasło;
Czas ucieka, życie mija

(świeca jedna na stoliku gaśnie)

I pierwsze światło zagasło.

710 Jeszcze, jeszcze dwie godziny,

(zaczyna drżeć)

Jak mnie zimno!

(Ksiądz tymczasem patrzy zdziwiony nieco na świecę)
                    Wiatr zimny świszcze przez szczeliny:
Jak tu zimno!
        (idzie do pieca)
        Gdzież jestem?

Ksiądz
                    W przyjaciela domu.

Pustelnik
        (przytomniej)
Pewnie cię nastraszyłem o niezwykłej porze,
Do nieznanego miejsca, w dziwacznym ubiorze?
Musiałem wiele gadać? ach, nie mów nikomu!
Jestem biedny podróżny, z dalekich stron jadę.
        (ogląda się i przytomniej)
W młodości jeszcze, na środku gościńca,
Napadł, odarł mię całkiem
        (z uśmiechem)
                    skrzydlaty złoczyńca.
Nie mam sukien; co znajdę, to na siebie kładę.
        (obrywa liście i szaty poprawia; z żalem)
720 Ach, odarł mię, odebrał wszystkie skarby świata;
Została przy mnie jedna niewinności szata!

Ksiądz
        (który ciągle patrzał na świecę, do Pustelnika)
Uspokój się, dla Boga!
        (do Dzieci)
                    Kto to zgasił świécę?

Pustelnik
Każdy cud chcesz tłumaczyć; biegaj do rozumu...
Lecz natura, jak człowiek, ma swe tajemnice,

70

Które nie tylko chowa przed oczyma tłumu,
(z zapałem)
Ale żadnemu księdzu i mędrcom nie wyzna!

Ksiądz
(bierze za rękę)
Synu mój!

Pustelnik
(poruszony i zdziwiony)
Synu! Głos ten jakby blaskiem gromu
Rozum mój z mroczącego wydobywa cienia!
(wpatruje się)
Tak, poznaję, gdzie jestem, w czyim jestem domu.
730 Tak, tyś mój drugi ojciec, to moja ojczyzna!
Poznaję luby domek! jak się wszystko zmienia!
Dziatki urosły, ciebie przyprósza siwizna!

Ksiądz
(pomieszany bierze świecę, wpatruje się)
Jak to? znasz mię? to on!... nie... tak... nie, być nie
może!

Pustelnik
Gustaw.

Ksiądz
Gustaw! ty Gustaw!
(ściska)
Gustaw! wielki Boże!
Uczeń mój! syn mój!

Gustaw
(ściska, patrząc na zegar)
Ojcze, jeszcze ściskać mogę!
Bo potem... wkrótce... zaraz pójdę w kraj daleki!

71

Ach, i ty będziesz musiał wybrać się w tę drogę,
Uściśniemy się wtenczas, ale już na wieki!

Ksiądz

Gustaw! skąd? kędyś? przebóg! tak długa wędrówka?
740 Gdzieś ty bywał dotychczas, przyjacielu młody?
Nie wiedzieć kędyś zniknął, jakbyś wpadł do wody,
Litery nie napisać, nie nakazać słówka?
Wszak to lat tyle!... Gustaw! cóż się z tobą dzieje?
Ty niegdyś w mojej szkole ozdoba młodzieży,
Na tobie najpiękniejszem zakładał nadzieje;
Czy można tak się zgubić? w jakiejże odzieży?

Gustaw
(z gniewem)

Starcze! a gdy ja zacznę oskarżać nawzajem,
Przeklinać twe nauki, na sam widok zgrzytać?
Ty mnie zabiłeś! — ty mnie nauczyłeś czytać!
750 W pięknych księgach i pięknym przyrodzeniu czytać!
Ty dla mnie ziemię piekłem zrobiłeś

(z żalem i uśmiechem)

i rajem!
(mocniej i ze wzgardą)
A to jest tylko ziemia!

Ksiądz
Co słyszę? o Chryste!
Ja ciebie chciałem zgubić? mam sumnienie czyste!
Kochałem cię jak syna!

Gustaw
I dlatego właśnie
Daruję ci!

72

Ksiądz

Ach! o nic nie prosiłem Boga,
Jak abym cię raz jeszcze na życiu obaczył!

Gustaw
(uściska)

Uściśnijmy się jeszcze,
(patrzy na świecę)
nim druga zagaśnie.
Pan Bóg do twojej prośby przychylić się raczył.
Lecz już późno,
(patrzy na zegar)
a długa do przebycia droga!

Ksiądz

760 Chociam mocno ciekawy słyszeć twe przygody,
Lecz teraz potrzebujesz spoczynku i wczasu.
Jutro...

Gustaw

Dziękuję, przyjąć nie mogę gospody,
Bo już mi na zapłatę nie staje zapasu.

Ksiądz

Jak to?

Gustaw

O! tak! przeklęci, którzy nic nie płacą!
Za wszystko trzeba płacić: lub wzajemną pracą,
Albo wdzięcznym uczuciem, datkiem jednej łezki.
Za którą znowu Ojciec odpłaci niebieski.
Ale ja, przebłądziwszy te kraje pamiątek,
Gdzie tyle łez zabiera każdy znany kątek,

73

⁷⁷⁰ I resztę uczuć, i łzy wylałem ostatnie,
A nowych długów nie chcę zaciągać bezpłatnie.

(po pauzie)

Niedawno odwiedzałem dom nieboszczki matki,
Ledwie go poznać mogłem! już ledwie ostatki!
Kędy spojrzysz, — rudera, pustka i zniszczenie!
Z płotów koły, z posadzek wyjęto kamienie,
Dziedziniec mech zarasta, piołun, ostu zioła,
Jak na smętarzu w północ, milczenie dokoła!
O, inny dawniej bywał przyjazd mój w te bramy;
Po krótkim oddaleniu gdym wracał do mamy,
⁷⁸⁰ Już mię dobre życzenia spotkały z daleka,
Życzliwa domu czeladź aż za miastem czeka,
Na rynek siostry, bracia wybiegają mali,
«Gustaw! Gustaw!» wołają, pojazd zatrzymali:
Lecą nazad, gościńca wziąwszy po pierogu;
Mama z błogosławieństwem czeka mię na progu;
Wrzask spółuczniów, przyjaciół, ledwo nie zagłuszy!
Teraz pustka, noc, cichość, ani żywej duszy!
Słychać tylko psa hałas i coś na kształt stuku:
Ach! tyż to, psie nasz wierny, nasz poczciwy Kruku!
⁷⁹⁰ Stróżu i niegdyś całej kochanku rodziny,
Z licznych sług i przyjaciół tyś został jedyny!
Choć głodem przemorzony i skurczony laty,
Pilnujesz wrót bez zamka i bez panów chaty.
Kruku mój! pójdź tu, Kruku! Bieży, staje, słucha,
Skacze na piersi, wyje i pada bez ducha!...
Ujrzałem światło w oknach: wchodzę, cóż się dzieje?
Z latarnią, z siekierami plądrują złodzieje,
Burząc do reszty świętej przeszłości ostatki!
W miejscu, gdzie stało niegdyś łoże mojej matki,
⁸⁰⁰ Złodziej rąbał podłogę i odrywał cegły,
Schwyciłem, zgniotłem, — oczy na łeb mu wybiegły!

74

Siadam na ziemi płacząc; w przedporannym mroku
Ktoś nasuwa się, kijem podpierając kroku.
Kobieta w reszcie stroju, schorzała, wybladła,
Bardziej do czyscowego podobna widziadła;
Gdy obaczy straszliwą marę w pustym gmachu,
Żegnając się i krzycząc słania się z przestrachu.
Nie bój się! Pan Bóg z nami! ktoś, moja kochana?
Czego po domu pustym błąkasz się tak z rana?
810 «Jestem biedna uboga, ze łzami odpowie;
W tym domu niegdyś moi mieszkali panowie;
Dobrzy panowie, niech im wieczny pokój świeci!
Ale Pan Bóg nie szczęścił dla nich i dla dzieci:
Pomarli, dom ich pustką, upada i gnije,
O paniczu nie słychać, pewnie już nie żyje».
Krwią mnie serce zabiegło, wsparłem się u proga...
Ach! więc wszystko minęło?

Ksiądz

Prócz duszy i Boga!
Wszystko minie na ziemi: szczęście i niedole.

Gustaw

Ileż znowu pamiątek w twoim domku, w szkole!
820 Tum z dziećmi na dziedzińcu przesypywał piasek,
Po gniazda ptasze w tamten biegaliśmy lasek,
Kąpielą była rzeczka u okien ciekąca,
Po błoniach z studentami graliśmy w zająca.
Tam do gaju chodziłem w wieczór lub przede dniem,
By odwiedzić Homera, rozmówić się z Tassem
Albo oglądać Jana zwycięstwo pod Wiedniem.
Wnet zwoływam spółuczniów, szykuję pod lasem;
Tu krwawe z chmur pohańskich świecą się księżyce,
Tam Niemców potrwożonych następują roty;
830 Każę wodze ukrócić, w toku złożyć groty,

75

Wpadam, a za mną szabel polskich błyskawice!
Przerzadzają się chmury, wrzask o gwiazdy bije,
Gradem lecą turbany i obcięte szyje,
Janczarów zgraja pierzchła lub do piasku wbita,
Zrąbaną z koni jazdę rozniosły kopyta.
Aż pod wał trzebim drogę!... ten wzgórek był wałem.
Tam ona wyszła patrzeć na igraszkę dzieci,
Tam, gdy ją przy chorągwi Proroka ujrzałem,
Natychmiast umarł we mnie Godfred i Jan Trzeci.
840 Odtąd wszystkich spraw moich, chęci, myśli panią,
Ach, odtąd dla niej tylko, o niej, przez nią, za nią!
Jej pełne dotąd jeszcze wszystkie okolice:
Tu po raz pierwszy boskie obaczyłem lice,
Tu mnie pierwszej rozmowy uczciła wyrazem,
Tutaj, na wzgórku, Russa czytaliśmy razem;
Altankę jej pod tymi uwiązałem chłody,
Z tych lasów przynosiłem kwiateczki, jagody,
Z tych zdrojów, stojąc przy mnie, wywabiała wędką
Srebrnopiórego karpia, pstrąga z kraśną cętką;
850 A dziś!...

(płacze)

Ksiądz

Płacz; lecz niestety, boleść przypomnienia
Nas samych trawi, a nic wkoło nas nie zmienia!

Gustaw

Dzisiaj po latach tylu, po takiej przemianie,
Na miejscach najszczęśliwszych, w najsmutniejszym stanie!
Gdybyś wziął martwy kamień, z którym igra dziecię,
I gdybyś z tym kamieniem obchódził po świecie,
A potem, do Ojczyzny wróciwszy z daleka,
Ten sam kamień, dla tegoż samego człowieka,
Co nim kiedyś jak dziecko igrał przy piastunie,

76

Dziś dla starca zmarłego dał pod głowę w trunie;
860 Gdyby z tego kamienia gorzka łza nie ciekła,
Księże, kamień bez sądu rzuć prosto do piekła!

Ksiądz

O! łza ta nie jest gorzka, gdy w obecne troski
Przypomnianego szczęścia miesza nektar boski;
Czułość ją u ludzkości wylewa ołtarza.
Gorzką truciznę sączą tylko łzy zbrodniarza.

Gustaw

Słuchaj, powiem coś jeszcze... Byłem i w ogrodzie,
Pod tęż porę, w jesieni, przy wieczornym chłodzie,
Też same cieniowane chmurami niebiosa,
Tenże bladawy księżyc i kroplista rosa,
870 I tuman na kształt z lekka prószącego śniegu;
I gwiazdy toną w błękit po nocnym obiegu,
I taż sama nade mną świeci gwiazdka wschodnia,
Którą wtenczas widziałem, którą widzę co dnia;
W tychże miejscach toż samo uczucie paliło.
Wszystko było jak dawniej — tylko jej nie było!
Podchodzę ku altance, jakiś szmer u wniścia,
To ona?... Nie! to wietrzyk zżółkłe strząsał liścia.
Altano! mego szczęścia kolebko i grobie,
Tum poznał, tum pożegnał!... ach! com uczuł w tobie!
880 To miejsce może wczora było jej siedzeniem,
Ona wczora tym samym oddychała tchnieniem!
Słucham, oglądam wkoło, próżno wzrok się błąka,
Małegom tylko ujrzał nad sobą pająka,
Z listka wisząc, u słabej kołysał się nici,
Ja i on równie słabo do świata przybici!
Oparłem się o drzewo, wtem na końcu ławki
Widzę bukiety, trawkę, listek pośród trawki,
Tenże sam listek, listka mojego połowa,

77

(dobywa listek)

Który mi przypomina ostatnie: bądź zdrowa!
890 To mój dawny przyjaciel, czulem go powitał,
Długo z nim rozmawiałem i o wszystkom pytał:
Jak ona rano wstaje? czym się bawi z rana?
Jaką piosnkę najczęściej gra u fortepiana?
Do jakiego wybiega na przechadzkę zdroju?
W jakim najczęściej lubi bawić się pokoju?
Czy na moje wspomnienie rumieni się skromnie?
Czy sama czasem niechcąc nie wspomina o mnie?...
Lecz co słyszę! o straszna ciekawości karo!

(ze złości uderza się w czoło)

Kobieta!...

(śpiewa)

Naprzód!...

(urywa i do Dzieci)

Dzieci! znacie piosnkę starą?

(śpiewa)

900 Naprzód ciebie wspomina
Co chwila, co godzina.

Chór Dzieci
Jakże kocha dziewczyna,
Co chwilę przypomina.

Gustaw
Potem po razu co dnia,
A potem co tygodnia.

Chór dzieci
Jakże czuła dziewczyna,
Co tydzień przypomina!

78

Gustaw

A potem co miesiąca
Z początku albo z końca.

Chór dzieci

910   Jakże dobra dziewczyna,
Co miesiąc przypomina!

Gustaw

Biegą wody potoku,
Pamięć nie w naszej mocy:
Już tylko raz co roku,
Około Wielkiejnocy.

Chór dzieci

Jaka grzeczna dziewczyna,
Jeszcze co rok wspomina!

Gustaw

Więc

(pokazując listek)

ostatni przeszłości odrzuciła szczątek!
Więc już jej moich nosić nie wolno pamiątek!...
920   Wychodziłem z ogrodu, krok mię własny zdradza,
Pod pałac niewidoma ciągnęła mię władza.
Tysiąc ogniów północne rozpędza ciemnoty,
Słychać wrzaski pojezdnych i karet tarkoty.
Już jestem blisko ściany, skradam się pomału,
Wciskam oczy ciekawe w podwoje z kryształu,
Wszystkie stoły nakryto, wszystkie drzwi przemknięto;
Muzyka, śpiewy — jakieś obchodzono święto!
Toast!... słyszałem imię... ach, nie powiem czyje!
Jakiś głos nieznajomy wykrzyknął: «Niech żyje!»
930   «Niech żyje!» z ust tysiąca zabrzmiały te słowa;

79

Tak, niech żyje!... i z cicha przydałem: bądź zdrowa!
Wtem (o, gdy mię wspomnienia same nie zabiją!)
Ksiądz wyrzekł drugie imię i krzyknął: «Niech żyją!»
(wpatruje się jakby we drzwi)
Ktoś dziękuje z uśmiechem... znam głos... pewnie ona.
Nie wiem pewnie... nie mogę widzieć za zwierciadłem,
Wściekłość mię oślepiła, poparłem ramiona,
Chciałem szyby rozsadzić... i bez duszy padłem...
(po pauzie)
Myślałem, że bez duszy... tylko bez rozumu!

Ksiądz
Nieszczęsny! dobrowolnych szukałeś męczarni.

Gustaw
940 Jak trup samotny, obok weselnego tłumu,
Leżałem na zroszonej gorzkim płaczem darni:
Sprzeczność ostatnich w świecie pieszczot i męczarni!
Przebudzony, ujrzałem krwawy promyk wschodu.
Czekam chwilę: już nigdzie blasku ani szumu.
Ach, ta chwila jak piorun, a jak wieczność długa!
Na strasznym chyba sądzie taka będzie druga!
(po pauzie z wolna)
Wtem anioł śmierci wywiódł z rajskiego ogrodu!

Ksiądz
I na cóż ból rozdrażniać w przygojonej ranie?
Synu mój, jest to dawna, lecz słuszna przestroga,
950 Że kiedy co się stało i już nie odstanie,
Potrzeba w tym uznawać wolą Pana Boga.

Gustaw
(z żalem)
O nie! nas Bóg urządził ku wspólnemu życiu,
Jednakowa nam gwiazda świeciła w powiciu,

80

Równi, choć różnych zdarzeń wykształceni ciekiem,
Postawą sobie bliscy, jednostajni wiekiem,
Ten sam powab we wszystkim, toż samo niechcenie,
Też same w myślach składnie i w czuciach płomienie.
Gdy nas wszędzie tożsamość łączy niedościgła,
Bóg osnuł przyszłe węzły,

(z żalem największym)

a tyś je rozstrzygła!

(mocniej, gniewny)

960 Kobieto! puchu marny! ty wietrzna istoto!
Postaci twojej zazdroszczą anieli,
A duszę gorszą masz, gorszą niżeli!...
Przebóg! tak ciebie oślepiło złoto!
I honorów świecąca bańka, wewnątrz pusta!
Bodaj!... Niech, czego dotkniesz, przeleje się w złoto;
Gdzie tylko zwrócisz serce i usta,
Całuj, ściskaj zimne złoto!
Ja, gdybym równie był panem wyboru,
I najcudniejsza postać dziewicza,
970 Jakiej Bóg dotąd nie pokazał wzoru,
Piękniejsza niźli aniołów oblicza,
Niźli sny moje, niźli poetów zmyślenia,
Niźli ty nawet... oddam ją za ciebie,
Za słodycz twego jednego spojrzenia!
Ach, i gdyby w posagu
Płynęło za nią wszystkie złoto Tagu,
Gdyby królestwo w niebie,
Oddałbym ją za ciebie!
Najmniejszych względów nie zyska ode mnie,
980 Gdyby za tyle piękności i złota
Prosiła tylko, ażeby jej luby
Poświęcił małą cząstkę żywota,
Którą dla ciebie całkiem poświęca daremnie!
Gdyby prosiła o rok, o pół roka,

Gdyby jedna z nią pieszczota,
Gdyby jedno mgnienie oka,
Nie chcę! nie! i na takie nie zezwolę śluby.

(surowo)

A ty sercem oziębłym, obojętną twarzą,
Wyrzekłaś słowo mej zguby
990 I zapaliłaś niecne ogniska,
Którymi łańcuch wiążący nas pryska,
Które się wiecznym piekłem między nami żarzą,
Na moje wieczne męczarnie!
Zabiłaś mię, zwodnico! Nieba cię ukarzą,
Sam ja... nie puszczę bezkarnie,
Idę, zadrżyjcie, odmieńce!

(dobywa sztylet i ze wściekłą ironią)

Błyskotkę niosę dla jasnych panów!
Ot, tym wina utoczę na ślubne toasty...
Ha! wyrodku niewiasty!
1000 Śmiertelne ścisnę wkoło szyi twojej wieńce!
Idę jak moję własność do piekła zagrabić,
Idę!...

(wstrzymuje się i zamyśla)

O nie! nie... nie... żeby ją zabić,
Trzeba być trochę więcej niż pierwszym z szatanów!
Precz to żelazo!

(chowa)

niech ją własna pamięć goni,

(Ksiądz odchodzi)

Niech ją sumienia sztylety ranią!
Pójdę, lecz pójdę bez broni,
Pójdę tylko spojrzeć na nią.
W salach, gdzie te od złota świecące pijaki
Przy godowym huczą stole!
1010 Ja w tej rozdartej sukni, z tym liściem na czole,
Wnijdę i stanę przy stole...

Zdziwiona zgraja od stołu powstała,
Przepijają do mnie zdrowiem,
Proszą mię siedzieć: ja stoję jak skała,
Ani słowa nie odpowiem.
Plączą się skoczne kręgi przy śpiewach i brzęku,
Prosi mię w taniec drużba godowa,
A ja z ręką na piersiach, z listkiem w drugim ręku,
Nie odpowiem ani słowa!
1020 Wtem ona z swoim anielskim urokiem,
«Gościu mój, rzecze, pozwól! niech się dowiem,
Skąd przychodzisz, kto jesteś?» — Ja nic nie odpowiem;
Tylko na nią cisnę okiem,
Ha! okiem! okiem jadowitej zmije,
Całe piekło z mych piersi przywołam do oka;
Niech będzie ślepą, martwą jak opoka,
Na wskróś okiem przebiję!
Wgryzę się jak piekielny dym pod jej powieki
I w głowie utkwię na wieki.
1030 Będę jej myśli czyste przez cały dzień brudził
I w nocy ją ze snu budził.

(powolniej, z czułością)

A ona tak jest czuła, tak łacno dotkliwa,
Jako na trawce wiosenne puchy,
Które lada zefiru zwiewają podmuchy
I lada rosa obrywa.
Każde wzruszenie moje natychmiast ją wzruszy,
Każdy przyostry wyraz zadraśnie;
Od cienia smutku mego jej wesołość gaśnie:
Tak znaliśmy nawzajem czucia wspólnej duszy,
1040 Co jedno pomyśliło, już drugie odgadło.
Całą istnością połączeni ściśło,
Spojrzawszy tylko na twarzy zwierciadło,
Serce nasze jak w czystym widzieliśmy stoku.
Jakie tylko uczucie na mych oczach błysło,

83

Natychmiast lotem promyka
Aż do jej serca przenika,
I na powrót błyszczy w oku.
Ach tak! tak ją kochałem! pójdęż teraz trwożyć
I na kochanka larwę potępieńca włożyć?
1050 Po co? czego chcę od niej? o zazdrości podła!
I jakież są jej grzechy?
Czyli mię słówkiem dwuznacznym podwiodła?
Czy wabiącymi łowiła uśmiechy
Albo kłamliwe układała lice?
I gdzież są jej przysięgi, jakie obietnice?
Miałemże od niej choć przez sen nadzieję?
Nie! nie! sam urojone żywiłem mamidła,
Sam przyprawiłem jady, od których szaleję!
Po cóż ta wściekłość? jakie do niej prawa?
1060 Co za moją wzgardzoną przemawia osobą?
Gdzie wielkie cnoty? świetne czyny? sława?
Nic! nic! ach, jednę miłość mam za sobą!
Znam to; nigdym śmiałymi nie zgrzeszył zapędy,
Nie prosiłem, ażeby była mnie wzajemną:
Prosiłem tylko o maleńkie względy,
Tylko żeby była ze mną,
Choćby jak krewna z krewnym, jak siostrzyczka z bratem,
Bóg świadkiem, przestałbym na tem.
Gdybym mówił: widzę ją, widziałem ją wczora,
1070 I jutro widzieć będę;
Z nią z rana, w dzień koło niej, koło niej z wieczora,
Oddam pierwszy dzieńdobry, u stołu z nią sięde —
Ach, jak byłbym szczęśliwy!

(po pauzie)
            Zapędzam się marnie.
Ty pod zazdrośnych oczu, chytrych żądeł strażą!
Ani obaczyć nie wolno bezkarnie.
Pożegnać, porzucić każą...

84

Umrzeć!...

(z żalem)

Kamienni ludzie! wy nie wiecie,
Jak ciężka śmierć pustelnika!
Konając patrzy na świat, sam jeden na świecie!
1080 Dłoń mu przychylna powiek nie zamyka!
Żałobne grono łoża nie otoczy,
Nikt nie pójdzie za trumną do wieczności domu,
Garsteczki piasku nie rzuci na oczy,
Zapłakać nie masz komu!
O, gdybym mógł choć przez sen pokazać się tobie,
Gdybyś na mojej pamiątkę męki
Jeden przynajmniej dzionek chodziła w żałobie,
Przypięła jednę czarną wstążkę do sukienki!...
Może spojrzysz ukradkiem... i łezka boleści...
1090 I pomyślisz westchnąwszy: ach, on mię tak kochał!

(z dziką ironią)

Stój, stój, żałosne pisklę!... precz, wrzasku niewieści!
Będęż, jak dziecko szczęścia, umierając szlochał?
Wszystko mi, wszystko niebiosa wydarły,
Lecz reszty dumy nie mogą odebrać!
Żywy, o nic przed nikim nie umiałem żebrać,
Żebrać litości nie będę umarły!

(z determinacją)

Rób, co chcesz, jesteś woli swojej panią,
Zapomnij!... ja zapomnę!

(pomieszany)

wszak już zapomniałem?

(zamyślony)

Jej rysy... coraz ciemniej... tak, już się zatarły!
1100 Już ogarniony wieczności otchłanią
Doczesnym pogardzam szałem...

(pauza)

Ach, wzdycham! czegoż wzdycham? ha! westchnąłem
za nią,

Nie! nie mogę zapomnieć o niej i umarły.
Wszakże ją widzę, wszak tu, o, tu stoi!
Płacze nade mną... jaka łezka szczera!

(z żalem)

Płacz, moja luba, twój Gustaw umiera!

(z determinacją)

No, dalej, śmiało, Gustawie!

(podnosi sztylet)

(z żalem)

Nie bój się, luba, on się nic nie boi!
Czego żałujesz, on nic z sobą nie zabiera!
1110 Tak! wszystko! wszystko tobie zostawię,
Zostawię życie, i świat, i rozkosze,

(z wściekłością)

I twego!... wszystko... o nic... ani łzy nie proszę!

(do Księdza, który wchodzi ze służącemi)

Słuchaj ty... jeśli [cię] kiedy obaczy...

(z wzmagającą się gwałtownością)

Pewna nadludzka dziewica... kobiéta,
I jeśli ciebie zapyta,
Z czego umarłem? nie mów, że z rozpaczy;
Powiedz, że byłem zawsze rumiany, wesoły,
Żem ani wspomniał nigdy o kochance,
Że sobie grałem w karty, piłem z przyjacioły...
1120 Że ta pijatyka... tańce...
Że mi się w tańcu... ot

(uderza nogą)

skręciła noga.

Z tego umarłem...

(przebija się)

Ksiądz

Jezus, Maria! bój się Boga!
(chwyta za rękę, Gustaw stoi; zegar zaczyna bić)

Gustaw
(pasując się ze śmiercią, patrzy na zegar)
Łańcuch szeleści... Jednasta wybija!

Ksiądz

Gustawie!
(kur pieje drugi raz)

Gustaw
To drugie hasło!
Czas ucieka, życie mija!
(zegar kończy bić, świeca druga gaśnie)
I drugie światło zagasło!
Koniec boleści!...
(dobywa sztylet i chowa)

Ksiądz
Ratujcie, przebóg, może jaka rada!
Ach, już, już kona, wbił do rękojeści,
1130 Padł ofiarą szaleństwa!

Gustaw
(z zimnym uśmiechem)
Przecież nie upada!

Ksiądz
(chwyta za rękę)
O zbrodnio! Boże, odpuść... Gustawie! Gustawie!

Gustaw
Zbrodnia taka nie może popełniać się co dzień,
Daj pokój próżnej obawie;

Stało się — osądzono — tylko dla nauki
Scenę boleści powtórzył zbrodzień.

Ksiądz

Jak to? co to jest?

Gustaw

Czary, omamienie, sztuki.

Ksiądz

Ach! włosy mi się jeżą; drżą pode mną nogi,
W imię Ojca i Syna! co to wszystko znaczy?

Gustaw
(patrząc na zegar)
Wybiło dwie godziny: miłości, rozpaczy,
1140 A teraz następuje godzina przestrogi.

Ksiądz
(chce go sadzić)
Usiądź, połóż się, oddaj zabójcze narzędzie,
Pozwól rany opatrzyć —

Gustaw
Daję tobie słowo,
Że aż do dnia sądnego sztylet w pochwach będzie.
O ranach próżna troska, wszak wyglądam zdrowo?

Ksiądz

Jak Bóg na niebie, nie wiem, co to...

Gustaw
Skutki szału,
Albo może kuglarstwo? — Są kosztowne bronie,
Których ostrze przenika i aż w duszy tonie;

88

Przecież widomie nie uszkodzą ciału.
Taką bronią po dwakroć zostałem przebity...

(po pauzie z uśmiechem)
1150 Taką bronią za życia są oczy kobiéty,

(ponuro)
A po śmierci grzesznika cierpiącego skrucha!

Ksiądz

W imię Ojca i Syna i Świętego Ducha!
Czego stoisz jak martwy? zaglądasz na stronę?
Ach, oczy!... przebóg, jakby bielmem powleczone!
Puls ustał... ręce twoje zimne jak żelazo!
Co to wszystko ma znaczyć?

Gustaw

O tym inną razą!
Słuchaj, jakie mię na świat zamiary przywiodły.
Kiedy wchodząc do ciebie stanąłem u progu,
Pamiętam, że z dziatkami odprawiałeś modły,
1160 Któreś za dusze zmarłe ofiarował Bogu.

Ksiądz
(chwyta krucyfiks)
Prawda, zaraz dokończym...
(ciągnie Dzieci do siebie)

Gustaw

No, przyznaj się szczerze
Czy wierzysz w piekło, w czyściec?...

Ksiądz

Ja we wszystko wierzę,
Cokolwiek w Piśmie Świętym Chrystus nam ogłasza
I w co zaleca wierzyć Kościół, matka nasza.

89

Gustaw

I w co twoje pobożne wierzyły pradziady?
Ach! najpiękniejsze święto, bo święto pamiątek,
Za cóż zniosłeś dotychczas obchodzone Dziady?

Ksiądz

Ta uroczystość ciągnie z pogaństwa początek;
Kościół mnie rozkazuje i nadaje władzę
1170 Oświecać lud, wytępiać reszty zabobonu.

Gustaw
(pokazując na ziemię)

Jednak proszą przeze mnie, i ja szczerze radzę,
Przywróć nam Dziady. Tam, u Wszechmocnego tronu,
Kędy nasz żywot ścisłe odważają szale,
Tam większym jest ciężarem łza jednego sługi,
Którą szczerze wyleje nad tobą u zgonu,
Niż kłamliwe po drukach rozgłaszane żale,
Płatny orszak i kirem powleczone cugi.
Jeśli, żałując śmierci dobrego dziedzica,
Lud zakupioną świecę stawia mu na grobie,
1180 W cieniach wieczności jaśniej błyszczy się ta świéca
Niż tysiąc lamp w niechętnej palonych żałobie.
Jeśli przyniesie miodu plastr i skromne mleko
I garścią mąki grobowiec posypie:
Lepiej posili duszę, o! lepiej daleko,
Niż krewni modnym balem wydanym na stypie.

Ksiądz

Ani słowa. Lecz Dziady, te północne schadzki
Po cerkwiach, pustkach lub ziemnych pieczarach,
Pełen guślarstwa obrzęd świętokradzki,
Pospólstwo nasze w grubej utwierdza ciemnocie;
1190 Stąd dziwaczne powieści, zabobonów krocie
O nocnych duchach, upiorach i czarach.

Gustaw

Więc żadnych nie ma duchów?

(z ironią)

Świat ten jest bez duszy?

Żyje, lecz żyje tylko jak kościotrup nagi,
Który lekarz tajemną sprężyną rozruszy;
Albo jest to coś na kształt wielkiego zegaru,
Który obiega popędem ciężaru?

(z uśmiechem)

Tylko nie wiecie, kto zawiesił wagi!
O kołach, o sprężynach rozum was naucza;
Lecz nie widzicie ręki i klucza!
1200 Gdyby z twych oczu ziemskie odpadło nakrycie,
Obaczyłbyś niejedno wkoło siebie życie,
Umarłą bryłę świata pędzące do ruchu.

(do Dzieci, które wchodzą)

Dzieci, chodźcie pod kantorek.

(do kantorka)

Czego potrzebujesz, duchu?

Głos z kantorka

Proszę o troje paciorek.

Ksiądz

(przerażony)

W imię Ojca... niech biega... Altarystę zbudzi,
Słowo stało się ciałem!... zawołajcie ludzi!...

Gustaw

Wstydź się, wstydź się, mój ojcze, gdzie rozum? gdzie wiara?
Krzyż jest mocniejszy niżli wszyscy ludzie twoi,
1210 A kto się Boga boi, ten się nic nie boi.

Ksiądz

Mów, czego potrzebujesz... ach, to upiór! mara!

91

Gustaw

Ja! nic nie potrzebuję, jest potrzebnych tylu!

(łowi koło świecy motyla)

A tuś mi, panie motylu!

(do Księdza, pokazując motyla)

Ten migający wkoło oćmy rój skrzydlaty
Za życia gasił każdy promyczek oświaty,
Za to po strasznym sądzie ciemność ich zagarnie;
Tymczasem z potępioną błąkając się duszą,
Chociaż nie lubią światła, w światło lecieć muszą,
To są dla ciemnych duchów najsroższe męczarnie!
1220 Patrzaj, ów motyl, strojny barwionymi szaty,
Był jakiś królik albo pan bogaty,
I wielkim skrzydeł roztworem
Zaciemiał miasta, powiaty.
Ten drugi, mniejszy, czarny i pękaty,
Był książek głupim cenzorem
I przelatując sztuk nadobne kwiaty,
Oczerniał każdą piękność, którą tylko zoczył,
Każdą słodkość zatrutym wysysał ozorem
Albo przebijał do ziemi środka,
1230 I nauk ziarno z samego zarodka
Gadziny zębem roztoczył...
Ci znowu, w licznym snujący się gwarze,
Są dumnych pochlebnisie, czernideł pisarze.
Na jakie pan ich gniewał się zagony,
Tam przeklęta chmura leci,
I czy ledwie wschodzące, czy dojrzałe plony
Jako sarańcza wybija.
Za tych wszystkich, moje dzieci,
Nie warto zmówić i Zdrowaś Maryja.
1240 Są inne, słuszniej godne litości istoty,
A między nimi twoi przyjaciele, ucznie,

92

Których ty wyobraźnią w górne pchnąłeś loty,
Których wrodzony ogień podniecałeś sztucznie.
Jaką, żyjąc, pokutę mieli za swe winy,
Oznajmiłem, wieczności przestąpiwszy progi:
Życie moje ścisnąłem w krótkie trzy godziny
I znowu wycierpiałem dla twojej przestrogi.
Im więc nieś ulgę prośbą i mszalną ofiarą;
Dla mnie oprócz wspomnienia nic więcej nie proszę.
1250 Za grzech mój życie było dostateczną karą,
A dziś, nie wiem, nagrodę czy pokutę znoszę.
Bo kto na ziemi rajskie doznawał pieszczoty,
Kto znalazł drugą swojej połowę istoty,
Kto nad świeckiego życia wylatując krańce,
Duszą i sercem gubi się w kochance,
Jej tylko myślą myśli, jej oddycha tchnieniem,
Ten i po śmierci również własną bytność traci,
I przyczepiony do lubej postaci,
Jej tylko staje się cieniem.
1260 Jeśli, żyjąc, świętemu był uległy panu,
Niebieską z nim·chwałę dzieli;
Albo ze złym do wiecznej strącony topieli,
Jest bolesnego wspólnikiem stanu.
Na szczęście Bóg mię zrobił poddanym anioła,
Dla niej i dla mnie przyszłość śmieje się wesoła.
Tymczasem, jak cień błądząc przy kochanych wdziękach,
Bywam albo w niebiosach, albo w piekła mękach.
Gdy ona wspomni, westchnie i łezkę wyleje,
Zbliżam się do usteczek, biały włos rozwieję,
1270 Zmieszam się z odetchnieniem i przeniknę ciebie,
I jestem w niebie!
Lecz kiedy!... och, czujecie, wy, coście kochali!
Jakim zawiść ogniem pali!...
Długo jeszcze po świecie błąkać się potrzeba,
Aż ją Bóg w swoje objęcie powoła;

Natenczas śladem lubego anioła
I cień mój błędny wkradnie się do nieba.

(zegar zaczyna bić)

(śpiewa)
Bo słuchajcie i zważcie u siebie,
Że według bożego rozkazu:
1280 Kto za życia choć raz był w niebie,
Ten po śmierci nie trafi od razu.

(zegar kończy bić, kur pieje, lampa przed obrazem gaśnie, Gustaw znika)

Chór
Bo słuchajmy i zważmy u siebie,
Że według bożego rozkazu:
Kto za życia choć raz był w niebie,
Ten po śmierci nie trafi od razu.

DZIADY

WIDOWISKO

CZĘŚĆ I

PRAWA STRONA TEATRU — DZIEWICA W SAMOTNYM POKOJU — NA BOKU KSIĄG
MNÓSTWO, FORTEPIANO, OKNO Z LEWEJ STRONY W POLE; NA PRAWEJ WIELKIE ZWIER-
CIADŁO; ŚWIECA GASNĄCA NA STOLE I KSIĘGA ROZŁOŻONA (ROMANS «VALERIE»)

Dziewica
(wstaje od stołu)

Świeco niedobra! właśnie pora była zgasnąć!
I nie mogłam doczytać — czyż podobna zasnąć?
Waleryjo! Gustawie! anielski Gustawie!
Ach, tak mi często o was śniło się na jawie,
A przez sen — będę z wami, Pan Bóg wie dopóki!
Smutne dzieje! Jak smutnej są źródłem nauki!
(po pauzie, z niesmakiem)
Po co czytam? Już koniec przezieram z daleka!
Takich kochanków tutaj
(wskazuje ziemię)
                         cóż innego czeka?
Waleryjo! ty przecież spomiędzy ziemianek
10 Zazdrości godna! Ciebie ubóstwiał kochanek,
O którym inna próżno całe życie marzy,
Którego rysów szuka w każdej nowej twarzy,
I w każdym nowym głosie nadaremnie bada
Tonu, który jej duszy brzmieniem odpowiada.
Bo ich twarze tchną głazem, jak Meduzy głowa,
Nad słotny deszcz jesienny zimniejsze ich słowa!

Co dzień z pamiątką nudnych postaci i zdarzeń
Wracam do samotności, do książek — [do] marzeń,
Jak podróżny, śród dzikiej wyspy zarzucony,
20 Co rana wzrok i stopę niesie w różne strony,

Azali gdzie istoty bliźniej nie obaczy,
I co noc w swą jaskinią powraca w rozpaczy.

Szalony, niech ukocha swe samotne ściany
I nie targa łańcucha, by nie draźnić rany. —

Witajże, ma jaskinio — na wieki zamknięci,
Nauczmy się więźniami stać się z własnej chęci —
Czyż nie znajdziem zatrudnień? Mędrce dawnych wieków
Zamykali się szukać skarbów albo leków
I trucizn — my niewinni młodzi czarodzieje
30 Szukajmy ich, by otruć własne swe nadzieje.
A jeżeli do grobu wstęp wiar[ą] zawarty,
Pochowajmy swą duszę za życia w te karty.
Można pięknie zmartwychwstać i po takim zgonie,
I przez ten grób jest droga na Elizu błonie.
Zamieszkałym śród cieniów zmyślonego świata
Nudnej rzeczywistości nagrodzi się strata.
Cieniów? Nigdyż nie było między ziemską bracią
Takich cieniów, śmiertelną więzionych postacią?
Dusze ich wzięłyż bytność z poetów wyroku,
40 Kształty odlaneż tylko z pięknych słów obłoku?
Nie mogę przyrodzenia tą myślą obrażać,
Nie mogę bluźnić Twórcy — i siebie znieważać.

W przyrodzeniu, powszechnej ciał i dusz ojczyźnie,
Wszystkie stworzenia mają swe istoty bliźnie:
Każdy promień, głos każdy, z podobnym spojony,
Harmoniją ogłasza przez farby i tony;
Pyłek [każdy] błądzący śród istot ogromu,
Padnie w końcu na serce bliźniego atomu;
A tylko serce czułe z dozgonną tęsknotą
50 W rodzinie tworów jedną ma zostać sierotą?
Twórca mi dał to serce; choć w codziennym tłumie

98

Nikt poznać go nie może, bo nikt nie rozumie,
Jest i musi być kędyś, choć na krańcach świata,
Ktoś, co do mnie myślami wzajemnymi lata!

O, gdybyśmy dzielące rozerwawszy chmury,
Choć przed zgonem tęsknymi spotkali się pióry,
Lub słowem tylko, wzrokiem, — dosyć jednej chwili,
Dosyć, by się dowiedzieć tylko, żeśmy żyli.
Wtenczas dusza, co ledwie czucia swe ogarnia,
60 W której rozkoszę truje wiązadeł męczarnia,
Z ciemnej, głuchej jaskini stałaby się rajem!
Jak by miło poznawać, zwiedzać ją nawzajem,
I cokolwiek pięknego w myślach zajaśnieje,
Co ślachetnego mają tajne serca dzieje,
Rozświecić przed oczyma kochanej istoty,
Jak wyłamane z piersi kryształów klejnoty!
Wtenczas przeszłość do życia moglibyśmy wcielić
Spomnieniem; można by się z przyszłości weselić
W przeczuciu, a obecnym chwil lubych użyciem
70 Łącząc wszystko, żyć całym i zupełnym życiem;
Bylibyśmy jak lotne tchnienia, co je rosa
Wiosennym zionie rankiem, dążące w niebiosa,
Lekkie i niewidome, lecz kiedy się zlecą, —
Spłoną i nową iskrę pośród gwiazd rozświecą.

NA LEWĄ STRONĘ TEATRU WCHODZI CHÓR WIEŚNIAKÓW NIOSĄCYCH JEDZENIA
I NAPOJE; STARZEC PIERWSZY Z CHÓRU NA CZELE

Guślarz
Ciemno wszędzie, głucho wszędzie,
Z czujnym słuchem, z bacznym okiem
Spieszmy się w tajnym obrzędzie,
Z cichym pieniem, wolnym krokiem;
Wszak nie nucim po kolędzie,

80 Nucimy piosnkę żałoby;
Nie do dworu z nowym rokiem, —
Ze łzami idziem na groby.

Chór
Póki ciemno, głucho wszędzie,
Spieszmy się w tajnym obrzędzie.

Guślarz
Spieszmy cicho i powoli,
Poza cerkwią, poza dworem,
Bo ksiądz gusłów nie dozwoli,
Pan się zbudzi nocnym chorem.
Zmarli tylko wedle woli
90 Spieszą, gdzie ich guślarz woła;
Żywi są na pańskiej roli,
Cmentarz pod władzą kościoła.

Chór
Póki ciemno, głucho wszędzie,
Spieszmy się w tajnym obrzędzie.

Chór młodzieńców
(do Dziewczyny, ob. «Romantyczność»)
Nie łam twych rączek, niewiasto młoda,
Nie płacz, i oczek, i dłoni szkoda.
Te oczki innym źrenicom błysną,
Te rączki inną prawicę ścisną.

Od lasu para gołąbków leci,
100 Para gołąbków, a orlik trzeci:
Uszłaś, gołąbko, spojrzy do góry,
Czy jest za tobą mąż srebrnopióry?

100

Nie płacz, nie wzdychaj w próżnej żałobie,
Nowy małżonek grucha ku tobie,
Nóżki z ostrogą, szyję mu wieńczy
Wstążka błękitna, a kolor tęczy.

Róża z fijałkiem na letniej łące
Podają sobie dłonie pachnące,
Pieszy robotnik kosi dąbrowę,
110 Zranił małżonka, zostawił wdowę.

Płaczesz i wzdychasz w próżnej żałobie,
Wysmukły narcyz kłania się tobie,
Jasną źrenicą śród polnych dzieci
Jak księżyc między gwiazdami świeci.

Nie łam twych rączek, niewiasto młoda,
Nie płacz, i rączek, i oczu szkoda.
Ten, po kim płaczesz, wzajem nie błyśnie
Okiem ku tobie, ręki nie ściśnie.

On ciemny krzyżyk w prawicy trzyma,
120 A miejsca w niebie szuka oczyma.
Dla niego na mszę daj, młoda wdowo,
A dla nas żywych piękne daj słowo.

(do Starca)

Nie tęsknij, starcze, prosiemy młodzi,
Tęsknota sercu i myślom szkodzi;
W tym sercu dla nas żyją przykłady,
Dla nas w tych myślach jest skarbiec rady.

Stary dąb zruca powiewne szaty,
O cień go proszą trawy i kwiaty:

«Nie znam was, dzieci nowego rodu,
130 Czyliście warte cienia i chłodu,
Nie takie rosły dawnymi laty
Pod mą zasłoną trawy i kwiaty».

Przestań narzekać, niesłuszny w gniewie,
Jak było dawniej, nikt o tym nie wie.
Uwiędną jedni, powschodzą inni,
Chociaż mniej piękni, cóż temu winni?
Strzeż naszej barwy, ciesz się z okrasy,
A z nas dawniejsze wspominaj czasy.

Nie wzdychaj, starcze, w próżnej tęsknocie,
140 Wielu straciłeś, zostały krocie.
Nie całe twoje szczęście jest w grobie,
Nie tam są wszyscy znajomi tobie.
Weź trochę szczęścia od nas szczęśliwych,
Szukaj umarłych pośród nas żywych.

Guślarz

Kto błądząc po życia kraju,
Chciał pilnować prostej drogi,
Choć mu los wedle zwyczaju
Wszędzie siał ciernie i głogi;
Nareszcie po latach wielu,
150 W licznych troskach, w ciężkich nudach,
Zapomniał o drogi celu,
Aby znaleźć wczas po trudach;

Kto z ziemi patrzył ku słońcu,
Marzył nieba i gwiazd loty
I nie znał ziemi, aż w końcu,
Kiedy wpadł w otchłań ciemnoty;

Kto żalem pragnął wydźwignąć,
Co znikło w przeszłości łonie,
Kto żądzą pragnął doścignąć,
160 Co ma przyszłość w tajnym łonie;

Kto poznał swój błąd niewcześnie,
O gorszej myśli poprawie,
Mruży oczy, by żyć we śnie
Z tym, czego szukał na jawie;

Kto marzeń tknięty chorobą,
Sam własnej sprawca katuszy,
Darmo chciał znaleźć przed sobą,
Co miał tylko w swojej duszy; —

Kto wspominasz dawne chwile,
170 Komu się o przyszłych marzy,
Idź ze świata ku mogile,
Idź od mędrców do guślarzy!

Mrok tajemnic nas otacza,
Pieśń i wiara przewodniczy,
Dalej z nami, kto rozpacza,
Kto wspomina i kto życzy.

Dziecię
Wróćmy lepiej do chaty, coś tam od kościoła
Błysnęło, ja się boję, coś po lesie woła.
Jutro pójdziem na cmentarz, ty swoim zwyczajem
180 Dumać, ja zdobić krzyże kwiatami i majem.

Mówią, że dzisiaj w nocy umarłych spotkamy,
Ja ich nie znam, ja własnej nie pamiętam mamy,
Ty oczy w dzień masz słabe, pragnąłbyś daremnie
Dawno widzianych ludzi rozeznać po ciemnie.

103

I słuch masz słaby. Pomnisz? dwie temu niedziele
Zebrało się i krewnych, i sąsiadów wiele
Urodziny twe święcić; tyś w milczeniu siedział,
Nic nie słyszał, nikomu nic nie odpowiedział.

Zapytałeś na koniec, po co ta gromada
¹⁹⁰ Zeszła się w dzień powszedni? i czy mrok już pada?
A my przyszli winszować i od kilku godzin
Słońce zaszło, i był to dzień twoich urodzin.

Starzec

Od tego dnia, ach, jakżem daleko odpłynął!
Wszystkiem znajome lądy i wyspy ominął,
Wszystkie dziedziczne skarby znikły w czasu toniach;
Cóż mnie po waszych twarzach, i głosach, i dłoniach?
Twarze, którem z dzieciństwa ukochać przywykał,
Dłonie, co mię pieściły, głos, co mię przenikał,
Gdzież są? Zgasły, przebrzmiały, zmieniły się, starły.
²⁰⁰ Nie wiem, czym pośród trupów, czylim sam umarły.
Ale inny świat rzucam, aniżelim zastał;
Nieszczęsny, kto częściami do mogiły wrastał!

Twój jeszcze głos, mój wnuku, ostatnia pociecho,
Jak po umarłej pieśniach niemowlęce echo,
Tuła się i głos matki powtarzając kwili.
Lecz i ty mię porzucasz, jak inni rzucili.

Pójdę sam; kto w dzień błądzi i żywych nie słyszy,
Widzi w nocy, zna język grobowej zaciszy.
Nie zabłądzę, wszak co rok chodziłem tą drogą:
²¹⁰ Zrazu jak ty, mój synu, z niemowlęcą trwogą,

Potem jak chłopiec pełen ciekawej ochoty,
Potem z tęsknotą, teraz nawet bez tęsknoty,
Bez żalu; cóż mię wiedzie? jakiś zapęd nowy,

Ciemne przeczucie, może to instynkt grobowy.
Znajdę cmentarz i coś mi w głębi serca wróży,
Że nazad już nie będę potrzebował stróży.
Ale nim się rozłączym, twe służby dziecięce
Nagrodzę, pódź, mój synu, uklęknij, złóż ręce.

Boże! coś mi rozkazał spełnić kielich życia
220 I zbyt wielki, zbyt gorzki dałeś mi do picia,
Jeśli względów twojego miłosierdzia godna
Cierpliwość, z którą gorycz wychyliłem do dna,
Jedynej, lecz największej śmiem żądać nagrody:
Pobłogosław wnukowi — niechaj umrze młody!

Bądź zdrów; stój i raz jeszcze ściśni dziada rękę!
Daj mi twój głos usłyszeć — zaśpiewaj piosenkę
Ulubioną i tyle powtarzaną razy,
O zaklętym młodzieńcu, przemienionym w głazy.

[Dziecię]
[śpiewa]
MŁODZIENIEC ZAKLĘTY

Wyłamawszy zamku bramy,
230   Twardowski błądził śród gmachów,
Biegł na wieże, schodził w jamy:
   Co tam czarów! co tam strachów!

W jednym sklepisku zapadłem —
   Jak dziwny rodzaj pokuty —
Na łańcuchu, przed zwierciadłem
   Stoi młodzieniec okuty.

Stoi, a z ludzkiej postaci,
   Mocą czarownych omamień,
Coraz jakąś cząstkę traci
240   I powoli wrasta w kamień.

Aż do piersi już był głazem,
A jeszcze mu błyszczą lica
Męstwa i siły wyrazem;
Czułością świeci źrenica.

«Kto jesteś? zaklęty rzecze,
Coś te gmachy zdobył śmiało,
Gdzie tak mnogie pękły miecze,
Tylu wolność postradało».

«Kto jestem? o, drży świat cały
250 Przed mą szablą, na me słowa
Wielkiej mocy, większej chwały:
Jestem rycerzem z Twardowa».

«Z Twardowa?... za moich czasów
Nie słyszałem o nazwisku,
Ni śród wojennych zapasów,
Ni na rycerskim igrzysku.

«Nie zgadnę, jak długie lata
Mogłem w więzieniu przesiedzieć;
Ty świeżo wracasz ze świata:
260 Musisz mi o nim powiedzieć.

«Czy dotąd Olgierda ramię,
Naszą Litwę wiodąc w pole,
Po dawnemu Niemcy łamie,
Tratuje stepy mogole?»

«Olgierd? Ach, już przeminęło
Dwieście lat po stracie męża,
Lecz z jego wnuków Jagiełło
Teraz walczy i zwycięża».

106

«Co słyszę? Jeszcze dwa słowa:
270   Może w twych błędnych obiegach
Byłeś, rycerzu z Twardowa,
Na Świtezi naszej brzegach?

«Czy tam ludzie nie mówili
O Poraju silnej ręki
I o nadobnej Maryli,
Której on ubóstwiał wdzięki?»

«Młodzieńcze, nigdzie w tym kraju,
Od Niemna po Dniepru krańce,
Nie słyszałem o Poraju
280   Ani o jego kochance.

«Po co pytać, czasu strata,
Gdy cię wyrwę z tej opoki,
Wszystkie ciekawości świata
Własnymi odwi[e]dzisz kroki.

«Znam czarodziejską naukę,
Wiem dzielność tego zwierciadła,
Wraz go na drobiazgi stłukę,
By z ciebie ta larwa spadła».

To mówiąc, nagłym zamachem
290   Dobył miecza i przymierza,
Ale młodzieniec z przestrachem —
«Stój!» — zawołał na rycerza.

«Weźmi zwierciadło ze ściany
I podaj go w moje ręce,
Niech sam skruszę me kajdany
I uczynię koniec męce».

Wziął i westchnął, twarz mu zbladła
I zalał się łez strumieniem,
I pocałował zwierciadło —
300   I cały stał się kamieniem.

Chór młodzieży
Tu guślarz kazał młodzieży
Stanąć na drogi połowie:
Tam na wzgórku wioska leży,
A tam mogilnik w dąbrowie.

Między kolebką i groby
Młody nasz wiek w środku stoi;
Śród wesela i żałoby
Stójmyż w środku, bracia moi!

Nie godzi się do wsi wracać
310   Nie godzi się biec w ich ślady.
Tu będziemy święcić Dziady
I piosnkami noc ukracać.

Będziemy idących witać,
I powracających pytać,
Lękliwym rozpędzać trwogę,
Błędnym pokazywać drogę. —

Zaszło słońce, biegą dzieci,
Idą starce, płaczą, nucą,
Lecz znowu słońce zaświeci,
320   Wrócą dzieci, starce wrócą.

Nim dojdzie siwizny dziecię,
Nim starego dzwon powoła,
Jeszcze ich spotka na świecie
Niejedna chwilka wesoła.

Ale kto z nas w młode lata
Nie działa rzeźwym ramieniem,
Ale sercem i myśleniem,
Taki zgubiony dla świata.

Kto jak zwierz pustyni szuka,
330 Jak pugacz po nocy lata,
Jak upiór do trumny puka,
Taki zgubiony dla świata.

Kto w młodości pieśń żałoby
Raz zanucił, wiecznie nuci;
Kto młody odwiedza groby,
Już z nich na świat nie powróci.

Niech więc dzieci i ojcowie
Idą w kościół z prośbą, z chlebem;
Młodzi, na drogi połowie
340 Zostaniem pod czystym niebem.

PIEŚŃ STRZELCA

Śród wzgórzów i jarów,
I dolin, i lasów,
Śród pienia ogarów
I trąby hałasów:

Na koniu, co lotem
Sokoły zadumi,
I z bronią, co grzmotem
Pioruny zatłumi;

Wesoły jak dziecko,
350 Jak rycerz krwi chciwy,
Odważnie, zdradziecko
Bój zaczął myśliwy.

109

Witajcież rycerza,
Pagórki i niwy,
Król lasów, pan zwierza,
Niech żyje myśliwy!

Czy w niebo grot zmierza,
Czy w knieje i smugi,
Stąd leci grad pierza,
360   Stąd płyną krwi strugi.

Kto w puszczy dojedzie
Odyńca bez trwogi?
Kto kudły niedźwiedzie
Podesłał pod nogi?

Czyj dowcip gnał rojem
Lataczów do sideł?
Kto wstępnym wziął bojem
Sztandary ich skrzydeł?

Witajcież rycerza,
370   Pagórki i niwy,
Król lasów, pan zwierza,
Niech żyje myśliwy!

Dalejże, dalejże, z tropu w trop,
Z tropu w trop, dalejże, dalejże!
Dalejże, dalejże, z tropu, w trop,
Z tropu w trop, hop, hop!

Gustaw

Spolowałem piosenkę! Nie będą się gniewać
Myśliwi, że do domu wracam bez zwierzyny.
Jak tylko wrócę, zaraz muszę im zaśpiewać. —

110

³⁸⁰ Lecz gdzież zaszedłem? nigdzie śladu ni drożyny.
Hola! jak w kniei głucho — ni trąby, ni strzału.
Zbłądziłem — otóż skutek wieszczego zapału!
Goniąc muzę, wyszedłem z obławy. — Mróz ciśnie.
Trzeba ogień nałożyć, gdy światło zabłyśnie,
Nuż jaki spółtowarzysz z myśliwej czeladzi
Błądzi jak ja, ten ogień razem nas sprowadzi,
Łacniej drogę znajdziemy.
                          O mój przyjacielu!
Takich jak ty myśliwych nie znalazłbyś wielu.
Oni z lasu nie zwykli spoglądać ·v obłoki,
³⁹⁰ Ogarami na piękne polować widoki;
Z jednym zawsze zamiarem i z jedyną żądzą,
Na ziemi tropią zdobycz — tym lepiej — nie błądzą!
Pewnie już z rzeźwym sercem i spoconym czołem
Dzienną zabawę kończą za biesiadnym stołem.
Każdy chlubi się z przeszłych lub przyszłych zdobyczy,
Każdy swe trafne strzały, cudze pudła liczy;
Żartują z siebie głośno lub szepcą do ucha;
Wszyscy mówią, a jeden stary ojciec słucha.
A jeśli się pod koniec uprzykrzyły łowy,
⁴⁰⁰ Natenczas do sąsiadek — uśmiechy, rozmowy.
Czasem strzelecka miłość — wędrowna ptaszyna,
Serce przelotem zwiedzi — tak mija godzina,
I tydzień, i rok przeszły, — tak bywało wczora,
Tak jest dzisiaj i będzie każdego wieczora.
Szczęśliwi! —
              A ja... czemuż nie jestem jak oni?
Wyjechaliśmy razem — cóż mię w pole goni?
Ach, nie zabawy ścigam — uciekam od nudy;
Nie rozkosze myśliwskie lubię — ale trudy.
Że się myśl, a przynajmniej że się miejsce zmienia,
⁴¹⁰ I że tu nikt mojego nie śledzi marzenia,
Łez pustych, które nie wiem, skąd w oczach zaświecą,

Westchnień bez celu, które nie wiem, kędy lecą.
Nie do sąsiadek pewnie! na wiatry, na gaje,
Ku marzeniom!...

            Myśl dziwna! Zawsze mi się zdaje,
Że ktoś łzy moje widzi i słyszy westchnienia,
I wiecznie około mnie krąży na kształt cienia.

Ileż razy w dzień cichy szeleszczą na łące
Jakoby nimfy jakiejś stopki latające;
Spojrzę: chwieją się kwiaty i podnoszą głowy,
420 Jakby z lekka trącone. — Nieraz śród alkowy
Samotny książkę czytam; książka z rąk wypadła,
Spojrzałem i mignęła naprzeciw zwierciadła
Lekka postać, szepnęła jej powietrzna szata.
Nieraz dumałem w nocy; gdy się myśl rozlata,
Wzdycham, i coś westchnieniem dawało znak życia,
Serce biło i czułem drugie serca bicia,
Słowo nawet częstokroć, niewyraźnie, głucho,
Jak przelot nocnej muszki pogłaska mi ucho!...

Zasnąłem we mgle jasnej; z góry i z daleka
430 Coś błyszczy, choć widocznych kształtów nie obleka;
I czuję promień oczu i uśmiech oblicza!
Gdzież jesteś, samotności córo tajemnicza?

        Niechaj się twój duch uwieńczy
        Choćby marnym, nikłym ciałem;
        Okryj się choć rąbkiem tęczy
        Lub jasnym źródła kryształem!

        Niechaj twojej blask obsłony
        Długo, długo w oczach stoi!
        Niech twych ust rajskimi tony
440   Długo, długo słuch się poi!

Świeć mi, słońca niech źrenica
Olsnie marz[ąc] twoje lica;
Piej, syreno! w lubych głosach
Usnę, marzyć o niebiosach!

Ach, gdzie cię szukać? — od ludzi ucieknę,
Ach, bądź ty ze mną, świata się wyrzeknę!

Myśliwy czarny
[śpiewa]

Latasz, mój ptaszku, za wysoko latasz,
    A czy znasz dzielność swoich skrzydełek?
Spojrzy na ziemię, którą tak pomiatasz,
450   Co tam wabików, co tam sidełek!

Młodzieniec

Hola! słychać śpiewania, hej! wszelki duch żywy!
Ozwij się, bracie, kto jesteś?

Strzelec
                    Myśliwy,
Równej jak ty ochoty, większej trochę mocy.
Obadwa polujemy, chociaż ty w poranki
Jedziesz na świat, ja łowy rozpoczynam w nocy;
Ty czyhasz na zwierzęta, a ja — na kochanki.

Gustaw

Nie wiem, czy dobre miejsce wybrałeś na łowy,
Ale nie chcę przeszkadzać, więc szczęśliwej drogi.

Strzelec

Hola, kolego! nie bądź taki raptusowy.
460 Jestże to grubijaństwo albo skutek trwogi?
Pierwiej mię sam zawołał, a teraz ucieka.

113

Gustaw

Ja miałbym ciebie wołać?

Strzelec

Słyszałem z daleka,
Żeś wołał; kogo? na co? nie wiem doskonale,
Dosyć, że posłyszałem westchnienia i żale.
Jestem jak ty myśliwcem, byłem kiedyś młody,
Znam więc twego rzemiosła i wieku przygody.
Musisz mieć coś na sercu, rozmówmy się szczerze.
Pewnie [cię] zabłąkało w knieí jakie zwierzę?
Bracie, ja sam błądziłem, znam zwierzęta różne,
470 Skrzydlate i piechotne, czworo- i dwunożne.
A jeśli nic nie gonisz, pewno rad byś gonił?
Ej, czy cię widok pustej torby nie zapłonił?
Wstyd młodemu niczego dotąd nie zastrzelić?
Przyznaj się, ja ci mogę w potrzebie udzielić.

Gustaw

Dzięki — od nieznajomych nie żądam pomocy,
Nie zabieram przyjaźni tak rychło i w nocy;
I nie rozumiem, co twe słowa mają znaczyć.

Strzelec

Jeżeliś niepojętny, będę się tłumaczyć.
Jeżeli mi nie ufasz, będę szczerszy z tobą...
480 Wiedz naprzód, iż gdzie stąpisz, jest wszędzie nad tobą
Pewna istota, która z oczu cię [nie] traci,
I że chce ciebie w ludzkiej nawiedzić postaci,
Jeżeli to, coś przyrzekł, zachowasz niezłomnie...

Gustaw

Przebóg! co to ma znaczyć?... Nie zbliżaj się do mnie!

[Na tym się rękopis kończy]

114

DZIADY

POEMA

ŚWIĘTEJ·PAMIĘCI

JANOWI · SOBOLEWSKIEMU
CYPRIANOWI · DASZKIEWICZOWI
FELIKSOWI · KÓŁAKOWSKIEMU

SPÓŁUCZNIOM · SPÓŁWIĘŹNIOM · SPÓŁWYGNAŃCOM
ZA MIŁOŚĆ · KU OJCZYŹNIE · PRZEŚLADOWANYM
Z TĘSKNOTY · KU OJCZYŹNIE · ZMARŁYM
W ARCHANGIELU · NA MOSKWIE · W PETERSBURGU

NARODOWEJ·SPRAWY

MĘCZENNIKOM

poświęca
AUTOR

Polska od pół wieku przedstawia widok z jednej strony tak ciągłego, niezmordowanego i niezbłaganego okrucieństwa tyranów, z drugiej tak nieograniczonego poświęcenia się ludu i tak uporczywej wytrwałości, jakich nie było przykładu od czasu prześladowania chrześcijaństwa. Zdaje się, że królowie mają przeczucie Herodowe o zjawieniu się nowego światła na ziemi i o bliskim swoim upadku, a lud coraz mocniej wierzy w swoje odrodzenie się i zmartwychwstanie.

Dzieje męczeńskiej Polski obejmują wiele pokoleń i niezliczone mnóstwo ofiar; krwawe sceny toczą się po wszystkich stronach ziemi naszej i po obcych krajach. — Poema, które dziś ogłaszamy, zawiera kilka drobnych rysów tego ogromnego obrazu, kilka wypadków z czasu prześladowania podniesionego przez Imperatora Aleksandra.

Około roku 1822 polityka Imperatora Aleksandra, przeciwna wszelkiej wolności, zaczęła się wyjaśniać, gruntować i pewny brać kierunek. W ten czas podniesiono na cały ród polski prześladowanie powszechne, które coraz stawało się gwałtowniejsze i krwawsze. Wystąpił na scenę pamiętny w naszych dziejach senator Nowosilcow. On pierwszy instynktową i zwierzęcą nienawiść rządu rosyjskiego ku Polakom wyrozumował jak zbawienną i polityczną, wziął ją za podstawę swoich działań, a za cel położył zniszczenie polskiej narodowości. W ten czas całą przestrzeń ziemi od Prosny aż do Dniepru i od Galicji do Baltyckiego morza zamknięto i urządzono jako ogromne więzienie. Całą administracją nakręcono jako jedną wielką Polaków torturę, której koło obracali carewicz Konstanty i senator Nowosilcow.

Systematyczny Nowosilcow wziął naprzód na męki dzieci i młodzież, aby nadzieje przyszłych pokoleń w zarodzie samym

119

wytępić. Założył główną kwaterę katowstwa w Wilnie, w stolicy naukowej prowincji litewsko-ruskich. Były wówczas między młodzieżą uniwersytetu różne towarzystwa literackie, mające na celu utrzymanie języka i narodowości polskiej, Kongresem Wiedeńskim i przywilejami Imperatora zostawionej Polakom. Towarzystwa te, widząc wzmagające się podejrzenia rządu, rozwiązały się wprzód jeszcze, nim ukaz zabronił ich bytu. Ale Nowosilcow, chociaż w rok po rozwiązaniu się towarzystw przybył do Wilna, udał przed Imperatorem, że je znalazł działające; ich literackie zatrudnienia wystawił jako wyraźny bunt przeciwko rządowi, uwięził kilkaset młodzieży i ustanowił pod swoim wpływem trybunały wojenne na sądzenie studentów. W tajemnej procedurze rosyjskiej oskarżeni nie mają sposobu bronienia się, bo często nie wiedzą, o co ich powołano: bo zeznania nawet komisja według woli swojej jedne przyjmuje i w raporcie umieszcza, drugie uchyla. Nowosilcow, z władzą nieograniczoną od carewicza Konstantego zesłany, był oskarżycielem, sędzią i katem.

Skasował kilka szkół w Litwie, z nakazem, aby młodzież do nich uczęszczającą uważano za cywilnie umarłą, aby jej do żadnych posług obywatelskich, na żadne urzędy nie przyjmowano i aby jej nie dozwolono ani w publicznych, ani w prywatnych zakładach kończyć nauk. Taki ukaz, zabraniający uczyć się, nie ma przykładu w dziejach i jest oryginalnym rosyjskim wymysłem. Obok zamknienia szkół, skazano kilkudziesięciu studentów do min sybirskich, do taczek, do garnizonów azjatyckich. W liczbie ich byli małoletni, należący do znakomitych rodzin litewskich. Dwudziestu kilku, już nauczycieli, już uczniów uniwersytetu, wysłano na wieczne wygnanie w głąb Rosji, jako podejrzanych o polską narodowość. Z tylu wygnańców jednemu tylko dotąd udało się wydobyć z Rosji..

Wszyscy pisarze, którzy uczynili wzmiankę o prześladowaniu ówczesnym Litwy, zgadzają się na to, że w sprawie uczniów wileńskich było coś mistycznego i tajemniczego*. Charakter mistyczny, łagodny, ale niezachwiany Tomasza Zana, naczelnika młodzieży, religijna rezygnacja, braterska zgoda i miłość młodych więźniów, kara boża, sięgająca widomie prześladowców, zostawiły głębokie wrażenie na umyśle tych, którzy byli świadkami lub uczęstnikami zdarzeń; a opisane zdają się przenosić czytelników w czasy dawne, czasy wiary i cudów.

Kto zna dobrze ówczesne wypadki, da świadectwo autorowi, że sceny historyczne i charaktery osób działających skryślił sumiennie, nic nie dodając i nigdzie nie przesadzając. I po cóż by miał dodawać albo przesadzać; czy dla ożywienia w sercu rodaków nienawiści ku wrogom? czy dla obudzenia litości w Europie? — Czymże są wszystkie ówczesne okrucieństwa w porównaniu tego, co naród polski teraz cierpi i na co Europa teraz obojętnie patrzy! Autor chciał tylko zachować narodowi wierną pamiątkę z historii litewskiej lat kilkunastu: nie potrzebował ohydzać rodakom wrogów, których znają od wieków; a do litościwych narodów europejskich, które płakały nad Polską jak niedołężne niewiasty Jeruzalemu nad Chrystusem, naród nasz przemawiać tylko będzie słowami Zbawiciela: «Córki Jerozolimskie, nie płaczcie nade mną, ale nad samymi sobą».

* Obacz dzieło Leonarda Chodźki: *Tableau de la Pologne ancienne et moderne*. Małe pisemko drukowane w czasie rewolucji w Warszawie pod tytułem *Nowosilcow w Wilnie,* tudzież biografia Tomasza Zana w dykcjonarzach biograficznych i w dziele Józefa Straszewicza *Les Polonais et les Polonaises.*

DZIADY

CZĘŚĆ III

LITWA

PROLOG

W WILNIE PRZY ULICY OSTROBRAMSKIEJ, W KLASZTORZE KS. KS. BAZYLIANÓW, PRZE-
ROBIONYM NA WIĘZIENIE STANU — CELA WIĘŹNIA

A strzeżcie się ludzi, albowiem was będą
wydawać do siedzącej rady i w bożnicach
swoich was biczować będą.

M a t. R. X. w. 17.

I do Starostów i do Królów będziecie
wodzeni na świadectwo im i poganom.

w. 18.

I będziecie w nienawiści u wszystkich dla
imienia mego. Ale kto wytrwa aż do końca,
ten będzie zbawion.

w. 22.

(Więzień wsparty na oknie; śpi)

Anioł Stróż

Niedobre, nieczułe dziecię!
Ziemskie matki twej zasługi,
Prośby jej na tamtym świecie
Strzegły długo wiek twój młody
Od pokusy i przygody:
Jako róża, anioł sadów,
We dnie kwitnie, w noc jej wonie
Bronią senne dziecka skronie
Od zarazy i owadów.

[10] Nieraz ja na prośbę matki
I za pozwoleniem bożem
Zstępowałem do twej chatki,
Cichy, w cichej nocy cieniu:
Zstępowałem na promieniu
I stawałem nad twym łożem.

Gdy cię noc ukołysała,
Ja nad marzeniem namiętnym
Stałem jak lilija biała,
Schylona nad źródłem mętnym.
[20] Nieraz dusza mnie twa zbrzydła,
Alem w złych myśli nacisku
Szukał dobrej, jak w mrowisku
Szukają ziarnek kadzidła.

Ledwie dobra myśl zaświeci,
Brałem duszę twą za rękę,
Wiodłem w kraj, gdzie wieczność świeci,
I śpiewałem jej piosenkę,
Którą rzadko ziemskie dzieci
Słyszą, rzadko i w uśpieniu,
[30] A zapomną w odecknieniu.
Jam ci przyszłe szczęście głosił,
Na mych rękach w niebo nosił,
A tyś słyszał niebios dźwięki
Jako pjanych uczt piosenki.

Ja, syn chwały nieśmiertelnej,
Przybierałem wtenczas postać
Obrzydłej larwy piekielnej,
By cię straszyć, by cię chłostać;
Tyś przyjmował chłostę Boga
[40] Jak dziki męczarnie wroga.

124

I dusza twa w niepokoju,
Ale z dumą się budziła,
Jakby w niepamięci zdroju
Przez noc całą męty piła.
I pamiątki wyższych światów
W głąb ciągnąłeś, jak kaskada,
Gdy w podziemną przepaść wpada,
Ciągnie liście drzew i kwiatów.

50 Natenczas gorzko płakałem,
Oblicze tuląc w me dłonie;
Chciałem i długo nie śmiałem
Ku niebieskiej wracać stronie,
Bym nie spotkał twojej matki;
Spyta się: «Jaka nowina
Z kuli ziemskiej, z mojej chatki,
Jaki sen był mego syna?»

Więzień
(budzi się strudzony i patrzy w okno — ranek)

Nocy cicha, gdy wschodzisz, kto ciebie zapyta,
Skąd przychodzisz; gdy gwiazdy przed sobą rozsiejesz,
60 Kto z tych gwiazd tajnie przyszłej drogi twej wyczyta!
«Zaszło słońce», wołają astronomy z wieży,
Ale dlaczego zaszło, nikt nie odpowiada;
Ciemności kryją ziemię i lud we śnie leży,
Lecz dlaczego śpią ludzie, żaden z nich nie bada.
Przebudzą się bez czucia, jak bez czucia spali —
Nie dziwi słońca dziwna, lecz codzienna głowa;
Zmienia się blask i ciemność jako straż pułkowa;
Ale gdzież są wodzowie, co jej rozkazali?

A sen? — ach, ten świat cichy, głuchy, tajemniczy,
70 Życie duszy, czyż nie jest warte badań ludzi!

125

Któż jego miejsce zmierzy, kto jego czas zliczy!
Trwoży się człowiek śpiący — śmieje się, gdy zbudzi.
Mędrcy mówią, że sen jest tylko przypomnienie —
     Mędrcy przeklęci!

Czyż nie umiem rozróżnić marzeń od pamięci?
Chyba mnie wmówią, że moje więzienie
     Jest tylko wspomnienie.
Mówią, że senne czucie rozkoszy i kaźni
     Jest tylko grą wyobraźni; —
80 Głupi! zaledwie z wieści wyobraźnią znają
     I nam wieszczom o niej bają!
Bywałem w niej, zmierzyłem lepiej jej przestrzenie
I wiem, że leży za jej granicą — marzenie.
Prędzej dzień będzie nocą, rozkosz będzie kaźnią,
Niż sen będzie pamięcią, mara wyobraźnią.
     (kładnie się i wstaje znowu — idzie do okna)
Nie mogę spocząć, te sny to straszą, to łudzą:
     Jak te sny mię trudzą!
          (drzemie)

          D u c h y n o c n e
Puch czarny, puch miękki pod głowę podłóżmy,
Śpiewajmy, a cicho — nie trwóżmy, nie trwóżmy.

          D u c h z l e w e j s t r o n y
90 Noc smutna w więzieniu, tam w mieście wesele,
     U stołów tam muzyki huczą;
Przy pełnych kielichach śpiewają minstrele,
     Tam nocą komety się włóczą:
Komety z oczkami i z jasnym warkoczem.
          (Więzień usypia)
     Kto po nich kieruje łódź w biegu,
Ten zaśnie na fali, w marzeniu uroczem,
     Na naszym przebudzi się brzegu.

Anioł

My uprosiliśmy Boga,
By cię oddał w ręce wroga.
100 Samotność mędrców mistrzyni.
I ty w samotnym więzieniu,
Jako prorok na pustyni,
Dumaj o twym przeznaczeniu.

Chór duchów nocnych

W dzień Bóg nam dokucza, lecz w nocy wesele,
W noc późną próżniaki się tuczą,
I w nocy swobodniej śpiewają minstrele,
Szatany piosenek ich uczą.

Kto ranną myśl świętą przyniesie z kościoła,
Kto rozmów poczciwych smak czuje,
110 Noc-pjawka wyciągnie pobożną myśl z czoła,
Noc-wąż w ustach smaki zatruje.

Śpiewajmy nad sennym, my, nocy synowie,
Usłużmy, aż będzie nam sługą.
Wpadnijmy mu w serce, biegajmy po głowie,
Nasz będzie — ach, gdyby spał długo!

Anioł

Modlono się za tobą na ziemi i w niebie,
Wkrótce muszą tyrani na świat puścić ciebie.

Więzień
(budzi się i myśli)

Ty, co bliźnich katujesz, więzisz i wyrzynasz,
I uśmiechasz się we dnie, i w wieczór ucztujesz;
120 Czy ty z rana choć jeden sen twój przypominasz,
A jeśliś go przypomniał, czy ty go pojmujesz?
(drzemie)

127

Anioł

Ty będziesz znowu wolny, my oznajmić przyszli.

Więzień

(budzi się)

Będę wolny? — pamiętam, ktoś mi wczora prawił;
Nie, skądże to, czy we śnie? czy Bóg mi objawił?

(zasypia)

Aniołowie

Pilnujmy tylko, ach, pilnujmy myśli,
Między myślami bitwa już stoczona.

Duchy z lewej strony

Podwójmy napaść.

Duchy z prawej

My podwójmy straże.
Czy zła myśl wygra, czy dobra pokona,
Jutro się w mowach i w dziełach pokaże;
130   I jedna chwila tej bitwy wyrzeka
Na całe życie o losach człowieka.

Więzień

Mam być wolny — tak! nie wiem, skąd przyszła nowina,
Lecz ja znam, co być wolnym z łaski Moskwicina.
Łotry zdejmą mi tylko z rąk i nóg kajdany,
Ale wtłoczą na duszę — ja będę wygnany!
Błąkać się w cudzoziemców, w nieprzyjaciół tłumie,
Ja śpiewak, — i nikt z mojej pieśni nie zrozumie
Nic — oprócz niekształtnego i marnego dźwięku.
Łotry, tej jednej broni z rąk mi nie wydarły,
140   Ale mi ją zepsuto, przełamano w ręku;
Żywy, zostanę dla mej ojczyzny umarły,

128

I myśl legnie zamknięta w duszy mojej cieniu,
Jako dyjament w brudnym zawarty kamieniu.

(wstaje i pisze węglem z jednej strony:)

D. O. M.

GUSTAVUS
OBIIT M. D. CCC. XXIII
CALENDIS NOVEMBRIS
(z drugiej strony:)
HIC NATUS EST
CONRADUS
M. D. CCC. XXIII
CALENDIS NOVEMBRIS
(wspiera się na oknie — usypia)

Duch

Człowieku! gdybyś wiedział, jaka twoja władza!
Kiedy myśl w twojej głowie, jako iskra w chmurze,
Zabłyśnie niewidzialna, obłoki zgromadza,
I tworzy deszcz rodzajny lub gromy i burze;
Gdybyś wiedział, że ledwie jedną myśl rozniecisz,
Już czekają w milczeniu, jak gromu żywioły,
150 Tak czekają twej myśli — szatan i anioły:
Czy ty w piekło uderzysz, czy w niebo zaświecisz;
A ty jak obłok górny, ale błędny, pałasz
I sam nie wiesz, gdzie lecisz, sam nie wiesz, co zdziałasz.
Ludzie! każdy z was mógłby, samotny, więziony,
Myślą i wiarą zwalać i podźwigać trony.

AKT I

SCENA I

KORYTARZ — STRAŻ Z KARABINAMI STOI OPODAL — KILKU WIĘŹNIÓW MŁODYCH
ZE ŚWIECAMI WYCHODZĄ Z CEL SWOICH — PÓŁNOC

Jakub

Czy można? — obaczym się?

Adolf

Straż gorzałkę pije:
Kapral nasz.

Jakub

Która biła?

Adolf

Północ niedaleko.

Jakub

Ale jak nas runt złowi, kaprala zasieką.

Adolf

Tylko zgaś świecę; — widzisz — ogień w okna bije.

(gaszą świecę)

Runt dzieciństwo! runt musi do wrót długo pukać,
Dać hasło i odebrać, musi kluczów szukać: —
Potem — długi korytarz, — nim nas runt zacapi,
Rozbieżym się, drzwi zamkną, każdy padł i chrapi.

(Inni więźnie, wywołani z celi, wychodzą)

130

Żegota

Dobry wieczór.

Konrad

I ty tu!

Ks. Lwowicz

I wy tu?

Sobolewski

I ja tu.

Frejend

10 A wiecie co, Żegoto, idziem do twej celi,
Świeży więzień dziś wstąpił do nowicyjatu,
I ma komin; tam dobry ogień będziem mieli,
A przy tym nowość, — dobrze widzieć nowe ściany.

Sobolewski

Żegoto! a, jak się masz; — i ty tu, kochany!

Żegota

U mnie cela trzy kroki; was taka gromada.

Frejend

Wiecie co, pójdźmy lepiej do celi Konrąda.
Najdalsza jest, przytyka do muru kościoła;
Nie słychać stamtąd, choć kto śpiewa albo woła.
Myślę dziś głośno gadać i chcę śpiewać wiele;
20 W mieście pomyślą, że to śpiewają w kościele.
Jutro jest Narodzenie Boże. — Eh — koledzy,
Mam i kilka butelek.

Jakub

Bez kaprala wiedzy?

131

Frejend

Kapral poczciwy, i sam z butelek skorzysta,
Przy tym jest Polak, dawny nasz legijonista,
Którego car przerobił gwałtem na Moskala.
Kapral dobry katolik, i więźniom pozwala
Przepędzić wieczór świętej Wigiliji razem.

Jakub

Gdyby się dowiedzieli, nie uszłoby płazem.

*(Wchodzą do celi Konrada, nakładają ogień w kominie i zapalają świecę. — Cela
Konrada jak w Prologu)*

Ks. Lwowicz

I skądże się tu wziąłeś, Żegoto kochany?
30 Kiedy?

Żegota

Dziś mię porwali z domu, ze stodoły.

Ks. Lwowicz

I ty byłeś gospodarz?

Żegota

Jaki! zawołany.
Żebyś ty widział moje merynosy, woły!
Ja, co pierwej nie znałem, co owies, co słoma,
Mam sławę najlepszego w Litwie ekonoma.

Jakub

Wzięto cię niespodzianie?

Żegota

Od dawna słyszałem
O jakimś w Wilnie śledztwie; dom mój blisko drogi.
Widać było kibitki latające czwałem

132

I co noc nas przerażał poczty dźwięk złowrogi.
Nieraz gdyśmy wieczorem do stołu zasiedli
40 I ktoś żartem uderzył w szklankę noża trzonkiem,
Drżały kobiety nasze, staruszkowie bledli,
Myśląc, że już zajeżdża feldjeger ze dzwonkiem.
Lecz nie wiedziałem, kogo szukają i za co,
Nie należałem dotąd do żadnego spisku.
Sądzę, że rząd to śledztwo wynalazł dla zysku,
Że się więźniowie nasi porządnie opłacą
I powrócą do domu.

Tomasz
Taką masz nadzieję?

Żegota
Jużci przecież bez winy w Sybir nas nie wyślą;
A jakąż winę naszą znajdą lub wymyślą?
50 Milczycie, — wytłumaczcież, co się tutaj dzieje,
O co nas oskarżono, jaki powód sprawy?

Tomasz
Powód — że Nowosilcow przybył tu z Warszawy.
Znasz zapewne charakter pana Senatora.
Wiesz, że już był w niełasce u imperatora,
Że zysk dawniejszych łupiestw przepił i roztrwonił,
Stracił u kupców kredyt i ostatkiem gonił.
Bo pomimo największych starań i zabiegów
Nie może w Polsce spisku żadnego wyśledzić;
Więc postanowił świeży kraj, Litwę, nawiedzić,
60 I tu przeniósł się z całym głównym sztabem szpiegów.
Żeby zaś mógł bezkarnie po Litwie plądrować
I na nowo się w łaskę samodzierżcy wkręcić,
Musi z towarzystw naszych wielką rzecz wysnować
I nowych wiele ofiar carowi poświęcić.

133

Żegota

Lecz my się uniewinnim —

Tomasz

Bronić się daremnie —
I śledztwo, i sąd cały toczy się tajemnie;
Nikomu nie powiedzą, za co oskarżony,
Ten, co nas skarży, naszej ma słuchać obrony;
On gwałtem chce nas karać — nie unikniem kary.
70 Został nam jeszcze środek smutny — lecz jedyny:
Kilku z nas poświęcimy wrogom na ofiary,
I ci na siebie muszą przyjąć wszystkich winy.
Ja stałem na waszego towarzystwa czele,
Mam obowiązek cierpieć za was, przyjaciele;
Dodajcie mi wybranych jeszcze kilku braci,
Z takich, co są sieroty, starsi, nieżonaci,
Których zguba niewiele serc w Litwie zakrwawi,
A młodszych, potrzebniejszych z rąk wroga wybawi.

Żegota

Więc aż do tego przyszło?

Jakub

Patrz, jak się zasmucił.
80 Nie wiedział, że dom może na zawsze porzucił.

Frejend

Nasz Jacek musiał żonę zostawić w połogu,
A nie płacze —

Feliks Kółakowski

Ma płakać? owszem — chwała Bogu.
Jeśli powije syna, przyszłość mu wywieszczę —
Daj mi no rękę — jestem trochę chiromanta,
Wywróżę tobie przyszłość twojego infanta.

134

(patrząc na rękę)

Jeśli będzie poczciwy, pod moskiewskim rządem
Spotka się niezawodnie z kibitką i sądem;
A kto wie, może wszystkich nas znajdzie tu jeszcze —
Lubię synów, to nasi przyszli towarzysze.

Żegota

90 Wy tu długo siedzicie?

Frejend

Skądże datę wiedzieć?
Kalendarza nie mamy, nikt listów nie pisze;
To gorsza, że nie wiemy, póki mamy siedzieć.

Suzin

Ja mam u okna parę drewnianych firanek
I nie wiem nawet, kiedy mrok, a kiedy ranek.

Frejend

Ale pytaj Tomasza, patryjarchę biedy;
Największy szczupak, on też pierwszy wpadł do matni;
On nas tu wszystkich przyjął i wyjdzie ostatni,
Wie o wszystkich, kto przybył, skąd przybył i kiedy.

Suzin

To pan Tomasz! ja poznać nie mogłem Tomasza.
100 Daj mi rękę, znałeś mię krótko i niewiele:
Wtenczas tak była droga wszystkim przyjaźń wasza,
Otaczali was liczni, bliżsi przyjaciele;
Nie dojrzałeś mię w tłumie, lecz ja ciebie znałem,
Wiem, coś zrobił, coś cierpiał, żebyś nas ocalił; —
Odtąd będę się z twojej znajomości chwalił,
I w dzień zgonu przypomnę — z Tomaszem płakałem.

135

Frejend

Ale dla Boga, po co te łzy, płacze, zgroza.
Patrz — Tomasz, gdy był wolny, miał na swoim czole
Wypisano wielkimi literami: «koza».
110 Dziś w więzieniu jak w domu, jak w swoim żywiole.
On był na świecie jako grzyby kryptogamy,
Więdniał i schnął od słońca; — wsadzony do lochu,
Kiedy my, słoneczniki, bledniejem, zdychamy,
On rozwija się, kwitnie i tyje po trochu.
Ale też wziął pan Tomasz kuracyją modną,
Sławną teraz na świecie kuracyją głodną.

Żegota
(do Tomasza)

Głodem ciebie morzono?

Frejend

Dodawano strawy;
Ale gdybyś ją widział, — widok to ciekawy!
Dość było taką strawą w pokoju zakadzić,
120 Ażeby myszy wytruć i świerszcze wygładzić.

Żegota

I jakże ty jeść mogłeś!

Tomasz

Tydzień nic nie jadłem,
Potem jeść próbowałem, potem z sił opadłem;
Potem jak po truciźnie czułem bole, kłucia,
Potem kilka tygodni leżałem bez czucia.
Nie wiem, ile i jakiem choroby przebywał,
Bo nie było doktora, co by je nazywał.
Wreszcie jam wstał, jadł znowu i do sił przychodził,
I zdaje mi się, żem się do tej strawy zrodził.

136

Frejend

(z wymuszoną wesołością)

Wierzcie mi, tam za kozą same urojenia;
130 Kto tu był, sekret kuchni i mieszkań przeniknął:
Jeść, mieszkać, źle czy dobrze — skutek przywyknienia.
Pytał raz Litwin, nie wiem, diabła czy Pińczuka:
«Dlaczego siedzisz w błocie?« — «Siedzę, bom przywyknął».

Jakub

Ależ przywyknąć, bracie!

Frejend

Na tym cała sztuka.

Jakub

Ja tu siedzę podobno od ośmiu miesięcy,
A tak tęsknię jak pierwej, nie mniej —

Frejend

I nie więcéj?

Pan Tomasz tak przywyknął, że mu powiew zdrowy
Zaraz piersi obciąża, robi zawrót głowy.
On odwyknął oddychać, nie wychodzi z celi —
140 Jeśli go stąd wypędzą, koza się opłaci:
Bo on potem ni grosza na wino nie straci,
Tylko łyknie powietrza i wnet się podchmieli.

Tomasz

Wolałbym być pod ziemią, w głodzie i chorobie,
Znosić kije i gorsze niźli kije — śledztwo,
Niż tu, w lepszym więzieniu, mieć was za sąsiedztwo. —
Łotry! wszystkich nas w jednym chcą zakopać grobie.

Frejend

Jak to? więc płaczesz po nas? — masz kogo żałować.
Czy nie mnie? pytam, jaka korzyść z mego życia?

137

Jeszcze w wojnie — mam jakiś talencik do bicia,
150 I mógłbym kilku dońcom grzbiety naszpikować.
Ale w pokoju — cóż stąd, że lat sto przeżyję
I będę klął Moskalów, i umrę — i zgniję.
Na wolności wiek cały byłbym mizerakiem,
Jak proch, albo jak wino miernego gatunku; —
Dziś, gdy wino zatknięto, proch przybito kłakiem,
W kozie mam całą wartość butli i ładunku.
Wytchnąłbym się jak wino z otwartej konewki;
Spaliłbym jak proch lekko z otwartej panewki.
Lecz jeśli mię w łańcuchach stąd na Sybir wyślą,
160 Obaczą mię Litwini bracia i pomyślą:
Wszakci to krew szlachecka, to młódź nasza ginie,
Poczekaj, zbójco caru, czekaj, Moskwicinie! —
Taki jak ja, Tomaszu, dałby się powiesić,
Żebyś ty jedną chwilę żył na świecie dłużéj:
Taki jak ja — ojczyźnie tylko śmiercią służy;
Umarłbym dziesięć razy, byle cię raz wskrzesić, —
Ciebie, lub ponurego poetę Konrada,
Który nam o przyszłości, jak Cygan, powiada. —
(do Konrada)
Wierzę, bo Tomasz mówił, żeś ty śpiewak wielki,
170 Kocham cię, boś podobny także do butelki:
Rozlewasz pieśń, uczuciem, zapałem oddychasz,
Pijem, czujem, a ciebie ubywa — usychasz.
(bierze za rękę Konrada i łzy sobie ociera)
(do Tomasza i Konrada)
Wy wiecie, że was kocham, ale można kochać,
Nie płakać. Otóż, bracia, osuszcie łzy wasze; —
Bo jak się raz rozczulę i jak zacznę szlochać,
I herbaty nie zrobię, i ogień zagaszę.
(robi herbatę)
(Chwila milczenia)

138

Ks. Lwowicz

Prawda, źle przyjmujemy nowego przybysza;
(pokazując Żegotę)
W Litwie zły to znak płakać we dniu inkrutowin —
Czy nie dosyć w dzień milczym! — he? — jak długa cisza.

Jakub

180 Czy nie ma nowin z miasta?

Wszyscy
Nowin?

Ks. Lwowicz
Żadnych nowin?

Adolf

Jan dziś chodził na śledztwo, był godzinę w mieście,
Ale milczy i smutny; — i jak widać z miny,
Nie ma ochoty gadać:

Kilku z więźniów
No, Janie! Nowiny?

Jan Sobolewski
(ponuro)
Niedobre — dziś — na Sybir — kibitek dwadzieście
Wywieźli.

Żegota
Kogo? — naszych?

Jan
Studentów ze Żmudzi.

Wszyscy

Na Sybir?

139

Jan

I paradnie! — było mnóstwo ludzi.

Kilku

Wywieźli!

Jan

Sam widziałem.

Jacek

Widziałeś! — i mego
Brata wywieźli? — wszystkich?

Jan

Wszystkich, — do jednego.
Sam widziałem. — Wracając, prosiłem kaprala
190 Zatrzymać się; pozwolił chwilkę. Stałem z dala,
Skryłem się za słupami kościoła. W kościele
Właśnie msza była; — ludu zebrało się wiele.
Nagle lud cały runął przeze drzwi nawałem,
Z kościoła ku więzieniu. Stałem pod przysionkiem,
I kościół tak był pusty, że w głębi widziałem
Księdza z kielichem w ręku i chłopca ze dzwonkiem.
Lud otoczył więzienie nieruchomym wałem;
Od bram więzienia na plac, jak w wielkie obrzędy,
Wojsko z bronią, z bębnami stało we dwa rzędy;
200 W pośrodku nich kibitki. — Patrzę, z placu sadzi
Policmejster na koniu; — z miny zgadłbyś łatwo,
Że wielki człowiek, wielki tryumf poprowadzi:
Tryumf Cara północy, zwycięzcy — nad dziatwą. —
Wkrótce znak dano bębnem i ratusz otwarty —
Widziałem ich: — za każdym z bagnetem szły warty,
Małe chłopcy, znędzniałe, wszyscy jak rekruci
Z golonymi głowami; — na nogach okuci.
Biedne chłopcy! — najmłodszy, dziesięć lat, nieboże,

Skarżył się, że łańcucha podźwignąć nie może;
210 I pokazywał nogę skrwawioną i nagą.
Policmejster przejeżdża, pyta, czego żądał;
Policmejster człek ludzki, sam łańcuch oglądał:
«Dziesięć funtów, zgadza się z przepisaną wagą». —
Wywiedli Janczewskiego; — poznałem, oszpetniał,
Sczerniał, schudł, ale jakoś dziwnie wyszlachetniał.
Ten przed rokiem swawolny, ładny chłopczyk mały,
Dziś poglądał z kibitki, jak z odludnej skały
Ów Cesarz! — okiem dumnym, suchym i pogodnym;
To zdawał się pocieszać spólników niewoli,
220 To lud żegnał uśmiechem, gorzkim, lecz łagodnym,
Jak gdyby im chciał mówić: nie bardzo mię boli.
Wtem zdało mi się, że mnie napotkał oczyma,
I nie widząc, że kapral za suknią mię trzyma,
Myślił, żem uwolniony; — dłoń swą ucałował,
I skinął ku mnie, jakby żegnał i winszował; —
I wszystkich oczy nagle zwróciły się ku mnie,
A kapral ciągnął gwałtem, ażebym się schował;
Nie chciałem, tylkom stanął bliżej przy kolumnie.
Uważałem na więźnia postawę i ruchy: —
230 On postrzegł, że lud płacze patrząc na łańcuchy,
Wstrząsł nogą łańcuch, na znak, że mu niezbyt ciężył. —
A wtem zacięto konia, — kibitka runęła —
On zdjął z głowy kapelusz, wstał i głos natężył,
I trzykroć krzyknął: «Jeszcze Polska nie zginęła». —
Wpadli w tłum; — ale długo ta ręka ku niebu,
Kapelusz czarny jako chorągiew pogrzebu,
Głowa, z której włos przemoc odarła bezwstydna,
Głowa niezawstydzona, dumna, z dala widna,
Co wszystkim swą niewinność i hańbę obwieszcza
240 I wystaje z czarnego tyłu głów natłoku,
Jak z morza łeb delfina, nawałnicy wieszcza,
Ta ręka i ta głowa zostały mi w oku,

141

I zostaną w mej myśli, — i w drodze żywota
Jak kompas pokażą mi, powiodą, gdzie cnota:
Jeśli zapomnę o nich, Ty, Boże na niebie,
Zapomnij o mnie. —

Ks. Lwowicz

Amen za was.

Każdy z więźniów

I za siebie.

Jan Sobolewski

Tymczasem zajeżdżały inne rzędem długim
Kibitki; — ich wsadzano jednego po drugim.
Rzuciłem wzrok po ludu ściśnionego kupie,
250 Po wojsku, — wszystkie twarze pobladły jak trupie;
A w takim tłumie taka była cichość głucha,
Żem słyszał każdy krok ich, każdy dźwięk łańcucha.
Dziwna rzecz! wszyscy czuli, jak nieludzka kara:
Lud, wojsko czuje, — milczy, — tak boją się cara.
Wywiedli ostatniego; — zdało się, że wzbraniał,
Lecz on biedny iść nie mógł, co chwila się słaniał,
Z wolna schodził ze schodów i ledwie na drugi
Szczebel stąpił, stoczył się i upadł jak długi;
To Wasilewski, siedział tu w naszym sąsiedztwie;
260 Dano mu tyle kijów onegdaj na śledztwie,
Że mu odtąd krwi kropli w twarzy nie zostało.
Żołnierz przyszedł i podjął z ziemi jego ciało,
Niósł w kibitkę na ręku, ale ręką drugą
Tajemnie łzy ocierał; — niósł powoli, długo;
Wasilewski nie zemdlał, nie zwisnął, nie ciężał,
Ale jak padł na ziemię prosto, tak otężał.
Niesiony, jak słup sterczał i jak z krzyża zdjęte
Ręce miał nad barkami żołnierza rozpięte;

142

Oczy straszne, zbielałe, szeroko rozwarte; —
²⁷⁰ I lud oczy i usta otworzył; — i razem
Jedno westchnienie z piersi tysiąca wydarte,
Głębokie i podziemne jęknęło dokoła,
Jak gdyby jękły wszystkie groby spod kościoła.
Komenda je zgłuszyła bębnem i rozkazem:
«Do broni — marsz!» — ruszono, a środkiem ulicy
Puściła się kibitka lotem błyskawicy.
Jedna pusta; — był więzień, ale niewidomy;
Rękę tylko do ludu wyciągnął spod słomy,
Siną, rozwartą, trupią; trząsł nią, jakby żegnał;
²⁸⁰ Kibitka w tłum wjechała; — nim bicz tłumy przegnał,
Stanęli przed kościołem; i właśnie w tej chwili
Słyszałem dzwonek, kiedy trupa przewozili.
Spojrzałem w kościół pusty i rękę kapłańską
Widziałem, podnoszącą ciało i krew Pańską,
I rzekłem: Panie! Ty, co sądami Piłata
Przelałeś krew niewinną dla zbawienia świata,
Przyjm tę spod sądów cara ofiarę dziecinną,
Nie tak świętą ni wielką, lecz równie niewinną.

(Długie milczenie)

Józef

Czytałem ja o wojnach; — w dawnych, dzikich czasach,
²⁹⁰ Piszą, że tak okropne wojny prowadzono,
Że nieprzyjaciel drzewom nie przepuszczał w lasach
I że z drzewami na pniu zasiewy palono.
Ale car mędrszy, srożej, głębiej Polskę krwawi,
On nawet ziarna zboża zabiera i dławi;
Sam szatan mu metodę zniszczenia tłumaczy.

Kółakowski

I uczniowi najlepszą nagrodę wyznaczy.

(Chwila milczenia)

Ks. Lwowicz

Bracia, kto wie, ów więzień może jeszcze żyje;
Pan Bóg to sam wie tylko i kiedyś odkryje.
Ja, jak ksiądz, pomodlę się, i wam radzę szczerze
300 Zmówić za męczennika spoczynek pacierze. —
Kto wie, jaka nas wszystkich czeka jutro dola.

Adolf

Zmówże i po Ksawerym pacierz, jeśli wola;
Wiesz, że on, nim go wzięli, w łeb sobie wystrzelił.

Frejend

Łebski! — To z nami uczty wesołe on dzielił,
Jak przyszło dzielić biedę, on w nogi ze świata.

Ks. Lwowicz

Nieźle by i za tego pomodlić się brata.

Jankowski

Wiesz, księże: dalibógże, drwię ja z twojej wiary:
Cóż stąd, choćbym był gorszym niż Turki, Tatary,
Choćbym został złodziejem, szpiegiem, rozbójnikiem,
310 Austryjakiem, Prusakiem, carskim urzędnikiem;
Jeszcze tak prędko bożej nie lękam się kary; —
Wasilewski zabity, my tu — a są cary.

Frejend

Toż chciałem mówić, dobrze, żeś ty za mnie
                                        zgrzeszył; —
Ale pozwól odetchnąć, bom całkiem osłupiał.
Słuchając tych powieści — człek spłakał się, zgłupiał.
Ej, Feliksie, żebyś ty nas trochę pocieszył!
Ty, jeśli zechcesz, w piekle diabła byś rozśmieszył.

144

Kilku więźniów

Zgoda, zgoda, Feliksie, musisz gadać, śpiewać,
Feliks ma głos, hej, Frejend, hej, wina nalewać.

Żegota

320 Stójcie na chwilę — ja też szlachcic sejmikowy,
Choć ostatni przybyłem, nie chcę cicho siedzieć;
Józef nam coś o ziarnkach mówił, — na te mowy
Gospodarz winien z miejsca swego odpowiedzieć.
Lubo car wszystkie ziarna naszego ogrodu
Chce zabrać i zakopać w ziemię w swoim carstwie,
Będzie drożyzna, ale nie bójcie się głodu;
Pan Antoni już pisał o tym gospodarstwie.

Jeden z więźniów

Jaki Antoni?

Żegota

Znacie bajkę Goreckiego?
A raczej prawdę?

Kilku

Jaką? Powiedz nam, kolego.

Żegota

330 Gdy Bóg wygnał grzesznika z rajskiego ogrodu,
Nie chciał przecie, ażeby człowiek umarł z głodu;
I rozkazał aniołom zboże przysposobić
I rozsypać ziarnami po drodze człowieka.
Przyszedł Adam, znalazł je, obejrzał z daleka
I odszedł; bo nie wiedział, co ze zbożem robić.
Aż w nocy przyszedł diabeł mądry i tak rzecze:
«Niedaremnie tu Pan Bóg rozsypał garść żyta,
Musi tu być w tych ziarnach jakaś moc ukryta;

145

Schowajmy je, nim człowiek ich wartość dociecze».
340 Zrobił rogiem rów w ziemi i nasypał żytem,
Naplwał i ziemią nakrył, i przybił kopytem; —
Dumny i rad, że boże zamiary przeniknął,
Całym gardłem rozśmiał się i ryknął, i zniknął.
Aż tu wiosną, na wielkie diabła zadziwienie,
Wyrasta trawa, kwiecie, kłosy i nasienie.
O wy! co tylko na świat idziecie z północą,
Chytrość rozumem, a złość nazywacie mocą;
Kto z was wiarę i wolność znajdzie i zagrzebie,
Myśli Boga oszukać — oszuka sam siebie.

Jakub
350 Brawo Antoni! pewnie Warszawę nawiedzi
I za tę bajkę znowu z rok w kozie posiedzi.

Frejend
Dobre to — lecz ja znowu do Feliksa wracam.
Wasze bajki — i co mi to za poezyje,
Gdzie muszę głowę trudnić, niźli sens namacam;
Nasz Feliks z piosenkami niech żyje i pije!
(nalewa mu wino)

Jankowski
A Lwowicz co? — on pacierz po umarłych mówi!
Posłuchajcie, zaśpiewam piosnkę Lwowiczowi.
(śpiewa)
Mówcie, jeśli wola czyja,
Jezus Maryja.
360 Nim uwierzę, że nam sprzyja
Jezus Maryja:
Niech wprzód łotrów powybija
Jezus Maryja.

146

Tam car jak dzika bestyja,
Jezus Maryja!
Tu Nowosilcow jak żmija,
Jezus Maryja!

Póki cała carska szyja,
Jezus Maryja,
370 Póki Nowosilcow pija,
Jezus Maryja,
Nie uwierzę, że nam sprzyja
Jezus Maryja.

Konrad

Słuchaj, ty! — tych mnie imion przy kielichach wara,
Dawno nie wiem, gdzie moja podziała się wiara,
Nie mieszam się do wszystkich świętych z litaniji,
Lecz nie dozwolę bluźnić imienia Maryi.

Kapral
(podchodząc do Konrada)

Dobrze, że Panu jedno to zostało imię —
Choć szuler zgrany wszystko wyrzuci z kalety,
380 Nie zgrał się, póki jedną ma sztukę monety.
Znajdzie ją w dzień szczęśliwy, więc z kalety wyjmie,
Więc da w handel na procent, Bóg pobłogosławi,
I większy skarb przed śmiercią, niźli miał, zostawi.
To imię, Panie, nie żart — więc mnie się zdarzyło
W Hiszpaniji, lat temu — o, to dawno było,
Nim car mię tym oszpecił mundurem szelmowskim —
Więc byłem w legijonach, naprzód pod Dąbrowskim,
A potem wszedłem w sławny pułk Sobolewskiego.

Sobolewski

To mój brat!

Kapral

O mój Boże! pokój duszy jego!
390 Walny żołnierz — tak — zginął od pięciu kul razem;
Nawet podobny Panu. — Otóż — więc z rozkazem
Brata Pana jechałem w miasteczko Lamego —
Jak dziś pamiętam — więc tam byli Francuziska:
Ten gra w kości, ten w karty, ten dziewczęta ściska —
Nuż beczeć; — każdy Francuz, jak podpije, beczy.
Jak zaczną tedy śpiewać wszyscy nic do rzeczy,
Siwobrode wąsale takie pieśni tłuste!
Aż był wstyd mnie młodemu. — Z rozpusty w rozpustę,
Dalej bredzić na świętych; — otóż z większych w większe
400 Grzechy lazący, nuż bluźnić na Pannę Najświętszę —
A trzeba wiedzieć, że mam patent sodalisa
I z powinności bronię Maryi imienia —
Więc ja im perswadować: — Stulcie pysk, do bisa!
Więc umilkli, nie chcąc mieć ze mną do czynienia. —

(Konrad zamyśla się, inni zaczynają rozmowę)

Ale no Pan posłuchaj, co się stąd wyświęci.
Po zwadzie poszliśmy spać, wszyscy dobrze cięci —
Aż w nocy trąbią na koń — zaczną obóz trwożyć —
Francuzi nuż do czapek, i nie mogą włożyć: —
Bo nie było na co wdziać, — bo każdego główka
410 Była ślicznie odcięta nożem jak makówka.
Szelma gospodarz porznął jak kury w folwarku; —
Patrzę, więc moja głowa została na karku;
W czapce kartka łacińska, pismo nie wiem czyje:
«*Vivat Polonus, unus defensor Mariae*».
Otóż widzisz Pan, że ja tym imieniem żyję.

Jeden z więźniów

Feliksie, musisz śpiewać; nalać mu herbaty
Czy wina. —

Feliks

Jednogłośnie decydują braty,
Że muszę być wesoły. Chociaż serce pęka,
Feliks będzie wesoły i będzie piosenka.

(śpiewa)

420   Nie dbam, jaka spadnie kara,
              Mina, Sybir czy kajdany.
         Zawsze ja wierny poddany
              Pracować będę dla cara.

         W minach kruszec kując młotem,
              Pomyślę: ta mina szara
         To żelazo, — z niego potem
              Zrobi ktoś topór na cara.

         Gdy będę na zaludnieniu,
              Pojmę córeczkę Tatara;
430   Może w moim pokoleniu
              Zrodzi się Palen dla cara.

         Gdy w kolonijach osiędę,
              Ogród zorzę, grzędy skopię,
         A na nich co rok siać będę
              Same lny, same konopie.

         Z konopi ktoś zrobi nici —
              Srebrem obwita nić szara
         Może się kiedyś poszczyci,
              Że będzie szarfą dla cara.

Chór
(śpiewa)

         Zrodzi się Palen dla cara
440   ra — ra — ra — ra — ra — ra —

149

Suzin

Lecz cóż to Konrad cicho zasępiony siedzi,
Jakby obliczał swoje grzechy do spowiedzi?
Feliksie, on nie słyszał zgoła twoich pieni;
Konradzie! — patrzcie — zbladnął, znowu się czerwieni.
Czy on słaby?

Feliks

Stój, cicho — zgadłem, że tak będzie —
O, my znamy Konrada, co to znaczy, wiemy.
Północ jego godzina. — Teraz Feliks niemy,
Teraz, bracia, piosenkę lepszą posłyszemy.
450 Ale muzyki trzeba; — ty masz flet, Frejendzie,
Graj dawną jego nutę, a my cicho stójmy
I kiedy trzeba, głosy do chóru nastrójmy.

Józef
(patrząc na Konrada)

Bracia! duch jego uszedł i błądzi daleko:
Jeszcze nie wrócił — może przyszłość w gwiazdach czyta,
Może się tam z duchami znajomymi wita,
I one mu powiedzą, czego z gwiazd docieką.
Jak dziwne oczy — błyszczy ogień pod powieką,
A oko nic nie mówi i o nic nie pyta;
Duszy teraz w nich nie ma; błyszczą jak ogniska
460 Zostawione od wojska, które w nocy cieniu
Na daleką wyprawę ruszyło w milczeniu —
Nim zgasną, wojsko wróci na swe stanowiska.
(Frejend próbuje różnych nut)

Konrad
(śpiewa)

Pieśń ma była już w grobie, już chłodna, —
Krew poczuła — spod ziemi wygląda —
I jak upiór powstaje krwi głodna:

150

I krwi żąda, krwi żąda, krwi żąda.
Tak! zemsta, zemsta, zemsta na wroga,
Z Bogiem i choćby mimo Boga!
(chór powtarza)
I Pieśń mówi: ja pójdę wieczorem,
470   Naprzód braci rodaków gryźć muszę,
Komu tylko zapuszczę kły w duszę,
Ten jak ja musi zostać upiorem.
Tak! zemsta, zemsta, *etc. etc.*

Potem pójdziem, krew wroga wypijem,
Ciało jego rozrąbiem toporem:
Ręce, nogi gwoździami przybijem,
By nie powstał i nie był upiorem.

Z duszą jego do piekła iść musim,
Wszyscy razem na duszy usiędziem,
480   Póki z niej nieśmiertelność wydusim,
Póki ona czuć będzie, gryźć będziem.
Tak! zemsta, zemsta, *etc. etc.*

Ks. Lwowicz
Konradzie, stój, dla Boga, to jest pieśń pogańska.

Kapral
Jak on okropnie patrzy, — to jest pieśń szatańska.
(przestają śpiewać)

Konrad
(z towarzyszeniem fletu)
Wznoszę się! lecę! tam, na szczyt opoki —
Już nad plemieniem człowieczem,
Między proroki.
Stąd ja przyszłości brudne obłoki
Rozcinam moją źrenicą jak mieczem;

151

⁴⁹⁰ Rękami jak wichrami mgły jej rozdzieram —
Już widno — jasno — z góry na ludy spozieram —
Tam księga sybilińska przyszłych losów świata —
    Tam, na dole!
Patrz, patrz, przyszłe wypadki i następne lata,
    Jak drobne ptaki, gdy orła postrzegą,
        Mnie, orła na niebie!
Patrz, jak do ziemi przypadają, biegą,
    Jak się stado w piasek grzebie —
Za nimi, hej, za nimi oczy me sokole,
⁵⁰⁰   Oczy błyskawice,
Za nimi szpony moje! — dostrzegę je, schwycę.

Cóż to? jaki ptak powstał i roztacza pióra,
    Zasłania wszystkich, okiem mię wyzywa;
Skrzydła ma czarne jak burzliwa chmura,
A szerokie i długie na kształt tęczy łuku.
    I niebo całe zakrywa —

To kruk olbrzymi — ktoś ty? — ktoś ty, kruku?
Ktoś ty? — jam orzeł! — patrzy kruk — myśl moję plącze!
Ktoś ty? — jam gromowłady! —
⁵¹⁰ Spojrzał na mnie — w oczy mię jak dymem uderzył,
    Myśli moje miesza — plącze —

              Kilku więźniów
Co on mówi! — co — co to — patrz, patrz, jaki blady!
                (porywają Konrada)
Uspokój się...

                Konrad
        Stój! stójcie! — jam się z krukiem zmierzył —
Stójcie — myśli rozplączę —

                        Pieśń skończę — skończę —
    (słania się)

152

Ks. Lwowicz

Dosyć tych pieśni.

Inni

Dosyć.

Kapral

Dosyć — Pan Bóg z nami —
Dzwonek! — słyszycie dzwonek? — runt, runt pod bramami!
Gaście ogień — do siebie!

Jeden z więźniów
(patrząc w okno)
Bramę odemknęli —
Konrad osłabł — zostawcie — sam, sam jeden w celi!
(Uciekają wszyscy)

SCENA II

IMPROWIZACJA

Konrad
(po długim milczeniu)

Samotność — cóż po ludziach, czy-m śpiewak dla ludzi?
Gdzie człowiek, co z mej pieśni całą myśl wysłucha,
Obejmie okiem wszystkie promienie jej ducha?
Nieszczęsny, kto dla ludzi głos i język trudzi:
Język kłamie głosowi, a głos myślom kłamie;
Myśl z duszy leci bystro, nim się w słowach złamie,
A słowa myśl pochłoną i tak drżą nad myślą,
Jak ziemia nad połkniętą, niewidzialną rzeką.
Z drżenia ziemi czyż ludzie głąb nurtów dociéką,
¹⁰ Gdzie pędzi, czy się domyślą? —

Uczucie krąży w duszy, rozpala się, żarzy,
Jak krew po swych głębokich, niewidomych cieśniach;
Ile krwi tylko ludzie widzą w mojej twarzy,
Tyle tylko z mych uczuć dostrzegą w mych pieśniach.

Pieśni ma, tyś jest gwiazdą za granicą świata!
I wzrok ziemski, do ciebie wysłany za gońca,
Choć szklanne weźmie skrzydła, ciebie nie dolata,
Tylko o twoję mleczną drogę się uderzy;
          Domyśla się, że to słońca,
²⁰   Lecz ich nie zliczy, nie zmierzy.

Wam, pieśni, ludzkie oczy, uszy niepotrzebne; —
          Płyńcie w duszy mej wnętrznościach,

154

Świećcie na jej wysokościach,
Jak strumienie podziemne, jak gwiazdy nadniebne.
Ty Boże, ty naturo! dajcie posłuchanie. —
Godna to was muzyka i godne śpiewanie. —
Ja mistrz!
Ja mistrz wyciągam dłonie!
Wyciągam aż w niebiosa i kładę me dłonie
30 Na gwiazdach jak na szklannych harmoniki kręgach.
To nagłym, to wolnym ruchem,
Kręcę gwiazdy moim duchem.
Milijon tonów płynie; w tonów milijonie
Każdy ton ja dobyłem, wiem o każdym tonie;
Zgadzam je, dzielę i łączę,
I w tęcze, i w akordy, i we strofy plączę,
Rozlewam je we dźwiękach i w błyskawic wstęgach. —

Odjąłem ręce, wzniosłem nad świata krawędzie,
I kręgi harmoniki wstrzymały się w pędzie.
40   Sam śpiewam, słyszę me śpiewy —
Długie, przeciągłe jak wichru powiewy,
Przewiewają ludzkiego rodu całe tonie,
Jęczą żalem, ryczą burzą,
I wieki im głucho wtórzą;
A każdy dźwięk ten razem gra i płonie,
Mam go w uchu, mam go w oku,
Jak wiatr, gdy fale kołysze,
Po świstach lot jego słyszę,
Widzę go w szacie obłoku.
50   Boga, natury godne takie pienie!
Pieśń to wielka, pieśń-tworzenie.
Taka pieśń jest siła, dzielność,
Taka pieśń jest nieśmiertelność!
Ja czuję nieśmiertelność, nieśmiertelność tworzę,
Cóż Ty większego mogłeś zrobić — Boże?

Patrz, jak te myśli dobywam sam z siebie,
    Wcielam w słowa, one lecą,
    Rozsypują się po niebie,
    Toczą się, grają i świecą;
60   Już dalekie, czuję jeszcze,
    Ich wdziękami się lubuję,
    Ich okrągłość dłonią czuję,
    Ich ruch myślą odgaduję:
    Kocham was, me dzieci wieszcze!
    Myśli moje! gwiazdy moje!
    Czucia moje! wichry moje!
W pośrodku was jak ojciec wśród rodziny stoję,
    Wy wszystkie moje!

    Depcę was, wszyscy poeci,
70   Wszyscy mędrce i proroki,
    Których wielbił świat szeroki.
Gdyby chodzili dotąd śród swych dusznych dzieci,
Gdyby wszystkie pochwały i wszystkie oklaski
Słyszeli, czulf i za słuszne znali,
I wszystkie sławy każdodziennej blaski
Promieniami na wieńcach swoich zapalali;
Z całą pochwał muzyką i wieńców ozdobą,
Zebraną z wieków tyla i z pokoleń tyla,
Nie czuliby własnego szczęścia, własnej mocy,
80   Jak ja dziś czuję w tej samotnej nocy:
    Kiedy sam śpiewam w sobie,
    Śpiewam samemu sobie.
  Tak! — czuły jestem, silny jestem i rozumny. —
    Nigdym nie czuł, jak w tej chwili —
    Dziś mój zenit, moc moja dzisiaj się przesili,
    Dziś poznam, czym najwyższy, czylim tylko dumny;
    Dziś jest chwila przeznaczona,
    Dziś najsilniej wytężę duszy mej ramiona —

To jest chwila Samsona,
90 Kiedy więzień i ślepy dumał u kolumny.
Zrzucę ciało i tylko jak duch wezmę pióra —
Potrzeba mi lotu,
Wylecę z planet i gwiazd kołowrotu,
Tam dojdę, gdzie graniczą Stwórca i natura.

I mam je, mam je, mam — tych skrzydeł dwoje;
Wystarczą: — od zachodu na wschód je rozszerzę,
Lewym o przeszłość, prawym o przyszłość uderzę.
I dojdę po promieniach uczucia — do Ciebie!
I zajrzę w uczucia Twoje,
100 O Ty! o którym mówią, że czujesz na niebie!
Jam tu, jam przybył, widzisz, jaka ma potęga!
Aż tu moje skrzydło sięga.
Lecz jestem człowiek, i tam, na ziemi me ciało;
Kochałem tam, w ojczyźnie serce me zostało. —

Ale ta miłość moja na świecie,
Ta miłość nie na jednym spoczęła człowieku
Jak owad na róży kwiecie:
Nie na jednej rodzinie, nie na jednym wieku.
Ja kocham cały naród! — objąłem w ramiona
110 Wszystkie przeszłe i przyszłe jego pokolenia,
Przycisnąłem tu do łona,
Jak przyjaciel, kochanek, małżonek, jak ojciec:
Chcę go dźwignąć, uszczęśliwić,
Chcę nim cały świat zadziwić,
Nie mam sposobu i tu przyszedłem go dociec.
Przyszedłem zbrojny całą myśli władzą,
Tej myśli, co niebiosom Twe gromy wydarła,
Śledziła chód Twych planet, głąb morza rozwarła —
Mam więcej, tę Moc, której ludzie nie nadadzą,

157

¹²⁰ Mam to uczucie, co się samo w sobie chowa
Jak wulkan, tylko dymi niekiedy przez słowa.
I Mocy tej nie wziąłem z drzewa edeńskiego,
Z owocu wiadomości złego i dobrego;
Nie z ksiąg ani z opowiadań,
Ani z rozwiązania zadań,
Ani z czarodziejskich badań.
Jam się twórcą urodził:
Stąmtąd przyszły siły moje,
Skąd do Ciebie przyszły Twoje,
¹³⁰ Boś i Ty po nie nie chodził:
Masz, nie boisz się stracić; i ja się nie boję.
Czyś Ty mi dał, czy wziąłem, skąd i Ty masz — oko
Bystre, potężne: w chwilach mej siły — wysoko
Kiedy na chmur spojrzę szlaki
I wędrowne słyszę ptaki,
Żeglujące na ledwie dostrzeżonym skrzydle;
Zechcę i wnet je okiem zatrzymam jak w sidle —
Stado pieśń żałosną dzwoni,
Lecz póki ich nie puszczę, Twój wiatr ich nie zgoni.
¹⁴⁰ Kiedy spojrzę w kometę z całą mocą duszy,
Dopóki na nią patrzę, z miejsca się nie ruszy.
Tylko ludzie skazitelni,
Marni, ale nieśmiertelni,
Nie służą mi, nie znają — nie znają nas obu,
Mnie i Ciebie.
Ja na nich szukam sposobu
Tu, w niebie.
Tę władzę, którą mam nad przyrodzeniem,
Chcę wywrzeć na ludzkie dusze,
¹⁵⁰ Jak ptaki i jak gwiazdy rządzę mym skinieniem,
Tak bliźnich rozrządzać muszę.
Nie bronią — broń broń odbije,
Nie pieśniami — długo rosną,

Nie nauką — prędko gnije,
Nie cudami — to zbyt głośno.
Chcę czuciem rządzić, które jest we mnie;
Rządzić jak Ty wszystkimi zawsze i tajemnie: —
    Co ja zechcę, niech wnet zgadną,
    Spełnią, tym się uszczęśliwią,
160   A jeżeli się sprzeciwią,
    Niechaj cierpią i przepadną.
Niech ludzie będą dla mnie jak myśli i słowa,
Z których, gdy zechcę, pieśni wiąże się budowa; —
    Mówią, że Ty tak władasz!
Wiesz, żem myśli nie popsuł, mowy nie umorzył;
Jeśli mnie nad duszami równą władzę nadasz,
Ja bym mój naród jak pieśń żywą stworzył,
I większe niżli Ty zrobiłbym dziwo,
    Zanuciłbym pieśń szczęśliwą!

170 Daj mi rząd dusz! — Tak gardzę tą martwą budową,
Którą gmin światem zowie i przywykł ją chwalić,
Żem nie próbował dotąd, czyli moje słowo
    Nie mogłoby jej wnet zwalić.
Lecz czuję w sobie, że gdybym mą wolę
Ścisnął, natężył i razem wyświecił,
Może bym sto gwiazd zgasił, a drugie sto wzniecił —
Bo jestem nieśmiertelny! i w stworzenia kole
Są inni nieśmiertelni; — wyższych nie spotkałem —
Najwyższy na niebiosach! — Ciebie tu szukałem,
180 Ja najwyższy z czujących na ziemnym padole.
Nie spotkałem Cię dotąd — żeś Ty jest, zgaduję;
Niech Cię spotkam i niechaj Twą wyższość uczuję —
Ja chcę władzy, daj mi ją, lub wskaż do niej drogę!
O prorokach, dusz władcach, że byli, słyszałem,
I wierzę; lecz co oni mogli, to ja mogę,
Ja chcę mieć władzę, jaką Ty posiadasz,

Ja chcę duszami władać, jak Ty nimi władasz.
(Długie milczenie)

(z ironią)

Milczysz, milczysz! wiem teraz, jam Cię teraz zbadał,
Zrozumiałem, coś Ty jest i jakeś Ty władał. —
190 Kłamca, kto Ciebie nazywał miłością,
Ty jesteś tylko mądrością.

Ludzie myślą, nie sercem, Twych dróg się dowiedzą;
Myślą, nie sercem, składy broni Twej wyśledzą —
  Ten tylko, kto się wrył w księgi,
  W metal, w liczbę, w trupie ciało,
  Temu się tylko udało
  Przywłaszczyć część Twej potęgi.
  Znajdzie truciznę, proch, parę,
  Znajdzie blaski, dymy, huki,
200   Znajdzie prawność, i złą wiarę
  Na mędrki i na nieuki.
  Myślom oddałeś świata użycie,
  Serca zostawiasz na wiecznej pokucie,
  Dałeś mnie najkrótsze życie
  I najmocniejsze uczucie. —
    (Milczenie)
Czym jest me czucie?
    Ach, iskrą tylko!
Czym jest me życie?
    Ach, jedną chwilką!
210 Lecz te, co jutro rykną, czym są dzisiaj gromy?
    Iskrą tylko.
. Czym jest wieków ciąg cały, mnie z dziejów wiadomy?
    Jedną chwilką.
Z czego wychodzi cały człowiek, mały światek?
    Z iskry tylko.
Czym jest śmierć, co rozprószy myśli mych dostatek?
    Jedną chwilką.

Czym był On, póki światy trzymał w swoim łonie?
Iskrą tylko.
220 Czym będzie wieczność świata, gdy On go pochłonie?
Jedną chwilką.

Głos z lewej strony
Wsiąść muszę
Na duszę
Jak na koń.
Goń! goń
W cwał, w cwał!

Głos z prawej
Co za szał!
Brońmy go, brońmy,
Skrzydłem osłońmy
Skroń.

231 Chwila i iskra, gdy się przedłuża, rozpala —
Stwarza i zwala.
Śmiało, śmiało! tę chwilę rozdłużmy, rozdalmy,
Śmiało, śmiało! tę iskrę rozniećmy, rozpalmy —
Teraz — dobrze — tak. Jeszcze raz Ciebie wyzywam,
Jeszcze po przyjacielsku duszę Ci odkrywam.
Milczysz, — wszakżeś z Szatanem walczył osobiście?
Wyzywam Cię uroczyście.
Nie gardź mną, ja nie jeden, choć sam tu wzniesiony.
240 Jestem na ziemi sercem z wielkim ludem zbratan,
Mam ja za sobą wojska, i mocy, i trony;
Jeśli ja będę bluźnierca,
Ja wydam Tobie krwawszą bitwę niźli Szatan:
On walczył na rozumy, ja wyzwę na serca.
Jam cierpiał, kochał, w mękach i miłości wzrosłem;
Kiedyś mnie wydarł osobiste szczęście,
Na własnej piersi ja skrwawiłem pięście,
248   Przeciw Niebu ich nie wzniosłem.

Głos
Rumaka
Przedzierzgnę w ptaka.
Orlimi pióry
Do góry!
W lot!

Głos
Gwiazdo spadająca!
Jaki szał
W otchłań cię strąca!

Teraz duszą jam w moję ojczyznę wcielony;
Ciałem połknąłem jej duszę,
Ja i ojczyzna to jedno.
260 Nazywam się Milijon — bo za milijony
Kocham i cierpię katusze.
Patrzę na ojczyznę biedną,
Jak syn na ojca wplecionego w koło;
Czuję całego cierpienia narodu,
Jak matka czuje w łonie bole swego płodu.
Cierpię, szaleję — a Ty mądrze i wesoło
Zawsze rządzisz,
Zawsze sądzisz,
I mówią, że Ty nie błądzisz!
270 Słuchaj, jeśli to prawda, com z wiarą synowską
Słyszał, na ten świat przychodząc,
Że Ty kochasz; — jeżeliś Ty kochał świat rodząc,
Jeśli ku zrodzonemu masz miłość ojcowską; —
Jeżeli serce czułe było w liczbie źwierząt,
Któreś Ty w arce zamknął i wyrwał z powodzi, —
Jeśli to serce nie jest potwór, co się rodzi
Przypadkiem, ale nigdy lat swych nie dochodzi; —
Jeśli pod rządem Twoim czułość nie jest bezrząd,
Jeśli w milijon ludzi krzyczących «ratunku!»
280 Nie patrzysz jak w zawiłe zrównanie rachunku; —
Jeśli miłość jest na co w świecie Twym potrzebną
I nie jest tylko Twoją omyłką liczebną...

Głos

Orła w hydrę!
Oczy mu wydrę.
Do szturmu daléj!
Dymi! pali!
Ryk! grzmot!

Głos

Z jasnego słońca
Kometo błędu!
Gdzie koniec twego pędu?
Bez końca, bez końca!

162

292 Milczysz! — Jam Ci do głębi serce me otworzył,
Zaklinam, daj mi władzę: — jedna część jej licha,
Część tego, co na ziemi osiągnęła pycha,
Z tą jedną cząstką ileż ja bym szczęścia stworzył!
Milczysz! — nie dasz dla serca, dajże dla rozumu. —
Widzisz, żem pierwszy z ludzi i z aniołów tłumu,
Że Cię znam lepiej niźli Twoje archanioły,
Wart, żebyś ze mną władzą dzielił się na poły —
300 Jeślim nie zgadł, odpowiedz — milczysz! ja nie kłamię.
Milczysz i ufasz, że masz silne ramię —
Wiedz, że uczucie spali, czego myśl nie złamie —
Widzisz to moje ognisko: — uczucie,
Zbieram je, ściskam, by mocniej pałało,
Wbijam w żelazne woli mej okucie,
Jak nabój w burzące działo.

Głos   Głos
Ognia! pal!   Litość! żal!

Odezwij się, — bo strzelę przeciw Twej naturze;
310 Jeśli jej w gruzy nie zburzę,
To wstrząsnę całym państw Twoich obszarem;
Bo wystrzelę głos w całe obręby stworzenia:
Ten głos, który z pokoleń pójdzie w pokolenia:
Krzyknę, żeś Ty nie ojcem świata, ale...

Głos diabła

Carem!

(Konrad staje chwilę, słania się i pada)

Duchy z lewej strony
Pierwszy

Depc, chwytaj!

163

Drugi

Jeszcze dysze.

Pierwszy

        Omdlał, omdlał, a nim

Przebudzi się, dodusim.

Duch z prawej strony

Precz — modlą się za nim.

Duch z lewej

Widzisz, odpędzają nas.

Pierwszy z lewej.

        Ty bestyjo głupia!

Nie pomogłeś mu słowo ostatnie wyrzygnąć,

Jeszcze o jeden stopień w dumę go podźwignąć!

320   Chwila dumy — ta czaszka już byłaby trupia.

Być tak blisko tej czaszki! i nie można deptać!

Widzieć krew w jego ustach, i nie można chłeptać!

Najgłupszy z diabłów, tyś go wypuścił w pół drogi.

Drugi

Wróci się, wróci —

Pierwszy

        Precz stąd — bo wezmę na rogi

I będę cię lat tysiąc niósł, i w paszczę samą

Szatana wbiję.

Drugi

        Cha! cha! straszysz, ciociu! mamo!

Ja dziecko będę płakać —

(płacze)

Masz —
(uderza rogiem)

A co, nie chybił?
Leć i nie wyłaź z piekła — aha, do dna przybił —
Rogi me, brawo, rogi —

Pierwszy
Sacrédieu!

Drugi
(uderza)
Masz.

Pierwszy
W nogi.
(Słychać stukanie i klucz we drzwiach)

Drugi duch
330 Pop, klecha, przyczajmy się i schowajmy rogi.

SCENA III

Ks. Piotr

W imię Ojca i Syna i Świętego Ducha.

Więzień

On zapewne osłabiał. — Konradzie! — nie słucha.

Ks. Piotr

Pokój temu domowi, pokój grzesznikowi!

Więzień

Dla Boga, on osłabiał, patrz — miota się, dąsa,
To jest wielka choroba, patrz, on usta kąsa.
(Ks. Piotr modli się)

Kapral
(do Więźnia)
Mój Panie, idźcie sobie, a nas tu zostawcie.

Więzień

Ale dla Boga! próżnych modlitew nie prawcie;
Podejmijcie go z ziemi, połóżmy do łóżka;
Księże Pietrze.

Ks. Piotr
Tu zostaw.

Więzień
Oto jest poduszka.
(kładnie Konrada)

·166

¹⁰ E, ja wiem, co to znaczy. — Czasem nań napada
Takie szaleństwo: długo śpiewa, potem gada,
A jutro zdrów jak ryba. Lecz kto wam powiedział,
Że on osłabiał?

Kapral
Panie, ot byś cicho siedział.
Niech brat Piotr pomodli się nad waszym kolegą;
Bo ja wiem, że tu było — coś — tu — niedobrego.
Gdy runt odszedł, w tej celi hałas posłyszałem,
Spojrzę dziurką od klucza, a co tu widziałem,
To mnie wiedzieć. Pobiegłem do mojego kmotra,
Bo on człowiek pobożny, do braciszka Piotra —
²⁰ Patrz na tego chorego: niedobrze się dzieje —

Więzień
Dalibóg nie pojmuję — nic, i oszaleję.

Kapral
Oszaleć? — Ej, Panowie, strzeżcie, się Panowie!
U was usta wymowne, wiele nauk w głowie,
A patrzcie, głowa mądra w prochu się taczała,
I z tych ust, tak wymownych, patrzaj — piana biała.
Słyszałem, co on śpiewał, ja słów nie pojąłem,
Lecz było coś u niego w oczach i nad czołem.
Wierz mi, że z tym człowiekiem niedobrze się dzieje —
Byłem ja w legijonach, nim wzięto w rekruty,
³⁰ Brałem szturmem fortece, klasztory, reduty;
Więcej dusz wychodzących z ciała ja widziałem,
Niźli Waćpan przeczytał książek w życiu całem.
A to jest rzecz niemała widzieć, jak człek kona.
Widziałem ja na Pradze księży zarzynanych,
I w Hiszpaniji żywcem z wieży wyrzucanych;
Widziałem matek szablą rozrywane łona,
I dzieci konające na kozackich pikach,

167

I Francuzów na śniegu, i Turków na palu;
I wiem, co w konających widać męczennikach,
⁴⁰ A co w złodzieju, zbójcy, Turku lub Moskalu.
Widziałem rozstrzelanych, co patrzyli śmiele
W rurę broni, nie chcieli na oczy zasłony;
A jak padli na ziemię, widziałem w ich ciele
Strach, co za życia wstydem i pychą więziony,
Wyszedł z trupa jak owad i pełzał wokoło:
Gorszy strach niż ten, który tchórza w bitwie nęka,
Taki strach, że dość spojrzeć na zamarłe czoło,
Aby widzieć, że dusza dąsa się i lęka,
Gardzi bolem i cierpi, i wieczna jej męka.
⁵⁰ A więc, mój Panie, myślę, że twarz umarłego
Jest jak patent wojskowy do świata przyszłego;
I poznasz zaraz, jak on tam będzie przyjęty,
W jakiej randze i stopniu: święty czy przeklęty. —
A więc tego człowieka i pieśń, i choroba,
I czoło, i wzrok wcale mi się nie podoba.
Otóż Waćpan spokojnie idź do swojej celi,
My z bratem Piotrem będziem przy chorym siedzieli.
(Więzień odchodzi)

Konrad

Przepaść — tysiąc lat — pusto — dobrze — jeszcze więcej!
Ja wytrzymam i dziesięć tysiąców tysięcy —
⁶⁰ Modlić się? — tu modlitwa nie przyda się na nic —
I byłaż taka przepaść bez dna i bez granic? —
Nie wiedziałem — a była.

Kapral

Słyszysz, jak on szlocha.

Ks. Piotr

Synu mój, tyś na sercu, które ciebie kocha.
(do Kaprala)

168

Wyjdź stąd i patrz, ażeby nikt tędy nie chodził
I póki stąd nie wyjdę, nikt mi nie przeszkodził.
(Kapral odchodzi)

Konrad
(zrywa się)

Nie! — oka mi nie wydarł! mam to silne oko,
Widzę stąd, i stąd nawet, choć ciemno — głęboko,
Widzę ciebie, Rollison, — bracie, cóż to znaczy?
I tyś w więzieniu, zbity, krwią cały zbryzgany,
70 I ciebie Bóg nie słuchał, i tyś już w rozpaczy;
Szukasz noża, próbujesz głowę tłuc o ściany: —
«Ratunku!» — Bóg nie daje, ja ci dać nie mogę,
Oko mam silne, spojrzę, może cię zabiję —
Nie — ale ci pokażę okiem — śmierci drogę.
Patrz, tam masz okno, wybij, skocz, zleć i złam szyję,
I ze mną tu leć w głębie, w ciemność — lećmy na dół —
Otchłań — otchłań ta lepsza niźli ziemi padół;
Tu nie ma braci, matek, narodów, — tyranów —
Pójdź tu.

Ks. Piotr
Duchu nieczysty, znam cię po twym jadzie,
80 Znowuś tu, najchytrzejszy ze wszystkich szatanów,
Znowu w dom opuszczony leziesz, brzydki gadzie.
Tyś wpełznął w jego usta, na zgubęś tu wpełznął,
W Imię Pańskie jam ciebie pojmał i ochełznął.
Exorciso...

Duch
Stój, nie klnij — stój, odstąp od progu,
Wyjdę —

Ks. Piotr
Nie wyjdziesz, aż się upodoba Bogu.
Lew z pokolenia Judy tu Pan — on zwycięża:

Sieć na lwa zastawiłeś i w twym własnym wniku
Złowiłeś się — Bóg ciebie złowił w tym grzeszniku.
W jego ustach chcę tobie najsroższy cios zadać:
⁹⁰ Kłamco, ja tobie każę, musisz prawdę gadać.

Duch

Parle-moi donc français, mon pauvre capucin,
J'ai pu dans le grand monde oublier mon latin.
Mais étant saint, tu dois avoir le don des langues —
Vielleicht sprechen Sie deutsch, was murmeln Sie so bang —
What it is, — Cavalleros, rispondero Io.

Ks. Piotr

Ty to z ust jego wrzeszczysz, stujęzyczna żmijo.

Duch

C'est juste, dans ce jeu, nous sommes de moitié,
Il est savant, et moi, diable de mon métier.
J'étais son précepteur et je m'en glorifie,
¹⁰⁰ *En sais-tu plus que nous? parle — je te défie.*

Ks. Piotr

W imię Ojca i Syna i Ducha Świętego.

Duch

Ale stój, stój, mój księże, stój, już dosyć tego;
Tylko, księżuniu, nie męcz na próżno: — czyś szatan,
Żeby tak męczyć!

Ks. Piotr
Ktoś ty?

Duch

Lukrecy, Lewiatan,
Voltaire, *Alter* Fritz, *Legio sum.*

170

Ks. Piotr

Coś widział?

Duch

Zwierza.

Ks. Piotr

Gdzie?

Duch

W Rzymie.

Ks. Piotr

Nie słucha mię — wróćmy do pacierza.
(modli się)

Duch

Ale słucham.

Ks. Piotr

Gdzieś widział więźnia?

Duch

Mówię, w Rzymie —

Ks. Piotr

Kłamiesz.

Duch

Księże, na honor, na kochanki imię,
Mej kochanki czarniutkiej, co tak do mnie wzdycha —
110 A wiesz ty, jak się zowie moja luba? — Pycha.
Jakiś ty nieciekawy! —

Ks. Piotr
(do siebie)
Przeciwią się duchy;
Upokórzmy się Panu i zróbmy akt skruchy.
(modli się)

171

Duch

Ale co tam masz robić, ja sam stąd wyruszę,
Przyznaję się, że wlazłem niezgrabnie w tę duszę.
Tu mnie kole — ta dusza jest jak skóra jeża,
Włożyłem ją na wywrót, kolcami do kiszek.

(Ksiądz modli się)

Aleś bo i ty majster, choć prosty braciszek; —
Osły, powinni ciebie obrać za papieża.
Głupstwo stawią w kościele na przód, jak kolumny,
120 A ciebie kryją w kątku: świecznik, gwiazdę blasku!

Ks. Piotr

Tyranie i pochlebco, i podły, i dumny,
Żebyś pierś ugryzł, u nóg wleczesz się po piasku.

Duch
(śmiejąc się)

Aha! gniewasz się, pacierz przerwałeś — *da capo*;
Żebyś sam widział, jak ty śmiesznie kręcisz łapą —
Istny niedźwiadek, gdy się broni od komarów! —
On trzepie swoje, — no więc — dosyć już tych swarów;
Znam twoję moc i chcę się tobie wyspowiadać,
Będę ci o przeszłości i przyszłości gadać. —
A wiesz ty, co o tobie mówią w całym mieście? —

(Ksiądz modli się)

130 A wiesz ty, co to będzie z Polską za lat dwieście? —
A wiesz, dlaczego tobie przeor tak nie sprzyja? —
A wiesz, w Apokalipsie co znaczy bestyja? —
Milczy i trzepie — oczy aż strach we mnie wlepił.
Powiedz, księżuniu, czegoś do mnie się uczepił?
Co ja winien, że takie mam odbierać chłosty.
Czy ja jestem król diabłów, — wszak ja diabeł prosty.
Zważ, czy to prawnie sługę ukarać za pana,
Wszakże ja tu przyszedłem z rozkazu Szatana;

172

Trudno mu się tłumaczyć, bo z nim nie brat za brat,
140 Jestem jako Kreishauptmann, Gubernator, Landrat: —
Każą duszę brać w areszt, biorę, sadzę w ciemność;
Zdarza się przy tym duszy jaka nieprzyjemność,
Ale czyż z mojej winy? — jam ślepe narzędzie;
Tyran szelma da ukaz, pisze: «Niech tak będzie» —
Czyż to mnie miło męczyć, — mnie samemu męka. —
Ach —

(wzdycha)

jak to źle być czułym. — Ach, serce mi pęka.
Wierz mi: gdy pazurami grzesznika odzieram,
Nieraz ogonem, ach! ach! — łzy sobie ocieram.

(Ksiądz modli się)

A wiesz, że jutro będziesz bity jako Haman?

K s. P i o t r
150 *In nomine Patris et Filii et Spiritus Sancti, Amen.*
Ego te exorciso, spiritus immunde —

D u c h
Księże, stój — słucham — gadam — stój — jedną sekundę!

K s. P i o t r
Gdzie jest nieszczęsny więzień, co chce zgubić duszę? —
Milczysz — *Exorciso te —*

D u c h
Gadam, gadam — muszę.

K s. P i o t r
Kogo widziałeś?

173

Duch

Więźnia.

Ks. Piotr

Jakiego?

Duch

Grzesznika.

Ks. Piotr

Gdzie? —

Duch

Tam, w drugim klasztorze.

Ks. Piotr

W jakim?

Duch

Dominika.

Ten grzesznik już przeklęty, prawem mnie należy.

Ks. Piotr

Kłamiesz.

Duch

On już umarły.

Ks. Piotr

Kłamiesz.

Duch

Chory leży.

Ks. Piotr

Exorciso te —

174

Duch

Gadam, gadam, skaczę — śpiewam —
160 Tylko nie klnij — jak gadać? — dusisz — ledwie ziewam.

Ks. Piotr

Mów prawdę.

Duch

Grzesznik chory, lata bez pamięci
I jutro rano szyję niezawodnie skręci.

Ks. Piotr

Kłamiesz.

Duch

Poświadczy godny świadek, kmotr Belzebub.
Pytaj go, męcz — niewinnej duszy mojej nie gub.

Ks. Piotr

Jak ratować grzesznika?

Duch

Bodajeś zdechł, klecho,
Nie powiem.

Ks. Piotr

Exorciso —

Duch

Ratować pociechą.

Ks. Piotr

Dobrze, gadaj wyraźnie — czego mu potrzeba?

Duch

Mam chrypkę, nie wymówię.

175

Ks. Piotr

Mów!

Duch

Mój panie! królu!

Daj odpocząć —

Ks. Piotr

Mów, czego potrzeba —

Duch

Księżulu,

[170] Ja tego nie wymówię.

Ks. Piotr

Mów!

Duch

He — Wina — Chleba —

Ks. Piotr

Rozumiem, Chleba Twego i Krwi Twojej, Panie —
Pójdę, i daj mi spełnić Twoje rozkazanie.

(do Ducha)

A teraz zabierz z sobą twe złości i błędy,
Skąd wszedłeś i jak wszedłeś, idź tam i tamtędy.

(Duch uchodzi)

Konrad

Dźwigasz mię! — ktoś ty? — strzeż się, sam spadniesz w te
doły.

Podaje rękę — lećmy — w górę jak ptak lecę —
Mile oddycham wonią — promieniami świecę.
Któż mi dał rękę? — dobrzy ludzie i anioły;

Skądże litość, wam do mnie schodzić do tych dołów?
180 Ludzie? — Ludźmi gardziłem, nie znałem aniołów.

Ks. Piotr

Módl się, bo strasznie Pańska dotknęła cię ręka.
Usta, którymiś wieczny Majestat obraził,
Te usta zły duch słowy szkaradnymi skaził;
Słowa głupstwa, najsroższa dla mądrych ust męka,
Oby ci policzone były za pokutę,
Obyś o nich zapomniał —

Konrad

Już są tam — wykute.

Ks. Piotr

Obyś, grzeszniku, nigdy sam ich nie wyczytał,
Oby cię o znaczenie ich Bóg nie zapytał —
Módl się; myśl twoja w brudne obleczona słowa,
190 Jak grzeszna, z tronu swego strącona królowa,
Gdy w żebraczej odzieży, okryta popiołem,
Odstoi czas pokuty swojej przed kościołem,
Znowu na tron powróci, strój królewski wdzieje
I większym niżli pierwej blaskiem zajaśnieje.
Usnął —

(klęka)

— Twe miłosierdzie, Panie, jest bez granic.

(pada krzyżem)

Panie, otom ja sługa dawny, grzesznik stary,
Sługa już spracowany i niezgodny na nic.
Ten młody, zrób go za mnie sługą Twojej wiary,
A ja za jego winy przyjmę wszystkie kary.
200 On poprawi się jeszcze, on wsławi Twe Imię.
Módlmy się, Pan nasz dobry! Pan ofiarę przyjmie.

(modli się)

177

(W bliskim kościele, za ścianą, zaczynają śpiewać pieśń Bożego Narodzenia.
Nad Księdzem Piotrem Chór aniołów na nutę: «Anioł pasterzom mówił»)

Chór aniołów
(głosy dziecinne)
Pokój temu domowi,
Spoczynek grzesznikowi.
Sługo! sługo pokorny, cichy,
Wniosłeś pokój w dom pychy.
Pokój temu domowi.

Archanioł pierwszy
(na nutę: «Bóg naszą ucieczką»)
Panie, on zgrzeszył, przeciwko Tobie zgrzeszył on bardzo.

Archanioł drugi
Lecz płaczą nad nim, modlą się za nim Twoi Anieli.

Archanioł pierwszy
Tych zdepc, o Panie, tych złam, o Panie, którzy Twe
święte sądy pogardzą,

Archanioł drugi
²¹⁰ Ale tym daruj, co świętych sądów Twych nie pojęli.

Anioł
Kiedym z gwiazdą nadziei
Leciał świecąc Judei,
Hymn Narodzenia śpiewali Anieli:
Mędrcy nas nie widzieli,
Królowie nie słyszeli.

Pastuszkowie postrzegli
I do Betlejem biegli:
Pierwsi wieczną mądrość witali,

220 Wieczną władzę uznali:
Biedni, prości i mali.

Archanioł pierwszy
Pan, gdy ciekawość, dumę i chytrość w sercu Aniołów,
                                        sług swych, obaczył,
Duchom wieczystym, Aniołom czystym, Pan nie przebaczył.
Runęły z niebios, jak deszcz gwiaździsty, Aniołów tłumy,
I deszczem lecą za nimi co dzień mędrców rozumy.

Chór aniołów
Pan maluczkim objawia,
Czego wielkim odmawia.
Litość! litość! nad synem ziemi,
On był między wielkiemi,
Litość nad synem ziemi.

Archanioł drugi
230 On sądów Twoich nie chodził badać jako ciekawy,
Nie dla mądrości ludzkiej on badał, ani dla sławy.

Archanioł pierwszy
On Cię nie poznał, on Cię nie uczcił, Panie nasz wielki!
On Cię nie kochał, on Cię nie wezwał, nasz Zbawicielu!

Archanioł drugi
Lecz on szanował imię Najświętszej Twej Rodzicielki.
On kochał naród, on kochał wiele, on kochał wielu.

Anioł
Krzyż w złoto oprawiony
Zdobi królów korony.
Na piersi mędrców błyszczy jak zorze,
A w duszę wniść nie może:
240 Oświeć, oświeć ich, Boże!

179

Chór aniołów

My tak ludzi kochamy,
Tak z nimi być żądamy
    Wygnani od mędrków i króli,
    Prostaczek nas przytuli,
    Nad nim dzień, noc śpiewamy.

Chór archaniołów

Podnieś tę głowę, a wstanie z prochu, niebios dosięże,
I dobrowolnie padnie, i uczci krzyża podnoże;
Wedle niej cały świat u stóp krzyża niechaj polęże
I niech Cię wsławi, żeś sprawiedliwy i litościwy Pan nasz,
                                              o Boże!

Obadwa chóry

250

Pokój, pokój prostocie,
Pokornej, cichej cnocie!
    Sługo, sługo pokorny, cichy,
    Wniosłeś pokój w dom pychy,
    Pokój grzesznemu sierocie.

SCENA IV

DOM WIEJSKI PODE LWOWEM

POKÓJ SYPIALNY — EWA, MŁODA PANIENKA, WBIEGA, POPRAWIA KWIATY PRZED
OBRAZEM NAJŚWIĘTSZEJ PANNY, KLĘKA I MODLI SIĘ. WCHODZI MARCELINA.

Marcelina
Modlisz się jeszcze dotąd! — czas spać, północ biła.

Ewa
Jużem się za ojczyznę moję pomodliła,
Jak nauczono, i za ojca, i za mamę;
Zmówmy jeszcze i za nich pacierze też same.
Choć oni tak daleko, ale to są dziatki
Jednej ojczyzny naszej, Polski, jednej matki.
Litwin, co dziś tu przybył, uciekł od Moskali;
Strach słyszeć, co tam oni z nimi wyrabiali.
Zły car kazał ich wszystkich do ciemnicy wsadzić
10 I jak Herod chce całe pokolenie zgładzić.
Litwin ten bardzo ojca naszego zasmucił,
Poszedł w pole i dotąd z przechadzki nie wrócił.
Mama na mszę posłała i obchód żałobny,
Bo wielu z nich umarło. — Ja pacierz osobny
Zmówię za tego, co te piosenki ogłosił;
(pokazując książkę)
I on także w więzieniu, jak nam gość donosił.
Te piosenki czytałam; niektóre są piękne —
Jeszcze pójdę, przed Matką Najświętszą uklęknę,
Pomodlę się za niego; kto wie, czy w tej chwili
20 Ma rodziców, żeby się za nim pomodlili.
(Marcelina odchodzi)
(Ewa modli się i usypia)

181

Anioł

Lekko i cicho, jak lekkie sny zlećmy.

Chór Aniołów

Braciszka miłego sen rozweselmy,
Sennemu pod głowę skrzydło podścielmy,
Oczami, gwiazdami, twarz mu oświećmy,
Śpiewając i grając latajmy wiankiem,
Nad czystym, nad cichym naszym kochankiem.
Rączęta liliowe za liście splećmy,
Za róże kwitnące czoła rozniećmy,
Spod wstążek gwiaździstych włos nasz rozwiążmy.
30 Rozpuśćmy w promienie, rozlejmy w wonie;
Kwitnącym, pachnącym, żyjącym wiankiem
Kochanka naszego piersi okrążmy,
Kochanka naszego otulmy skronie.
Śpiewając i grając latajmy wiankiem,
Nad czystym, nad cichym naszym kochankiem.

Ewa

WIDZENIE

Deszczyk tak świeży, miły, cichy jak rosa,
I skąd ten deszczyk — tak czyste niebiosa,
        Jasne niebiosa! —
Krople zielone, kraśne — trawki, równianki,
40   Róże, lilije, wianki
Obwijają mię wkoło. — Ach, jaki sen wonny,
        Sen lekki, słodki, — oby był dozgonny.
        Różo błyszcząca, słoneczna,
        Lilijo przeczysta, mleczna!
Ty nie z ziemi: — tam rosłaś, nad białym obłokiem.
Narcyzie, jakim śnieżnym patrzysz na mnie okiem;
        A te błękitne kwiaty pamiątek,

182

Jak źrenice niewiniątek —
Poznałam — kwiatki moje — sama polewałam,
⁵⁰ W moim ogródku wczora nazbierałam,
I uwieńczyłam Matki Boskiej skronie,
Tam nad łóżkiem na obrazku.
Widzę — to Matka Boska — cudowny blasku!
Pogląda na mnie, bierze wianek w dłonie,
Podaje Jezusowi, a Jezus dziecię
Z uśmiechem rzuca na mnie kwiecie —
Jak wypiękniały kwiatki — jak ich wiele — krocie,
A wszystkie w przelocie
Szukają na powietrzu siebie,
⁶⁰   Moje kochanki!
I same plotą się w wianki.
Jak tu mnie miło, jak w niebie;
Jak tu mnie dobrze, mój Boże; —
Niech mię na zawsze ten wianek otoczy,
Niech zasnę, umrę, patrząc w te róże,
W te białe narcyzu oczy.

Róża, ta róża żyje!
Wstąpiła w nią dusza,
Główką lekko rusza,
⁷⁰   Jaki ogień z niej bije.
To rumieniec żyjący — jak zorzy wniście.
Śmieje się, jak na uśmiech rozwija liście,
Roztula między liściem dwoje ust z koralu,
Mówi, coś mówi — jak cicho, jak skromnie.
Co ty, różo, szepcesz do mnie?
Zbyt cicho, smutnie — czy to głos żalu?
Skarżysz się, żeś wyjęta z rodzinnej trawki?
Nie wzięłam ciebie dla mojej zabawki,
Jam tobą skronie Matki Najświętszej wieńczyła,
⁸⁰ Jam po spowiedzi wczora łzami cię poiła;

183

A z twoich ust koralu
Wylatują promieniem
Iskierka po iskierce —
Czy taka światłość jest twoim pieniem?
Czego chcesz, różo miła?

R ó ż a
Weź mnie na serce.

A n i o ł o w i e
Rozwiążmy, rozplećmy anielski wianek.

R ó ż a
Odwijam me skrzydła, wyplatam czoło.

A n i o ł o w i e
My w niebo do domu lećmy wesoło.

R ó ż a
⁹⁰ Ja będę ją bawił, nim błyśnie ranek,
Na sennym jej sercu złożę me skronie:
Jak święty apostoł, Pański kochanek,
Na boskim Chrystusa spoczywał łonie.

SCENA V

CELA KSIĘDZA PIOTRA

Ks. Piotr
(modli się leżąc krzyżem)

Panie! czymże ja jestem przed Twoim obliczem? —
Prochem i niczem;
Ale gdym Tobie moję nicość wyspowiadał,
Ja, proch, będę z Panem gadał.

WIDZENIE

Tyran wstał — Herod! — Panie, cała Polska młoda
    Wydana w ręce Heroda.
Co widzę? — długie, białe, dróg krzyżowych biegi,
Drogi długie — nie dojrzeć — przez puszcze, przez śniegi
Wszystkie na północ! — tam, tam w kraj daleki,
10   Płyną jak rzeki.
Płyną: — ta droga prosto do żelaznej bramy,
Tamta jak strumień wpadła pod skałę, w te jamy,
A tamtej ujście w morzu. — Patrz! po drogach leci
Tłum wozów — jako chmury wiatrami pędzone,
    Wszystkie tam w jednę stronę.
    Ach, Panie! to nasze dzieci,
    Tam na północ — Panie, Panie!
    Takiż to los ich — wygnanie!
I dasz ich wszystkich wygubić za młodu,
20   I pokolenie nasze zatracisz do końca? —
Patrz! — ha! — to dziecię uszło — rośnie — to obrońca!

185

Wskrzesiciel narodu, —
Z matki obcej; krew jego dawne bohatery,
A imię jego będzie czterdzieści i cztery.

Panie! czy przyjścia jego nie raczysz przyśpieszyć?
Lud mój pocieszyć? —
Nie! lud wycierpi. — Widzę ten motłoch — tyrany,
Zbójce — biegą — porwali — mój Naród związany
Cała Europa wlecze, nad nim się urąga —
30 «Na trybunał!» — Tam zgraja niewinnego wciąga.
Na trybunale gęby, bez serc, bez rąk; sędzie —
      To jego sędzie!
   Krzyczą: «Gal, Gal sądzić będzie».
Gal w nim winy nie znalazł i — umywa ręce,
A króle krzyczą: «Potęp i wydaj go męce;
Krew jego spadnie na nas i na syny nasze;
Krzyżuj syna Maryi, wypuść Barabasze:
Ukrzyżuj, — on cesarza koronę znieważa,
Ukrzyżuj, — bo powiemy, żeś ty wróg cesarza».
40 Gal wydał — już porwali — już niewinne skronie
Zakrwawione, w szyderskiej, cierniowej koronie,
Podnieśli przed świat cały; — i ludy się zbiegły —
Gal krzyczy: «Oto naród wolny, niepodległy!»

Ach, Panie, już widzę krzyż — ach, jak długo, długo
Musi go nosić — Panie, zlituj się nad sługą.
Daj mu siły, bo w drodze upadnie i skona —
Krzyż ma długie, na całą Europę ramiona,
Z trzech wyschłych ludów, jak z trzech twardych drzew
                                      ukuty. —
Już wleką; już mój Naród na tronie pokuty —
50 Rzekł: «Pragnę» — Rakus octem, Borus żółcią poi,
A matka Wolność u nóg zapłakana stoi.
Patrz — oto żołdak Moskal z kopiją przyskoczył

186

I krew niewinną mego narodu wytoczył.
Cóżeś zrobił, najgłupszy, najsroższy z siepaczy!
On jeden poprawi się, i Bóg mu przebaczy.

Mój kochanek! już głowę konającą spuścił,
Wołając: «Panie, Panie, za coś mię opuścił!»
On skonał!

*(Słychać Chóry aniołów — daleki śpiew wielkanocnej pieśni — na koniec słychać:
«alleluja! alleluja»)*

Ku niebu, on ku niebu, ku niebu ulata!
60   I od stóp jego wionęła
        Biała jak śnieg szata —
Spadła, — szeroko — cały świat się w nią obwinął.
Mój kochanek na niebie, sprzed oczu nie zginął.
Jako trzy słońca błyszczą jego trzy źrenice,
I ludom pokazuje przebitą prawicę.

Któż ten mąż? — To namiestnik na ziemskim padole.
        Znałem go, — był dzieckiem — znałem,
        Jak urósł duszą i ciałem!
On ślepy, lecz go wiedzie anioł pacholę.
70   Mąż straszny — ma trzy oblicza,
        On ma trzy czoła.
Jak baldakim rozpięta księga tajemnicza
        Nad jego głową, osłania lice.
        Podnóżem jego są trzy stolice.
Trzy końce świata drżą, gdy on woła;
I słyszę z nieba głosy jak gromy:
To namiestnik wolności na ziemi widomy!
On to na sławie zbuduje ogromy
        Swego kościoła!
80   Nad ludy i nad króle podniesiony;
Na trzech stoi koronach, a sam bez korony:
        A życie jego — trud trudów,

A tytuł jego — lud ludów;
Z matki obcej, krew jego dawne bohatery,
A imię jego czterdzieści i cztery.
Sława! sława! sława!

(zasypia)

A n i o ł o w i e
(schodzą widomie)
Usnął — Wyjmijmy z ciała duszę, jak dziecinę
Senną z kolebki złotej, i zmysłów sukienkę
Lekko zwleczmy; ubierzmy w światło jak jutrzenkę
90 I lećmy. Jasną duszę nieśmy w niebo trzecie,
Ojcu naszemu złożyć na kolanach dziecię;
Niech uświęci sennego ojcowską pieszczotą,
A przed ranną modlitwą duszę wrócim życiu,
I znowu w czystych zmysłów otulim powiciu,
I znowu złożym w ciało, jak w kolebkę złotą.

SCENA VI

POKÓJ SYPIALNY WSPANIAŁY — SENATOR OBRACA SIĘ NA ŁOŻU I WZDYCHA — DWÓCH
DIABŁÓW NAD GŁOWĄ

Diabeł I

Spił się, a nie chce spać,
Muszę tak długo stać,
Łajdaku, cicho leż!
Czy go tam kole jeż?

Diabeł II

Syp mu na oczy mak.

Diabeł I

Zasnął, wpadnę jak źwierz.

Diabeł II

Jako na wróbla ptak.

Obadwaj

Duszę do piekła wlec,
Wężami smagać, piec.

Belzebub

10 Wara!

Dwaj diabły

Coś ty za kmotr?

Belzebub

Belzebub.

189

Dwaj diabły
No, i cóż?

Belzebub
Zwierzyny mi nie płosz.

Diabeł I
Ale gdy zaśnie łotr,
Do mnie należy sen?

Belzebub
Jak ujrzy noc i żar,
Srogość i mnogość kar,
Zlęknie się naszych scen;
Przypomni jutro sen,
Może poprawić się,
20 Jeszcze daleko zgon.

Diabeł II
(wyciągając szpony)
Pozwól zabawić się —
Co ty o niego drżysz,
Gdy poprawi się on,
Ja każę święcić się
I wezmę w ręce krzyż.

Belzebub
Jak zbyt nastraszysz raz,
Gotów przypomnieć sen,
Gotów oszukać nas,
Wypuścisz ptaka z rąk.

Diabeł I
(pokazując sennego)
30 Ależ braciszek ten,
Ten mój najmilszy syn,

190

Będzież on spał bez mąk?
Nie chcesz? — ja męczę sam.

Belzebub

Łotrze, a znasz mój czyn?
Od Cara zwierzchność mam!

Diabeł I

Pardon — cóż każesz Waść?

Belzebub

Możesz na duszę wpaść,
Możesz ją w pychę wzdąć,
A potem w hańbę pchnąć,
⁴⁰ Możesz w pogardzie wlec
I szyderstwami siec,
Ale o piekle cyt!
My lećmy — fit, fit, fit.

(odlatuje)

Diabeł I

Więc ja za duszę cap;
Aha, łajdaku, drżysz!

Diabeł II

Tylko ją bierz do łap
Lekko, jak kotek mysz.

WIDZENIE SENATORA

Senator
(przez sen)

Pismo! — to do mnie — reskrypt Jego Carskiej Mości!
Własnoręczny, — ha! ha! ha! — rubli sto tysięcy.

⁵⁰ Order! — gdzie — lokaj, przypnij — tu. Tytuł książęcy!
A! — a! — Wielki Marszałku; a! — pękną z zazdrości.

(przewraca się)

Do Cesarza — przedpokój — oni wszyscy stoją;
Nienawidzą mnie wszyscy, kłaniają się, boją.
Marszałek — *Grand Contrôleur* — ledwie poznasz, w masce.
Ach, jakie lube szemrania,
Dokoła lube szemrania:
Senator w łasce, w łasce, w łasce, w łasce, w łasce.
Ach, niech umrę, niech umrę śród tego szemrania,
Jak śród nałożnic moich łoskotania!
⁶⁰   Każdy się kłania,
        Jestem duszą zebrania.
Patrzą na mnie, zazdroszczą — nos w górę zadzieram.
O rozkoszy! umieram, z rozkoszy umieram!

(przewraca się)

Cesarz! — Jego Imperatorska Mość — a! Cesarz wchodzi,
A! — co? — nie patrzy! zmarszczył brwi — spojrzał
                                        ukosem?

Ach! — Najjaśniejszy Panie — ach! — nie mogę głosem —
Głos mi zamarł — ach! dreszcz, pot, — ach! dreszcz ziębi,
                                        chłodzi. —
Ach, Marszałek! — co? do mnie odwraca się tyłem.
Tyłem, a! senatory, dworskie urzędniki!
⁷⁰ Ach, umieram, umarłem, pochowany, zgniłem,
I toczą mię robaki, szyderstwa, żarciki.
Uciekają ode mnie. Ha! jak pusto! głucho.
Szambelan szelma, szelma! patrz, wyszczyrza zęby —
Dbrum — ten uśmiech jak pająk wleciał mi do gęby.

(spluwa)

Jaki dźwięk! — to kalambur — o brzydka mucho;

(opędza koło nosa)

        Lata mi koło nosa
        Jak osa.

I epigramy, żarciki, przytyki,
Te szmery, — ach, to świerszcze wlazły mi w ucho:
80   Moje ucho, moje ucho!
          (wytrząsa palcem ucho)
Jaki szmer! — kamerjunkry świszczą jak puszczyki,
Damy ogonem skrzeczą jak grzechotniki,
Jaki okropny szmer! śmiechy! wrzaski:
Senator wypadł z łaski, z łaski! z łaski, z łaski.
          (pada z łóżka na ziemię)

          D i a b ł y
          (zstępują widomie)
Teraz duszę ze zmysłów wydrzem, jak z okucia
Psa złego; lecz nie całkiem, nałożym kaganiec,
Na wpół zostawim w ciele, by nie tracił czucia;
Drugą połowę wleczmy aż na świata kraniec,
Gdzie się doczesność kończy, a wieczność zaczyna,
90 Gdzie z sumnieniem graniczy piekielna kraina;
I złe psisko uwiążem tam, na pograniczu:
Tam pracuj, ręko moja, tam świstaj, mój biczu.
Nim trzeci kur zapieje, musim z tej męczarni
Wrócić zmordowanego, skalanego ducha;
Znowu przykuć do zmysłów jako do łańcucha,
I znowu w ciele zamknąć jako w brudnej psiarni.

SCENA VII

SALON WARSZAWSKI

KILKU WIELKICH URZĘDNIKÓW, KILKU WIELKICH LITERATÓW, KILKA DAM WIEL-
KIEGO TONU, KILKU JENERAŁÓW I SZTABSOFICERÓW; WSZYSCY INCOGNITO PIJĄ
HERBATĘ PRZY STOLIKU — BLIŻEJ DRZWI KILKU MŁODYCH LUDZI I DWÓCH STARYCH
POLAKÓW. STOJĄCY ROZMAWIAJĄ Z ŻYWOŚCIĄ — TOWARZYSTWO STOLIKOWE MÓWI
PO FRANCUSKU, PRZY DRZWIACH PO POLSKU

PRZY DRZWIACH

Z e n o n   N i e m o j e w s k i
(do Adolfa)
To i u was na Litwie też samo się dzieje?

A d o l f
Ach, u nas gorzej jeszcze, u nas krew się leje!

N i e m o j e w s k i
Krew?

A d o l f
Nie na polu bitwy, lecz pod ręką kata,
Nie od miecza, lecz tylko od pałki i bata.
(rozmawiają ciszej)

PRZY STOLIKU

H r a b i a
To bal był taki świetny, i wojskowych wiele?

F r a n c u z
Ja słyszałem, że było pusto jak w kościele.

194

Dama

Owszem, pełno —

Hrabia

I świetny?

Dama

O tym mówić długo.

Kamerjunkier

Służono najniezgrabniej, choć z liczną usługą;
Nie miałem szklanki wina, ułamku pasztetu,
10 Tak zawalono całe wniście do bufetu.

Dama I

W sali tańców zgoła nic nie ugrupowano,
Jak na raucie angielskim po nogach deptano.

Dama II

Bo to był tylko jeden z prywatnych wieczorów.

Szambelan

Przepraszam, bal proszony — mam dotąd bilety.

(wyjmuje inwitacje i pokazuje, wszyscy przekonywają się)

Dama I

Tym gorzej; pomieszano grupy, toalety,
Nie można było zgoła ocenić ubiorów.

Dama II

Odtąd jak Nowosilcow wyjechał z Warszawy,
Nikt nie umie gustownie urządzić zabawy:
Nie widziałam pięknego balu ani razu.
20 On umiał ugrupować bal na kształt obrazu.

(Słychać między mężczyznami śmiech)

Dama I

Śmiejcie się, Państwo, mówcie, co się wam podoba,
A była to potrzebna w Warszawie osoba.

PRZY DRZWIACH

Jeden z młodych

Cichowski uwolniony?

Adolf

Ja znam Cichowskiego.
Właśnie byłem, chciałem się dowiedzieć od niego,
Żeby między naszymi na Litwie rozgłosić.

Zenon Niemojewski

My powinniśmy z sobą łączyć się i znosić;
Inaczej, rozdzieleni, wszyscy zginiem marnie.
(gadają ciszej)

Młoda dama
(przy nich stojąca)

A jakie on okropne wytrzymał męczarnie!
(rozmawiają)

PRZY STOLIKU

Jenerał
(do Literata)

Ale przeczytaj wreszcie — dajże się uprosić.

Literat

30 Ja nie umiem na pamięć.

Jenerał

Zwykłeś z sobą nosić.
Masz przy sobie pod frakiem — a — widzę okładki;
Damy chcą słyszeć.

196

Literat
    Damy? — a! — to literatki.
Więcej wierszy francuskich na pamięć umieją
Niźli ja.

Jenerał
    (idzie mówić z Damami)
    Tylko niechaj Panie się nie śmieją.

Dama
Macie robić lekturę? — przepraszam — choć umiem
Po polsku, ale polskich wierszy nie rozumiem.

Jenerał
    (do Oficera)
Ma racyję po części, bo nudne po trochu.
        (pokazuje na Literata)
Opiewa tysiąc wierszy o sadzeniu grochu.
        (do Literata)
Czytajże, jeśli ciebie nie będziem słuchali —
⁴⁰ To patrz —
        (pokazując na drugiego Literata)
        ten nam gazeciarz swe rymy wypali.
Śliczna byłaby wszystkim słuchaczom przysługa.
Patrz, jak się on zaprasza, jak śmieje się, mruga;
I usta już otworzył jak zdechłą ostrygę,
I oko zwrócił wielkie i słodkie jak figę.

Literat
    (do siebie)
Wychodzą —
        (do Jenerała)
        Długie wiersze, ja bym piersi strudził.

Jenerał
    (do Oficera)
Dobrze, że nie chce czytać, boby nas zanudził.

Młoda dama
(oddzielając się od grupy młodszej, ode drzwi, do stolika)
A to jest rzecz okropna — słuchajcie, Panowie!
(do Adolfa)
Niechaj Pan tym Ichmościom o Cichowskim powie.

Oficer wyższy
Cichowski wypuszczony?

Hrabia
Przesiedział lat tyle
⁵⁰ W więzieniu —

Szambelan
Ja myśliłem, że leżał w mogile.
(do siebie)
O takich rzeczach słuchać nie bardzo bezpiecznie,
A wyjść w środku powieści byłoby niegrzecznie.
(wychodzi)

Hrabia
Wypuszczony? — to dziwna.

Adolf
Nie znaleźli winy.

Mistrz ceremonii
Któż tu mówi o winach; — są inne przyczyny —
Kto długo był w więzieniu, widział, słyszał wiele —
A rząd ma swe widoki, ma głębokie cele,
Które musi ukrywać. — To jest rzecz rządowa —
Tajniki polityczne — myśl gabinetowa.
To się tak wszędzie dzieje — są tajniki stanu —
⁶⁰ Ale Pan z Litwy, — a! a! — to jest dziwno Panu.
Panowie na wsi, to tak chcecie o cesarstwie
Wiedzieć wszystko, jak gdyby o swym gospodarstwie.
(uśmiecha się)

198

Kamerjunkier

Pan z Litwy, i po polsku? nie pojmuję wcale —
Ja myśliłem, że w Litwie to wszystko Moskale.
O Litwie, dalibógże! mniej wiem niż o Chinach —
Constitutionnel coś raz pisał o Litwinach,
Ale w innych gazetach francuskich ni słowa.

Panna
(do Adolfa)

Niech Pan opowie, — to rzecz ważna, narodowa.

Stary Polak

Znałem starych Cichowskich, uczciwa rodzina;
70 Oni są z Galicyi. Słyszałem, że syna
Wzięli i zamorzyli: — mój krewny daleki!
Nie widziałem go dawno, — o ludzie! o wieki!
Trzy pokolenia przeszły, jak nas przemoc dręczy;
Męczyła ojców naszych, — dzieci, wnuków męczy!

Adolf
(Wszyscy zbliżają się i słuchają)

Znałem go będąc dzieckiem; — był on wtenczas młody,
Żywy, dowcipny, wesół i sławny z urody;
Był duszą towarzystwa; gdzie się tylko zjawił,
Wszystkich opowiadaniem i żartami bawił;
Lubił dzieci i często brał mię na kolana,
80 U dzieci miał on tytuł «wesołego pana».
Pamiętam włosy jego, — nieraz ręce moje
Plątałem w jasnych włosów kędzierzawe zwoje.
Wzrok pamiętam, — musiał być wesoły, niewinny,
Bo kiedy patrzył na nas, zdawał się dziecinny;
I patrząc na nas, wabił nas do swej źrenicy,
Patrząc nań, myśleliśmy, żeśmy rówiennicy.
On wtenczas miał się żenić; — pomnę, że przynosił
Dzieciom dary swej przyszłej i na ślub nas prosił.

199

Potem długo nie przyszedł, i mówiono w domu,
90 Że nie wiedzieć gdzie zniknął, umknął po kryjomu,
Szuka rząd, ale śladu dotąd nie wytropił,
Na koniec powiedziano: zabił się, utopił.
Policyja dowodem stwierdziła domysły,
Znaleziono płaszcz jego nad brzegami Wisły;
Przyniesiono płaszcz żonie — poznała — on zginął;
Trupa nie znaleziono — i tak rok przeminął.
Dlaczegoż on się zabił? — pytano, badano,
Żałowano, płakano; wreszcie — zapomniano.

I minęło dwa lata. — Jednego wieczora
100 Więźniów do Belwederu wiedziono z klasztora.
Wieczór ciemny i dżdżysty; — nie wiem, czy przypadkiem,
Czy umyślnie ktoś był tej procesyi świadkiem;
Może jeden z odważnych warszawskich młodzieńców,
Którzy śledzą pobytu i nazwiska jeńców:
Warty stały w ulicach, głucho było w mieście —
Wtem ktoś zza muru krzyknął: «Więźnie, kto jesteście?»
Sto ozwało się imion; — śród nich dosłyszano
Jego imię, i żonie nazajutrz znać dano.
Pisała i latała, prosiła, błagała,
110 Lecz prócz tego imienia — nic nie posłyszała.
I znowu lat trzy przeszło bez śladu, bez wieści.
Lecz nie wiedzieć kto szerzył w Warszawie powieści,
Że on żyje, że męczą, że przyznać się wzbrania
I że dotąd nie złożył żadnego wyznania;
Że mu przez wiele nocy spać nie dozwalano,
Że karmiono śledziami i pić nie dawano;
Że pojono opijum, nasyłano strachy,
Larwy; że łoskotano w podeszwy, pod pachy —
Lecz wkrótce innych wzięto, o innych zaczęli
120 Mówić; żona płakała, wszyscy zapomnieli.

Aż niedawno przed domem żony w nocy dzwonią —
Otworzono: Oficer i żandarm pod bronią,
I więzień. — On — każą dać pióra i papieru;
Podpisać, że wrócony żywy z Belwederu.
Wzięli podpis, i palcem pogroziwszy: «Jeśli
Wydasz...» — i nie skończyli; jak weszli, odeszli.
To on był. — Biegę widzieć, przyjaciel ostrzega:
«Nie idź dzisiaj, bo spotkasz pod wrotami szpiega».
Idę nazajutrz, w progu policejskie draby;
130 Idę w tydzień, on sam mię nie przyjmuje, słaby.
Aż niedawno za miastem w pojeździe spotkałem —
Powiedziano, że to on, bo go nie poznałem.
Utył, ale to była okropna otyłość:
Wydęła go zła strawa i powietrza zgniłość;
Policzki mu nabrzmiały, pożółkły i zbladły,
W czole zmarszczki pół wieku, włosy wszystkie spadły.
Witam, on mię nie poznał, nie chciał mówić do mnie,
Mówię, kto jestem, patrzy na mnie bezprzytomnie.
Gdym dawnej znajomości szczegóły powiadał,
140 Wtenczas on oczy we mnie utopił i badał.
Ach! wszystko, co przecierpiał w swych męczarniach
dziennych,
I wszystko, co przemyślił w swych nocach bezsennych,
Wszystko poznałem w jednej chwili z jego oka;
Bo na tym oku była straszliwa powłoka.
Źrenice miał podobne do kawałków szklanych,
Które zostają w oknach więzień kratowanych,
Których barwa jest szara jak tkanka pajęcza,
A które, patrząc z boku, świecą się jak tęcza:
I widać w nich rdzę krwawą, iskry, ciemne plamy,
150 Ale ich okiem na wskróś przebić nie zdołamy:
Straciły przezroczystość, lecz widać po wierzchu,
Że leżały w wilgoci, w pustkach, w ziemi, w zmierzchu.

W miesiąc poszedłem znowu, myśliłem, że zdoła
Rozpatrzyć się na świecie i pamięć przywoła.
Lecz tyle tysięcy dni był pod śledztwa probą,
Tyle tysięcy nocy rozmawiał sam z sobą,
Tyle lat go badały mękami tyrany,
Tyle lat otaczały słuch mające ściany;
A całą jego było obroną — milczenie,
160 A całym jego były towarzystwem — cienie;
Że już się nie udało wesołemu miastu
Zgładzić w miesiąc naukę tych lat kilkunastu.
Słońce zda mu się szpiegiem, dzień donosicielem,
Domowi jego strażą, gość nieprzyjacielem.
Jeśli do jego domu przyjdzie kto nawiedzić,
Na klamki trzask on myśli zaraz: idą śledzić;
Odwraca się i głowę na ręku opiera,
Zdaje się, że przytomność, moc umysłu zbiera:
Ścina usta, by słowa same nie wypadły,
170 Oczy spuszcza, by szpiegi z oczu co nie zgadły.
Pytany, myśląc zawsze, że jest w swym więzieniu,
Ucieka w głąb pokoju i tam pada w cieniu,
Krzycząc zawsze dwa słowa: «Nic nie wiem, nie powiem!»
I te dwa słowa — jego stały się przysłowiem;
I długo przed nim płacze na kolanach żona
I dziecko, nim on bojaźń i wstręt swój pokona.

Przeszłą niewolę lubią opiewać więźniowie;
Myśliłem, że on ją nam najlepiej opowie,
Wyda na jaw spod ziemi i spod straży zbirów
180 Dzieje swe, dzieje wszystkich Polski bohatyrów: —
Bo teraz Polska żyje, kwitnie w ziemi cieniach,
Jej dzieje na Sybirze, w twierdzach i więzieniach.
I cóż on na pytania moje odpowiedział?
Że o swoich cierpieniach sam już nic nie wiedział,
Nie pomniał. — Jego pamięć zapisana cała

202

Jak księga herkulańska pod ziemią spróchniała:
Sam autor zmartwychwstały nie umie w niej czytać,
Rzekł tylko: «Będę o to Pana Boga pytać,
On to wszystko zapisał, wszystko mnie opowie».

(Adolf łzy ociera)

(Długie milczenie)

Dama Młoda
(do Literata)
190 Czemu to o tym pisać nie chcecie, Panowie?

Hrabia
Niech to stary Niemcewicz w pamiętniki wsadzi:
On tam, słyszałem, różne szpargały gromadzi.

Literat I
To historyja!

Literat II
Straszna.

Kamerjunkier
Dalbóg wyśmienita.

Literat I
Takich dziejów słuchają, lecz kto je przeczyta?
I proszę, jak opiewać spółczesne wypadki;
Zamiast mitologiji są naoczne świadki.
Potem, jest to wyraźny, święty przepis sztuki,
Że należy poetom czekać — aż — aż —

Jeden z młodzieży
Póki? —
Wieleż lat czekać trzeba, nim się przedmiot świeży
200 Jak figa ucukruje, jak tytuń uleży?

Literat I

Nie ma wyraźnych reguł.

Literat II

Ze sto lat.

Literat I

To mało!

Literat III

Tysiąc, parę tysięcy —

Literat IV

A mnie by się zdało,
Że to wcale nie szkodzi, że przedmiot jest nowy;
Szkoda tylko, że nie jest polski, narodowy.
Nasz naród się prostotą, gościnnością chlubi,
Nasz naród scen okropnych, gwałtownych nie lubi; —
Śpiewać, na przykład, wiejskich chłopców zalecanki,
Trzody, cienie — Sławianie, my lubim sielanki.

Literat I

Spodziewam się, że Panu przez myśl nie przejedzie,
210 Aby napisać wierszem, że ktoś jadał śledzie.
Ja mówię, że poezji nie ma bez poloru,
A polor być nie może tam, gdzie nie ma dworu:
Dwór to sądzi o smaku, piękności i sławie;
Ach, ginie Polska! dworu nie mamy w Warszawie.

Mistrz ceremonii

Nie ma dworu! — a to mię dziwi niepomału,
Przecież ja jestem mistrzem ceremonijału.

Hrabia
(cicho do Mistrza)

Gdybyś Namiestnikowi wyrzekł za mną słówko,

204

Moja żona byłaby pierwszą pokojówką.
(głośno)
Ale próżno, nie dla nas wysokie urzędy!
220 Arystokracja tylko ma u dworu względy.

Drugi Hrabia
(niedawno kreowany z mieszczan)
Arystokracja zawsze swobód jest podporą,
Niech państwo przykład z Wielkiej Brytaniji biorą.
(Zaczyna się kłótnia polityczna — młodzież wychodzi)

Pierwszy z młodych
A łotry! — o, to kija!

A'*** G***
O, to stryczka, haku!
Ja bym im dwór pokazał, nauczyłbym smaku.

N***
Patrzcie, cóż my tu poczniem, patrzcie, przyjaciele,
Otóż to jacy stoją na narodu czele.

Wysocki
Powiedz raczej: na wierzchu. Nasz naród jak lawa,
Z wierzchu zimna i twarda, sucha i plugawa,
Lecz wewnętrznego ognia sto lat nie wyziębi;
230 Plwajmy na tę skorupę i zstąpmy do głębi.
(odchodzą)

SCENA VIII

PAN SENATOR

W WILNIE — SALA PRZEDPOKOJOWA; NA PRAWO DRZWI DO SALI KOMISJI ŚLEDCZEJ, GDZIE PROWADZĄ WIĘŹNIÓW I WIDAĆ OGROMNE PLIKI PAPIERÓW — W GŁĘBI DRZWI DO POKOJÓW SENATORA, GDZIE SŁYCHAĆ MUZYKĘ — CZAS: PO OBIEDZIE — U OKNA SIEDZI SEKRETARZ NAD PAPIERAMI; DALEJ NIECO NA LEWO STOLIK, GDZIE GRAJĄ W WISKA — NOWOSILCOW PIJE KAWĘ; KOŁO NIEGO SZAMBELAN BAJKOW, PELIKAN I JEDEN DOKTOR — U DRZWI WARTA I KILKU LOKAJÓW NIERUCHOMYCH

Senator
(do Szambelana)

Diable! quelle corvée! — przecież po obiedzie.
La princesse nas z[a]wiodła i dziś nie przyjedzie.
Zresztą, *en fait des dames*, stare, albo głupie: —
Gadać, *imaginez-vous*, o sprawach przy supie!
Je jure, tych patryjotków nie mieć *à ma table,*
Avec leur franc parler et leur ton détestable.
Figurez-vous — ja gadaın o strojach, kasynie,
A moja kompanija o ojcu, o synie: —
«On stary, on zbyt młody, Panie Senatorze,
10 On kozy znieść nie może, Panie Senatorze,
On prosi spowiednika, on chce widzieć żonę,
On...» — *Que sais-je!* — piękny dyskurs w obiady proszone.
Il y a de quoi oszaleć; muszę skończyć sprawę
I uciec z tego Wilna w kochaną Warszawę.
Monseigneur mnie napisał *de revenir bientôt,*
On się beze mnie nudzi, a ja z tą hołotą —
Je n'en puis plus —

Doktor
(podchodząc)
Mówiłem właśnie, Jaśnie Panie,
Że ledwie rzecz zaczęta, i sprawa w tym stanie,
W jakim jest chory, kiedy lekarz go nawiedzi
20 I zrobi *anagnosin.* Mnóstwo uczniów siedzi,
Tyle było śledzenia, żadnego dowodu;
Jeszcześmy nie trafili w samo jądro wrzodu.
Cóż odkryto? wierszyki! *ce sont des maux légers,*
Ce sont, można powiedzieć, *accidents passagers;*
Ale osnowa spisku dotąd jest tajemną,
I...

Senator
(z urazą)
Tajemną? — to, widzę, Panu w oczach ciemno!
I nie dziw, po obiedzie — więc, *signor Dottore,*
Adio, bona notte — dzięki za perorę!
Tajemną! sam śledziłem i ma być tajemną?
30 I *vous osez, Docteur,* mówić tak przede mną?
Któż kiedy widział formalniejsze śledztwa?
(pokazując papiery)
Wyznania dobrowolne, skargi i świadectwa,
Wszystko jest, i tu cały spisek świętokradzki
Stoi spisany jasno jak ukaz senacki. —
Tajemną! — za te nudy, owóż co mam w zysku.

Doktor
Jaśnie Panie, *excusez,* któż wątpi o spisku!
Właśnie mówię — że...

Lokaj
Człowiek kupca Kanissyna
Czeka i jakiś Panu rejestr przypomina.

Senator

Rejestr? jaki tam rejestr? — kto?

Lokaj
Kupiec Kanissyn,
40 Co mu Pan przyjść rozkazał...

Senator
Idźże precz, sukisyn!
Widzisz, że ja zajęty.

Doktor
(do Lokajów)
A głupie bestyje!
Przychodzić — Pan Senator, widzisz, kawę pije.

Sekretarz
(wstając od stolika)
On powiada, że jeśli Pan zapłatę zwleka,
On zrobi proces.

Senator
Napisz grzecznie, niechaj czeka.
(zamyśla się)
A propos — ten Kanissyn — trzeba mu wziąść syna
Pod śledztwo. — Oj, to ptaszek!

Sekretarz
To mały chłopczyna.

Senator
Oni to wszyscy mali, ale patrz w ich serce; —
Najlepiej ogień zgasić, dopóki w iskierce.

Sekretarz
Syn Kanissyna w Moskwie.

208

Senator
                    W Moskwie? — a, *voyez-vous*,
⁵⁰ Emisaryjusz klubów. — Czas zabieżeć temu,
Wielki czas.

Sekretarz
On podobno u kadetów służy.

Senator
U kadetów? — *voyez-vous*, on tam wojsko burzy.

Sekretarz
Dzieckiem z Wilna wyjechał.

Senator
                    Oh! cet incendiaire
Ma tu korespondentów.
                    (do Sekretarza)
                    Ce n'est pas ton affaire;
Rozumiesz! — Hej, deżurny! — We dwadzieście cztery
Godzin wysłać kibitkę i zabrać papiery.
Zresztą ojciec lękać się nas nie ma przyczyny,
Jeśli syn dobrowolnie przyzna się do winy.

Doktor
Właśnie jak miałem honor mówić Jaśnie Panu,
⁶⁰ Są tam ludzie różnego i wieku, i stanu; —
To najniebezpieczniejsze jest spisku symptoma,
A wszystkim rusza pewna sprężyna kryjoma,
Którą...

Senator
(z urazą)
Kryjoma?

Doktor

Mówię, tajemnie skrywana,
Odkryta dzięki przezorności Jaśnie Pana.

(Senator odwraca się)

(do siebie)

To szatan niecierpliwy, — z tym człowiekiem bieda!
Mam tyle ważnych rzeczy; wymówić mi nie da.

Pelikan
(do Senatora)

Co Pan Senator każe z Rollisonem robić?

Senator

Jakim?

Pelikan

Co to na śledztwie musiano go obić.

Senator

Eh bien?

Pelikan

On zachorował.

Senator

Wieleż kijów dano?

Pelikan

70 Byłem przy śledztwie, ale tam nie rachowano. —
Pan Botwinko śledził go.

Bajkow

Pan Botwinko; cha, cha —
O! nieprędko on kończy, gdy się raz rozmacha.

210

Ja zaręczam, że on go opatrzył nieszpetnie —
Parions, że mu wyliczył najmniej ze trzy setnie.

Senator
(zadziwiony)
Trois cents coups et vivant? trois cents coups, le coquin,
Trois cents coups sans mourir, — quel dos de jacobin!
Myśliłem, że w Rosyi *la vertu cutanée*
Surpasse tout — ten łotr ma *une peau mieux tannée!*
Je n'y conçois rien! — ha, ha, ha, ha, mon ami!
(do grającego w wiska, który czeka na swego kompana)
80 Polaki nam odbiorą nasz handel skórami.
Un honnête soldat en serait mort dix fois!
Quel rebelle —
(podchodzi do stolika)
Dla Pana mam *un homme de bois* —
Chłopiec drewniany; dał mu sam Botwinko kije.
Trzysta kijów dziecięciu — *figurez-vous?* żyje!
(do Pelikana)
Nic nie wyznał?

Pelikan
Prawie nic; — żeby tylko zaciął,
Krzyczy, że nie chce skarżyć niewinnych przyjaciół.
Ale z tych kilku słówek odkrywa się wiele —
Widać, że ci uczniowie — jego przyjaciele.

Senator
C'est juste: jaki upór!

Doktor
Właśnie powiadałem
90 Jaśnie Panu, że młodzież zarażają szałem,
Ucząc ich głupstw: na przykład, starożytne dzieje!
Któż nie widzi, że młodzież od tego szaleje.

211

Senator

(wesoło)

Vous n'aimez pas l'histoire, — ha, ha, un satirique
Aurait dit, że boisz się *devenir historique.*

Doktor

I owszem, uczyć dziejów, niech się młodzież dowie,
Co robili królowie, wielcy ministrowie...

Senator

C'est juste.

Doktor

(ucieszony)

Właśnie mówię, widzi Pan Dobrodziéj,
Że jest sposób wykładać dzieje i dla młodzi.
Lecz po co zawsze prawić o republikanach,
100 Zawsze o Ateńczykach, Spartanach, Rzymianach.

Pelikan

(do jednego ze swoich towarzyszów, pokazując Doktora)

Patrz, patrz, jak za nim łazi pochlebca przeklęty,
I wścibi się mu w łaskę — co to za wykręty!

(podchodzi do Doktora)

Ale cóż o tym mówić, czy to teraz pora;
Zważ no, czy można nudzić pana Senatora.

Lokaj

(do Senatora)

Czy Pan rozkaże wpuścić te panie — kobiety —
Pan wie — co wysiadają tu co dzień z karety. —
Jedna ślepa, a druga —

Senator

Ślepa? któż to ona?

212

Lokaj

Pani Rollison.

Pelikan

Matka tego Rollisona.

Lokaj

Co dzień tu są.

Senator

Odprawić było —

Doktor

Z Panem Bogiem!

Lokaj

110 Odprawiamy, lecz siada i skwierczy pod progiem.
Kazaliśmy brać w areszt, — ze ślepą kobiétą
Trudno iść, lud się skupił, żołnierza wybito.
Czy mam wpuścić?

Senator

E! rady sobie dać nie umiesz —
Wpuścić; tylko aż do pół schodów — czy rozumiesz?
A potem ją sprowadzić — aż w dół — o tak tęgo;
(z gestem)
Żeby nas nie nudziła więcej swą włóczęgą.
(Drugi Lokaj wchodzi i oddaje list Bajkowowi)
No, czegoż stoisz, pódźże —

Bajkow

Elle porte une lettre.
(oddaje list)

Senator

Któż by to za nią pisał?

213

Bajkow
La princesse peut-être.

Senator
(czyta)
Księżna! skąd jej to przyszło? na kark mi ją wpycha.
[120] *Avec quelle chaleur!* — Wpuścić ją, do licha.
(Wchodzą dwie Damy i Ksiądz Piotr)

Pelikan
(do Bajkowa)
To stara czarownica, *mère de ce fripon.*

Senator
(grzecznie)
Witam, witam, któraż z pań jest pani Rollison?

P. Rollison
(z płaczem)
— Ja — mój syn! Panie Dobrodzieju...

Senator
Proszę — chwilę,
Pani masz list, a po cóż przyszło tu Pań tyle?

Druga Dama
Nas dwie.

Senator
(do Drugiej)
I po cóż Panią mam tu honor witać?

Druga
Pani Rollison trudno drogi się dopytać,
Nie widzi. —

214

Senator

Ha! nie widzi — a to wącha może?
Bo co dzień do mnie trafia.

Druga

Ja tu ją przywożę,
Ona sama i stara, i nie bardzo zdrowa.

P. Rollisonowa

130 Na Boga...!

Senator

Cicho.
(do Drugiej)
Pani któż jesteś?

Druga

Kmitowa.

Senator

Lepiej siedź w domu i miej o synach staranie.
Jest na nich podejrzenie.

Kmitowa
(bladnąc)
Jak to, jak to? Panie!
(Senator śmieje się)

P. Rollisonowa

Panie! litość — ja wdowa! Panie Senatorze!
Słyszałam, że zabili — czyż można, mój Boże!
Moje dziecko! — Ksiądz mówi, że on jeszcze żyje;
Ale go biją, Panie! któż dzieci tak bije! —
Jego zbito — zlituj się — po katowsku zbito.
(płacze)

215

Senator

Gdzie? kogo? — gadaj przecie po ludzku, kobiéto.

P. Rollisonowa

Kogo? ach, dziecko moje! Mój Panie — ja wdowa —
140 Ach, wieleż to lat, póki człek dziecko wychowa!
Mój Jaś już drugich uczył; niech Pan wszystkich spyta,
Jak on uczył się dobrze. — Ja biedna kobiéta!
On mnie żywił ze swego szczupłego dochodu —
Ślepa, on był mnie okiem — Panie, umrę z głodu.

Senator

Kto poplótł, że go bili, nie wyjdzie na sucho.
Kto mówił?

P. Rollisonowa

Kto mnie mówił? ja mam matki ucho.
Ja ślepa; teraz w uchu cała moja dusza,
Dusza matki. — Wiedli go wczora do ratusza;
Słyszałam —

Senator

Wpuszczono ją?

P. Rollisonowa

Wypchnęli mię z progu
150 I z bramy, i z dziedzińca. Siadłam tam na rogu,
Pod murem; — mury grube, — przyłożyłam ucho —
Tam siedziałam od rana. — W północ, w mieście głucho,
Słucham — w północ, tam z muru — nie, nie zwodzę siebie ;
Słyszałam go, słyszałam, jak Pan Bóg na niebie;
Ja głos jego słyszałam uszami własnemi —
Cichy, jakby spod ziemi, jak ze środka ziemi. —
I mój słuch wszedł w głąb muru, daleko, głęboko;
Ach, dalej poszedł niźli najbystrzejsze oko.
Słyszałam, męczono go —

216

Senator

Jak w gorączce bredzi!
160 Ale tam, moja Pani, wielu innych siedzi?

P. Rollisonowa

Jak to? — czyż to nie był głos mojego dziecięcia?
Niema owca pozna głos swojego jagnięcia
Śród najliczniejszej trzody — ach, to był głos taki! —
Ach, dobry Panie, żebyś słyszał raz głos taki,
Ty byś już nigdy w życiu spokojnie nie zasnął!

Senator

Syn Pani zdrów być musi, gdy tak głośno wrzasnął.

P. Rollisonowa
(pada na kolana)

Jeśli masz ludzkie serce...

*(Otwierają się drzwi od sali — słychać muzykę, — wbiega Panna ubrana jak na
bal)*

Panna

Monsieur le Sénateur —
Oh! je vous interromps, on va chanter le choeur
De «Don Juan»; et puis le concerto de Herz...

Senator

170 *Herz! choeur!* tu także była mowa około serc.
Vous venez à propos, vous belle comme un coeur.
Moment sentimental! il pleut ici des coeurs.

(do Bajkowa)

Żeby *le grand-duc Michel* ten kalambur wiedział,
Ma foi, to już bym dawno w radzie państwa siedział.

(do Panny)

J'y suis — dans un moment.

217

P. Rollisonowa

Panie, nie rzucaj nas

W rozpaczy, ja nie puszczę --

(chwyta za suknię)

Panna

Faites-lui donc grâce!

Senator

Diable m'emporte, jeśli wiem, czego chce ta jędza.

P. Rollisonowa

Chcę widzieć syna.

Senator

(z przyciskiem)

Cesarz nie pozwala.

Ks. Piotr

Księdza!

P. Rollisonowa

Księdza przynajmniej poszlij, syn mój prosi księdza,

180 Może kona; — gdy ciebie płacz matki nie wzruszy,

Bój się Boga, dręcz ciało, ale nie gub duszy.

Senator

C'est drôle; — kto te po mieście wszystkie plotki nosi,

Kto WaćPani powiedział, że on księdza prosi?

P. Rollisonowa

(pokazując Księdza Piotra)

Ten ksiądz poczciwy mówił; on tygodni tyle

Biega, błaga, lecz nie chcą wpuścić i na chwilę.

Spytaj księdza, on powie...

218

Senator
(patrząc bystro na Księdza)

To on wie? — poczciwy! —
No zgoda, zgoda, — dobrze, — Cesarz sprawiedliwy;
Cesarz księży nie wzbrania, owszem sam posyła,
Aby do moralności młodzież powróciła.
190 Nikt jak ja religiji nie ceni, nie lubi —
(wzdycha)
Ach, ach, brak moralności, to, to młodzież gubi.
Eh bien, żegnam więc Panie.

P. Rollisonowa
(do Panny)

Ach, Panienko droga!
Wstaw się ty jeszcze za mną, ach, na rany Boga!
Mój syn mały! — rok siedzi o chlebie i wodzie,
W zimnym, ciemnym więzieniu, bez odzieży, w chłodzie.

Panna
Est-il possible?

Senator
(w ambarasie)

Jak to, jak to? on rok siedział?
Jak to, *imaginez-vous* — jam o tym nie wiedział!
(do Pelikana)
Słuchaj, trzeba tę sprawę najpierwej rozpatrzyć,
Jeśli to prawda, uszy komisarzom natrzyć.
(do Rollisonowej)
200 *Soyez tranquille*, przyjdź tu o siódmej godzinie.

P. Kmitowa
Nie płacz tak, pan Senator nie wie o twym synie,
Jak się dowie, obaczysz, może oswobodzi.

219

P. Rollisonowa
(uradowana)

Nie wie? — chce wiedzieć? o, niech mu Pan Bóg nagrodzi.
Ja to zawsze mówiłam ludziom: — być nie może
Tak okrutny, jak mówią, on stworzenie boże,
On człowiek, jego matka mlekiem wykarmiła —
Ludzie śmieli się; widzisz, jam prawdę mówiła.
(do Senatora)
Tyś nie wiedział! — te łotry wszystko tobie tają.
Wierz mi, Panie, tyś łotrów otoczony zgrają;
210 Nie ich pytaj, nas pytaj, my wszystko powiemy,
Całą prawdę —

Senator
(śmiejąc się)
No dobrze, o tym pomówiemy,
Dziś nie mam czasu, *adieu.* — Księżnej powiedz, Pani,
Że co można, to wszystko każę zrobić dla niéj.
(grzecznie)
Adieu, Madame Kmit, *adieu* — co mogę, to zrobię.
(do Księdza Piotra)
Waść, księże, zostań, parę słów mam szepnąć tobie.
(do Panny)
J'y suis dans un moment.
(Wszyscy odchodzą prócz dawnych osób)

Senator
(po pauzie do Lokajów)
A szelmy, łajdaki!
Łotry, stoicie przy drzwiach i porządek taki?
Skórę wam zedrę, szelmy, służby was nauczę:
(do jednego Lokaja)
Słuchaj — ty idź za babą —
(do Pelikana)
Nie, Panu poruczę.
220 Skoro wyjdzie od Księżnej, daj jej pozwolenie

Widzieć syna i prowadź aż tam — tam, w więzienie,
Potem osobno zamknij, — tak, na cztery klucze.
C'en est trop — a łajdaki, służby was nauczę!
(rzuca się na krzesło)

Lokaj
(ze drżeniem)
Pan kazał wpuścić —

Senator
(schwytując się)
        Co? co? — ty śmiesz, ty! mnie gadać?
Toś wyuczył się w Polsce panu odpowiadać.
Stój, stój, ja cię oduczę. — Wieść go do kwatery
Policmejstra — sto kijów i tygodnie cztery
Na chleb i wodę —

Pelikan
        Niech Pan Senator uważy,
Iż mimo tajemnicy i czujności straży
230 O biciu Rollisona niechętne osoby
Wieść roznoszą, i może wynajdą sposoby
Oczernić przed Cesarzem nasze czyste chęci,
Jeśli się temu śledztwu prędko łeb nie skręci.

Doktor
Właśnie ja rozmyślałem nad tym, Jaśnie Panie.
Rollison od dni wielu cierpi pomieszanie;
Chce sobie życie odjąć, do okien się rzuca,
A okna są zamknięte...

Pelikan
        On chory na płuca;
Nie należy w zamknionym powietrzu go morzyć;
Rozkażę mu więc okna natychmiast otworzyć.
240 Mieszka na trzecim piętrze — powietrza użyje...

221

Senator
(roztargniony)
Wpuszczać mi na kark babę, gdy ja kawę piję;
Nie dadzą chwili —

Doktor
      Właśnie mówię, Jaśnie Panie,
Że potrzeba mieć większe o zdrowiu staranie.
Po obiedzie, mówiłem zawsze, niechaj Pan te
Sprawy odłoży na czas: — *ça mine la santé.*

Senator
(spokojnie)
Eh, mon Docteur, przed wszystkim służba i porządek.
Potem, to owszem dobrze na słaby żołądek;
To żółć porusza, a żółć *fait la digestion.*
Po obiedzie, ja mógłbym *voir donner la question,*
250 Kiedy tak każe służba: — *en prenant son café,*
Wiesz co, to chwila właśnie widzieć *auto-da-fé.*

Pelikan
(odpychając Doktora)
Jakże Pan z Rollisonem każe decydować?
Jeżeli on dziś jeszcze... umrze, to?...

Senator
            Pochować;
I pozwalam, jeżeli zechcesz, balsamować.
A propos balsam, Bajkow! — tobie by się zdało
Trochę balsamu, bo masz takie trupie ciało,
A żenisz się. Czy wiecie, on ma narzeczoną;
(Drzwi z lewej strony odmykają się — Lokaj wchodzi — Senator pokazując drzwi)
Tę panienkę, tam patrzaj, białą i czerwoną.
Fi, pan młody, *avec un teint si délabré,*
260 Powinien byś brać ślub twój jak Tyber *à Capré.*

222

Nie pojmuję, jak oni mogli pannę zmusić
Pięknymi usteczkami słowo tak wykrztusić.

Bajkow

Zmusić? — *Parions*, że ja z nią za rok się rozwiodę
I potem co rok będę brał żoneczki młode;
Bez przymusu; dość spojrzeć na tę lub na ową:
C'est beau małej szlachciance być jenerałową.
Spytaj księdza, jeżeli zapłacze przy ślubie.

Senator

A propos księdza —

(do Księdza)

pódź no, mój czarny cherubie!
Patrzcie, *quelle figure!* on ma *l'air d'un poète* —
²⁷⁰ Czy ty widziałeś kiedy *un regard aussi bête?*
Potrzeba go ożywić. — Masz rumu kieliszek.

Ks. Piotr

Nie piję.

Senator

No, kapłanie, pij!

Ks. Piotr

Jestem braciszek.

Senator

Braciszek czy stryjaszek, skądże to Waszeci
Wiedzieć, co po więzieniach robią cudze dzieci?
Czy to Waszeć chodziłeś z wieściami do matki?

Ks. Piotr

Ja.

223

Senator
(do Sekretarza)
Zapisz to wyznanie — a oto są świadki.
(do Księdza)
A skądżeś o tym wiedział? he? ptaszek nie lada!
Spostrzegł się, że notują, i nie odpowiada.
W jakim klasztorze bractwo twe?

Ks. Piotr
U bernardynów.

Senator
280 A u dominikanów pewnie masz kuzynów?
Bo u dominikanów ten Rollison siedział.
No gadajże, skąd ty wiesz, kto ci to powiedział?
Słyszysz! — ja tobie każę — nie szepc mi po cichu.
Ja w imieniu Cesarza każę; słyszysz, mnichu?
Mnichu! czy ty słyszałeś o ruskim batogu?
(do Sekretarza)
Zapisz, że milczał.
(do Księdza)
Wszak ty służysz Panu Bogu —
Znasz ty teologiją — słuchaj, teologu.
Wiesz ty, że wszelka władza od Boga pochodzi,
Gdy władza każe mówić, milczeć się nie godzi.
(Ksiądz milczy)
290 A czy wiesz, mnichu, że ja mógłbym cię powiesić,
I obaczym, czy przeor potrafi cię wskrzesić.

Ks. Piotr
Jeśli kto władzę cierpi, nie mów, że jej słucha;
Bóg czasem daje władzę w ręce złego ducha.

Senator
Jeżeli cię powieszę, a Cesarz się dowie,
Żem zrobił nieformalnie, a wiesz, co on powie?

«Ej, Senatorze, widzę, że się już ty bisisz».
A ty, mnichu, tymczasem jak wisisz, tak wisisz.
Pódź no bliżej, ostatni raz będę cię badał:
Wyznaj, kto tobie o tym biciu rozpowiadał?
300 He? — milczysz — już od Boga ty się nie dowiedział —
Kto mówił? — co? — Bóg? — anioł? — diabeł?

Ks. Piotr

Tyś powiedział.

Senator
(obruszony)

«Tyś»? — mnie mówić: tyś? — tyś, — ha, mnich!

Doktor

Ha, kapcanie!
Mówi się Panu: Jaśnie Oświecony Panie.
(do Pelikana)
Naucz go tam, jak mówić; ten mnich widzę z chlewa.
Daj mu tak —

(pokazuje ręką)

Pelikan
(daje Księdzu policzek)
Widzisz, ośle, Senator się gniewa.

Ksiądz
(do Doktora)
Panie, odpuść mu, Panie; on nie wie, co zrobił!
Ach, bracie, tą złą radą tyś sam się już dobił.
Dziś ty staniesz przed Bogiem.

Senator
Co to?

Bajkow

On błaznuje.

Daj mu jeszcze raz w papę, niech nam prorokuje.

(daje mu szczutkę)

Ks. Piotr

310 Bracie, i ty poszedłeś za jego przykładem!
Policzone dni twoje, pójdziesz jego śladem.

Senator

Hej, posłać po Botwinkę! zatrzymać tu klechę —
Ja sam będę przy śledztwie, będziem mieć uciechę.
Obaczym, czy on będzie milczał tak upornie.
Ktoś go namówił.

Doktor

Właśnie przedstawiam pokornie,
To jest rzecz umówiona, i te wszystkie spiski
Kieruje, jak wiem pewnie, Książę Czartoryski,

Senator

(schwytuje się za krzesła)

Que me dites-vous lá, mon cher, o Książęciu?
Impossible —

(do siebie)

kto wie? — eh! — śledztwo lat dziesięciu,
320 Nim się Książę wyplącze, jeśli ja go splątam.

(do Doktora)

Skądże wiesz?

Doktor

Dawno, czynnie, sprawą się zaprzątam.

Senator

I Pan mnie nie mówiłeś?

226

Doktor

Jaśnie Pan nie słuchał;
Ja mówiłem, że ktoś to ten pożar rozdmuchał.

Senator

Ktoś! ktoś! ale czy Książę?

Doktor

Mam ślad oczewisty,
Mam doniesienia, skargi i przejęte listy.

Senator

Listy Księcia?

Doktor

Przynajmniej jest mowa o Księciu
W tych listach i o całym jego przedsięwzięciu,
I wielu profesorów — a głównym ogniskiem
Jest Lelewel. On tajnie kieruje tym spiskiem.

Senator
(do siebie)

330 Ach, gdyby jaki dowód! choćby podejrzenie,
Ślad dowodu, cień śladu, choćby cieniów cienie!
Nieraz już mi o uszy obiła się mowa:
«To Czartoryski wyniósł tak Nowosilcowa».
Obaczym teraz, kto z nas będzie mógł się chwalić,
Czy ten, co umiał wynieść, czy ten, co obalić.
(do Doktora)
Pójdź — *que je vous embrasse* — a! a! to rzecz inna,
Ja wraz zgadnąłem, że to sprawa nie dziecinna:
Ja wraz zgadnąłem, że to jest Książęcia sztuka.

Doktor
(poufale)

I Pan zgadnął? — zje diabła, kto Pana oszuka.

227

Senator
(poważnie)

³⁴⁰ Choć ja wiem o tym wszystkim, Panie Radco Stanu,
Jeśli odkryć dowody udało się Panu,
Ecoutez, daję Panu senatorskie słowo,
Naprzód pensyję roczną powiększę połową
I tę skargę za dziesięć lat służby policzę,
Potem może starostwo, dobra kanonicze,
Order — kto wie, nasz Cesarz wspaniale opłaca,
Ja go sam będę prosił, — już to moja praca.

Doktor

Mnie też to kosztowało niemało zabiegów;
Ze szczupłej mojej płacy opłacałem szpiegów;
³⁵⁰ A wszystko z gorliwości o dobro Cesarza.

Senator
(biorąc go pod rękę)

Mon cher, idź zaraz, weźmij mego sekretarza.
Wziąć te wszystkie papiery i opieczętować;
(do Doktora)
Wieczorem będziem wszystko razem trutynować.
(do siebie)
Ja pracowałem, śledztwo prowadziłem całe,
A on z tego odkrycia miałby zysk i chwałę!
(zamyśla się)

(do Sekretarza w ucho)
Przyaresztuj Doktora razem z papierami.
(do Bajkowa, który wchodzi)
To ważna sprawa, musim zatrudnić się sami.
Doktor wymknął się z pewnym słówkiem nieumyśnie,
Zbadałem go, a śledztwo ostatek wyciśnie.
(Pelikan, widząc względy Senatora, odprowadza Doktora i kłania mu się nisko)

228

Doktor

(do siebie)

360 Niedawno mię odpychał — ho, ho, Pelikanie!
I ja go zepchnę, i tak, że już nie powstanie.

(do Senatora)

Zaraz wracam.

Senator

(niedbale)

O ósmej ja wyjeżdżam z miasta.

Doktor

(patrząc na zegarek)

Co to? na mym zegarku godzina dwunasta?

Senator

Już piąta.

Doktor

Co, już piąta? — ledwie oczom wierzę.
Mój indeks na dwunastej, na samym numerze
Stanął i na dwunastej sam indeksu nosek;
Żeby choć o sekundę ruszył, choć o włosek!

Ks. Piotr

Bracie, i twój już zegar stanął i nie ruszy
Do drugiego południa. — Bracie, myśl o duszy.

Doktor

370 Czego ty chcesz?

Pelikan

Proroctwo tobie jakieś burczy.
Patrz, jak mu oczy błyszczą, istny wzrok jaszczurczy!

229

Ks. Piotr

Bracie, Pan Bóg różnymi znakami ostrzega.

Pelikan

Ten braciszek coś bardzo wygląda na szpiega —

(Otwierają się drzwi z lewej strony, wchodzi mnóstwo dam wystrojonych, urzędników, gości, — za nimi muzyka)

P. Gubernatorowa

Czy można?

P. Sowietnikowa

C'est indigne!

P. Jenerałowa

Ah! mon cher Sénateur,

Czekamy, posyłamy!

P. Sowietnikowa

Vraiment, c'est un malheur.

Wszystkie

(razem)

Wreszcie przyszłyśmy szukać.

Senator

Cóż to? — jaka gala!

Dama

I tu możemy tańczyć, dość obszerna sala.

(stają i szykują się do tańca)

Senator

Pardon, mille pardons, j'étais très occupé:

Que vois-je, un menuet? parfaitement groupé!

380 *Cela m'a rappelé les jours de ma jeunesse!*

230

Księżna

Ce n'est qu'une surprise.

Senator
Est-ce vous, ma déesse!
Que j'aime cette danse, une surprise? ah! dieux!

Księżna
Vous danserez, j'espère.

Senator
Certes, et de mon mieux.

(Muzyka gra menueta z «Don Juana» — z lewej strony stoją czynownicy, czy. urzędnicy i urzędniczki — z prawej kilku z młodzieży, kilku młodych oficeró: rosyjskich, kilku starych ubranych po polsku i kilka młodych dam. — Na środk menuet. Senator tańczy z narzeczoną Bajkowa; Bajkow z Księżną)

BAL

SCENA ŚPIEWANA

Z PRAWEJ STRONY

Dama
Patrz, patrz starego, jak się wije,
Jak sapie, oby skręcił szyję.
(do Senatora)
Jak ślicznie, lekko tańczysz Pan!
(na stronę)
Il crévera dans l'instant.

Młody człowiek
Patrz, jak on łasi się i liże,
Wczora mordował, tańczy dziś;

231

390 Patrz, patrz, jak on oczyma strzyże,
Skacze jak w klatce ryś.

Dama

Wczora mordował i katował,
I tyle krwi niewinnej wylał;
Patrz, dzisiaj on pazury schował
I będzie się przymilał.

z lewej strony

Kolleski Regestrator
(do Sowietnika)
Tańczy Senator, czy widzicie,
Ej, Sowietniku, pódźmy w tan.

Sowietnik

Uważaj, czy to przyzwoicie,
Byś ze mną tańczył Pan.

Regestrator
400 Ale tu znajdziem kilka dam.

Sowietnik

Ale nie o to idzie rzecz;
Ja sobie wolę tańczyć sam
Niż z tobą — pódźże precz.

Regestrator
Skądże to?

Sowietnik
Jestem sowietnikiem.

Regestrator
Ja jestem oficerski syn.

232

Sowietnik

Mój Panie, ja nie tańczę z nikim,
Kto ma tak niski czyn.
(do Pułkownika)
Pódź, Pułkowniku, pódźże w taniec,
Widzisz, że tańczy sam Senator.

Pułkownik

410 Jaki tam gadał oszarpaniec?
(pokazując Regestratora)

Sowietnik

Kolleski Regestrator!

Pułkownik

Ta szuja, istne jakubiny!

Dama
(do Senatora)
Jak ślicznię, lekko tańczysz Pan.

Sowietnik
(z gniewem)
Jak tu pomieszały się czyny!

Dama
Il crévera dans l'instant.

Lewa strona, *chórem.*

Damy
Ah! quelle beauté, quelle grâce!

Mężczyźni
Jaka to świetność, przepych jaki!

Prawa strona, *chórem.*

233

Mężczyźni
Ach, łotry, szelmy, ach, łajdaki!
Żeby ich piorun trzasł.

Senator
(tańcząc, do Gubernatorowej)
420 Chcę zrobić znajomość Starosty,
On piękną żonę, córkę ma;
Ale zazdrosny —

Gubernator
(biegąc za Senatorem)
To człek prosty;
Niech Pan to na nas zda.
(podchodzi do Starosty)
A żona Pańska?

Starosta
W domu siedzi.

Gubernator
A córki?

Starosta
Jedną tylko mam.

Gubernatorowa
I córka balu nie odwiedzi?

Starosta
Nie!

Gubernatorowa
Pan tu sam?

Starosta
Ja sam.

Gubernator
I żona nie zna Senatora?

Starosta
Dla siebie tylko żonę mam.

Gubernatorowa
430 Chciałam wziąć córkę Pańską wczora.

Starosta
Usłużność Pani znam.

Gubernator
Tu w menuecie para zbywa,
Senator potrzebuje dam.

Starosta
Moja córka w parach nie bywa,
Jej parę znajdę sam.

Gubernatorowa
Mówiono, że tańczy i grywa,
Senator chciał zaprosić sam.

Starosta
Widzę, że pan Senator wzywa
Naraz po kilka dam.

Lewa strona, *chórem.*
440 Jaka muzyka, jaki śpiew,
Jak pięknie meblowany dom.

Prawa strona, *chórem.*
Te szelmy z rana piją krew,
A po obiedzie rom.

235

Sowietnik
(pokazując Senatora)

Drze ich, to prawda, lecz zaprasza,
Takiemu dać się drzeć nie żal.

Starosta

Po turmach siedzi młodzież nasza,
Nam każą iść na bal.

Oficer rosyjski
(do Bestużewa)

Nie dziw, że nas tu przeklinają,
Wszak to już mija wiek,
450 Jak z Moskwy w Polskę nasyłają
Samych łajdaków stek.

Student
(do Oficera)

Patrz, jak się Bajkow, Bajkow rucha,
Co to za mina, co za ruch!
Skacze jak po śmieciach ropucha,
Patrz, patrz, jak nadął brzuch.
Wyszczerzył zęby, nazbyt łyknął,
Patrz, jak otwiera gębę on,
Słuchaj, ach, słuchaj, Bajkow ryknął.
(Bajkow nuci)
(do Bajkowa)
Mon Général, quelle chanson!

Bajkow
(śpiewa pieśń Beranżera)
460 *Quel honneur, quel bonheur!*
Ah! monsieur le sénateur!
Je suis votre humble serviteur, etc. etc.

Student
Général, ce sont vos paroles?

236

Bajkow

Qui.

Student
Je vous en fais compliment.

Jeden z oficerów
(śmiejąc się)
Ces couplets sont vraiment fort drôles,
Quel ton satirique et plaisant!

Młody człowiek
Pour votre muse sans rivale
Je vous ferais académicien.

Bajkow
(w ucho, — pokazując Księżnę)
Senator dziś będzie rogal.

Senator
(w ucho, — pokazując narzeczoną Bajkowa)
470 *Va, va, je te coifferai bien.*

Panna
(tańcząc, do Matki)
Nazbyt ohydni, nazbyt starzy.

Matka
(z prawej strony)
Jeśli ci zbrzydnął, to go rzuć.

Sowietnikowa
(z prawej strony)
Jak mojej córeczce do twarzy.

Starosta
Jak od nich rumem czuć.

237

Sowietnikowa Druga
(do córki stojącej obok)
Tylko, Zosieńku, podnieś wzrok.
Może Senator cię obaczy.

Starosta
Jeżeli o mnie się zahaczy,
Dam rękojeścią
(biorąc za karabelę)
— w bok.

Lewa strona, *chórem.*
Ach, jaka świetność, przepych jaki!
480 *Ah, quelle beauté, quelle grâce!*

Prawa strona
Ach, szelmy, łotry, ach, łajdaki!
Żeby ich piorun trzasł.

Z PRAWEJ STRONY MIĘDZY MŁODZIEŻĄ

Justyn Pol
(do Bestużewa, pokazując na Senatora)
Chcę mu scyzoryk mój w brzuch wsadzić
Lub zamalować w pysk.

Bestużew
Cóż stąd, jednego łotra zgładzić
Lub obić, co za zysk?
Oni wyszukają przyczyny,
By uniwersytety znieść,
Krzyknąć, że ucznie jakubiny,
490 I waszą młodzież zjeść.

Justyn Pol
Lecz on zapłaci za męczarnie,
Za tyle krwi i łez.

Bestużew
Cesarz ma u nas liczne psiarnie,
Cóż, że ten zdechnie pies.

Pol
Nóż świerzbi w ręku, pozwól ubić.

Bestużew
Ostrzegam jeszcze raz!

Pol
Pozwól przynajmniej go wyczubić.

Bestużew
A zgubić wszystkich was.

Pol
Ach, szelmy, łotry, ach, zbrodniarze!

Bestużew
500 Muszę ciebie wywieść za próg.

Pol
Czyż go to za nas nikt nie skarze?
Nikt się nie pomści?
(odchodzą ku drzwiom)

Ks. Piotr
— Bóg!
(Nagle muzyka się zmienia i gra arią Komandora)

Tańczący
Co to jest? — co to?

239

Goście
Jaka muzyka ponura!

Jeden
(patrząc w okno)
Jak ciemno, patrz no, jaka zebrała się chmura.
(zamyka okno — słychać z dala grzmot)

Senator
Cóż to? Czemu nie grają?

Dyrektor muzyki
Zmylili się.

Senator
Pałki!

Dyrektor
Bo to miano grać różne z opery kawałki,
Oni nie zrozumieli, i stąd zamieszanie.

Senator
No, no, no — *arrangez donc* — no, panowie — panie.
(Słychać krzyk wielki za drzwiami)

Pani Rollison
(za drzwiami, okropnym głosem)
Puszczaj mię! puszczaj...

Sekretarz
Ślepa!

Lokaj
(strwożony)
Widzi — patrz, jak sadzi
510 Po schodach, zatrzymajcie!

240

Drudzy Lokaje
Kto jej co poradzi!

Pani Rollison
Ja go znajdę tu, tego pijaka, tyrana!

Lokaj
(chce zatrzymać — ona obala jednego z nich)
A! patrz, jak obaliła — a! a! opętana.
(uciekają)

Pani Rollison
Gdzie ty! — znajdę cię, mozgi na bruku rozbiję —
Jak mój syn! Ha, tyranie! syn mój, syn nie żyje!
Wyrzucili go oknem — czy ty masz sumnienie?
Syna mego tam z góry, na bruk, na kamienie.
Ha, ty pijaku stary, zbryzgany krwią tylu
Niewiniątek, pódź! — gdzie ty, gdzie ty, krokodylu?
Ja ciebie tu rozedrę, jak mój Jaś, na sztuki. —
520 Syn! wyrzucili z okna, z klasztoru, na bruki.
Me dziecię, mój jedynak! mój ojciec-żywiciel —
A ten żyje, i Pan Bóg jest, i jest Zbawiciel!

Ks. Piotr
Nie bluźń, kobieto; syn twój zraniony, lecz żyje.

Pani Rollison
Żyje? syn żyje? — czyje to są słowa, czyje?
Czy to prawda, mój księże? — Ja zaraz pobiegłam —
«Spadł» krzyczą, — biegę — wzięli — i zwłok nie
dostrzegłam:
Zwłok mego jedynaka. — Ja biedna sierota!
Zwłok syna nie widziałam. Widzisz — ta ślepota!
Lecz krew na bruku czułam — przez Boga żywego

530 Tu czuję — krew tę samę, tu krew syna mego,
Tu jest ktoś krwią zbryzgany — tu, tu jest kat jego!

*(Idzie prosto do Senatora — Senator umyka się — Pani Rollison pada zemdlona
na ziemię — Ks. Piotr podchodzi do niej ze Starostą — słychać uderzenie piorunu)*

Wszyscy
(zlęknieni)
Słowo stało się ciałem! — To tu!

Inni
Tu! tu!

Ks. Piotr
Nie tu.

Jeden
(patrząc w okno)
Jak blisko — w sam róg domu uniwersytetu.

Senator
(podchodzi do okna)
Okna Doktora!

Ktoś z widzów
Słyszysz w domu krzyk kobiéty?

Ktoś na ulicy
(śmiejąc się)
Cha — cha — cha — diabli wzięli.
(Pelikan wbiega zmieszany)

Senator
Nasz Doktor?

Pelikan
Zabity
Od piorunu. Fenomen ten godzien rozbiorów:
Około domu stało dziesięć konduktorów,

242

A piorun go w ostatnim pokoju wytropił,
Nic nie zepsuł i tylko ruble srebrne stopił,
540 Srebro leżało w biurku, tuż u głów Doktora,
I zapewne służyło dziś za konduktora.

Starosta

Ruble rosyjskie, widzę, bardzo niebezpieczne.

Senator

(*do Dam*)

Panie zmieszały taniec — jak Panie niegrzeczne.

(*widząc, że ratują Panią Rollison*)

Wynieście ją, wynieście — pomóc tej kobiecie.
Wynieście ją.

Ks. Piotr

Do syna?

Senator

Wynieście, gdzie chcecie.

Ks. Piotr

Syn jej jeszcze nie umarł, on jeszcze oddycha,
Pozwól mnie iść do niego.

Senator

Idź, gdzie chcesz, do licha!

(*do siebie*)

Doktor zabity, ach! ach! ach! *c'est inconcevable!*
Ten ksiądz mu przepowiedział — ach! ach! ach! *c'est diable!*

(*do kompanii*)

550 No i cóż w tym strasznego? — wiosną idą chmury,
Z chmury piorun wypada: — taki bieg natury.

243

Sowietnikowa

(do męża)

Już gadajcie, co chcecie, a strach zawsze strachem.
Ja nie chcę dłużej z wami być pod jednym dachem;
Mówiłam: mężu, nie leź do tych spraw dziecinnych —
Pókiś knutował Żydów, chociaż i niewinnych,
Milczałam — ale dzieci; — a widzisz Doktora?

Sowietnik

Głupia jesteś.

Sowietnikowa

Do domu wracam, jestem chora.

(Słychać znowu grzmot — wszyscy uciekają; naprzód lewa, potem prawa strona. — Zostają Senator, Pelikan, Ks. Piotr)

Senator

(patrząc za uciekającymi)

Przeklęty Doktor! żyjąc nudził mię do mdłości,
A jak zdechł, patrzaj, jeszcze rozpędza mi gości.

(do Pelikana)

560 *Voyez,* jak ten ksiądz patrzy — *voyez, quel oeil hagard;*
To jest dziwny przypadek, *un singulier hasard.*
Powiedz no, mój księżuniu, czy znasz jakie czary,
Skąd przewidziałeś piorun? — może boskie kary?

(Ksiądz milczy)

Prawdę mówiąc, ten Doktor troszeczkę przewinił,
Prawdę mówiąc, ten Doktor nad powinność czynił.
On aurait fort à dire — kto wie, są przestrogi —
Mój Boże, czemu prostej nie trzymać się drogi!
No i cóż, księże? — milczy!... milczy i zwiesił nos.
Ale go puszczę wolno: — *on dirait bien des choses!...*

(zamyśla się)

244

Pelikan

570 Cha! cha! cha! jeśli śledztwo jest niebezpieczeństwem,
Toć by nas przecie piorun zaszczycił pierwszeństwem.

Ks. Piotr

Opowiem wam dwie dawne, ale pełne treści...

Senator
(ciekawy)

O piorunie? — Doktorze? — mów!

Ks. Piotr
— dwie przypowieści.

Onego czasu w upał przyszli ludzie różni
Zasnąć pod cieniem muru; byli to podróżni.
Między nimi był zbójca; a gdy inni spali,
Anioł Pański zbudził go: «Wstań, bo mur się wali».
On zbójca był ze wszystkich innych najzłośliwszy:
Wstał, a mur inne pobił. On ręce złożywszy
580 Bogu dziękował, że mu ocalono zdrowie.
A Pański anioł stanął przed nim i tak powie:
«Ty najwięcej zgrzeszyłeś! kary nie wyminiesz,
Lecz ostatni najgłośniej, najhaniebniej zginiesz».

A druga powieść taka. — Za czasu dawnego,
Pewny wódz rzymski pobił króla potężnego;
I kazał na śmierć zabić wszystkie niewolniki,
Wszystkie rotmistrze pułków i wszystkie setniki.
Ale króla samego przy życiu zostawił,
Tudzież starosty, tudzież pułkowniki zbawił. —
590 I mówili do siebie głupi więźnie owi:
«Będziem żyć, podziękujmy za życie wodzowi».
Aż jeden żołnierz rzymski, co im posługował,
Rzekł im: «Zaprawdę wódz was przy życiu zachował;

245

Bo was przykuje przy swym tryumfalnym wozie
I będzie oprowadzał po całym obozie,
I do miasta powiedzie; bo wy z tych jesteście,
Których wodzą po Rzymie, onym sławnym mieście,
Aby lud rzymski krzyknął: Patrzcie, co wódz zrobił,
On takie króle, takie pułkowniki pobił.
600 Potem, gdy was w łańcuchach złotych oprowadzi,
Odda was w ręce kata, a kat was osadzi
Na głębokie, podziemne i ciemne wygnanie,
Kędy będzie płacz wieczny i zębów zgrzytanie».
Tak mówił żołnierz rzymski; — do żołnierza tego
Król gromiąc rzekł: «Twe słowa są słowa głupiego,
Czyś ty kiedy na ucztach z twoim wodzem siedział,
Ażebyś jego rady, jego myśli wiedział?»
Zgromiwszy, pił i śmiał się z swymi współwięźniami,
Ze swymi hetmanami i pułkownikami.

Senator
(znudzony)
610 *Il bat la campagne...* Księże, gdzie chcesz, ruszaj sobie.
Jeśli cię jeszcze złowię, tak skórę oskrobię,
Że cię potem nie pozna twa matka rodzona
I będziesz mi wyglądał jak syn Rollisona.

(Senator odchodzi do swoich pokojów z Pelikanem. Ks. Piotr idzie ku drzwiom i spotyka Konrada, który, prowadzony na śledztwo od dwóch żołnierzy, ujrzawszy Księdza wstrzymuje się i patrzy nań długo)

Konrad
Dziwna rzecz, nie widziałem nigdy tej postaci,
A znam go, jak jednego z mych rodzonych braci.
Czy to we śnie! — tak, we śnie, teraz przypomniałem,
Taż sama twarz, te oczy, we śnie go widziałem.
On to, zdało się, że mię wyrywał z otchłani.
(do Księdza)

Mój księże, choć jesteśmy mało sobie znani,
620 Przynajmniej ksiądz mię nie znasz: przyjmij dziękczynienie
Za łaskę, którą tylko zna moje sumnienie.
Drodzy są i widziani we śnie przyjaciele,
Gdy prawdziwych na jawie widzim tak niewiele.
Weź, proszę, ten pierścionek, przedaj; daj połowę
Ubogim, drugą na mszę za dusze czyscowe;
Wiem, co cierpią, jeżeli czyściec jest niewolą;
Mnie, kto wie, czy już kiedy słuchać mszy pozwolą.

Ks. Piotr

Pozwolą — Za pierścionek ja ci dam przestrogę.
Ty pojedziesz w daleką, nieznajomą drogę;
630 Będziesz w wielkich, bogatych i rozumnych tłumie,
Szukaj męża, co więcej niźli oni umie;
Poznasz, bo cię powita pierwszy w Imię Boże.
Słuchaj, co powie...

Konrad
(wpatrując się)
Cóż to? tyżeś?... czy być może?
Stój na chwilę... dla Boga...

Ks. Piotr
Bywaj zdrów! nie mogę.

Konrad
Jedno słowo...

Żołnierz
Nie wolno! każdy w swoję drogę. —

SCENA IX

NOC DZIADÓW

OPODAL WIDAĆ KAPLICĘ — SMĘTARZ — GUŚLARZ
I KOBIETA W ŻAŁOBIE

Guślarz

Już idą w cerkiew gromady
I wkrótce zaczną się Dziady,
Iść nam pora, już noc głucha.

Kobieta

Ja tam nie pójdę, guślarzu,
Ja chcę zostać na smętarzu,
Chcę jednego widzieć ducha:
Tego, co przed laty wielu
Zjawił się po mym weselu,
Co pośród duchów gromady
10 Stanął nagle krwawy, blady,
I mnie dzikim okiem łowił,
I ani słowa nie mówił.

Guślarz

On żył może, gdym go badał,
Dlatego nie odpowiadał.
Bo na duchów zgromadzenie,
W tajemniczą noc na Dziady,
Można wzywać żywych cienie.
Ciała będą u biesiady
Albo u gry, albo w boju,

248

20 I zostaną tam w pokoju;
Dusza zwana po imieniu
Objawia się w lekkim cieniu;
Lecz póki żyje, ust nie ma,
Stoi biała, głucha, niema.

Kobieta

Cóż znaczyła w piersiach rana?

Guślarz

Widać, że w duszę zadana.

Kobieta

Ja tu sama zgubię drogę.

Guślarz

Ja tu z tobą zostać mogę.
Tam beze mnie zrobią czary,
30 Jest tam inny guślarz stary. —
Czy słyszysz te śpiewy w dali?
Już się tam ludzie zebrali.
Pierwszą klątwę już zaklęli,
Klątwę wianka i kądzieli,
Wezwali powietrznych duchów.
Widzisz tych świateł tysiące,
Jakby gwiazdy spadające?
Ten ognistych ciąg łańcuchów?
To powietrznych roje duchów.
40 Patrz, już nad kaplicą świecą
Pod czarnym niebios obszarem,
Jak gołębie, kiedy lecą
W nocy nad miasta pożarem,
Gdy białymi skrzydeł puchy
Odbijając żar ogniska,
Ptastwo jak stado gwiazd błyska.

Kobieta

On nie będzie z tymi duchy!

Guślarz

Widzisz, blask z kaplicy bucha,
Teraz klęli ognia władzą;
50 Ciała w mocy złego ducha
Z pustyń, z mogił wyprowadzą.
Tędy będą ciągnąć duchy.
Poznasz go, jeśli pamiętasz,
Ukryj się ze mną w dąb suchy,
W ten dąb suchy i wygniły,
Tu się niegdyś wróżki kryły.
Już rusza się cały smętarz,
Rozwierają się mogiły,
Wybuchnął płomyk niebieski;
60 Podskakują w górę deski,
Wysuwają potępieńce
Blade głowy, długie ręce;
Widzisz oczy jak żarzewie,
Schowaj oczy, skryj się w drzewie.
Upiór z dala wzrokiem piecze,
Lecz guślarza nie urzecze.
Ha!

Kobieta

Co widzisz?

Guślarz

Trup to świeży!
W nie zgniłej jeszcze odzieży.
Dymem siarki trąci wkoło,
70 Czarne ma jak węgiel czoło.
Zamiast oczu — w jamach czaszki
Żarzą się dwie złote blaszki,

A w środku każdego kółka
Siedzi diablik, jak w źrenicy,
I wywraca wciąż koziołka,
Miga lotem błyskawicy.

Trup tu bieży, zębem zgrzyta,
Z ręki przelewa do ręki,
Jak gdyby z sita do sita,
⁸⁰ Wrzące srebro — słyszysz jęki?

Widmo

Gdzie kościół? — gdzie kościół — gdzie Boga lud chwali?
Gdzie kościół, ach, pokaż, człowiecze.
Ach, widzisz, jak we łbie ten dukat mię pali,
Jak srebro stopione dłoń piecze.
Ach, wylej, człowieku, dla biednej sieroty,
Dla więźnia jakiego, dla wdowy,
Ach, wylej mi z ręki żar srebrny i złoty,
I dukat ten wyłup mi z głowy.

Ty nie chcesz! ha, kruszec przelewać ja muszę,
⁹⁰ Aż kiedyś ten dzieci pożerca
Wyzionie łakomą, bezdenną swą duszę,
Ten kruszec mu wleję do serca.
A potem przez oczy, przez uszy wyleję
I znowu tym wleję korytem,
I będę tym trupem obracać jak sitem,
Naleję, wyleję, przesieję!
Ach, kiedyż przez niego ten kruszec przesieję!
Ach, czekać tak długo! — goreję! goreję!

(ucieka)

Guślarz

Ha! —

Kobieta

Co widzisz?

Guślarz

Ha, jak blisko!
100 Drugi wylazł, ku nam bieży,
Jakie obrzydłe trupisko!
Blade, tłuste, trup to świeży,
I strój świeży ma na ciele,
Ubrany jak na wesele;
I gad niedawno go toczy,
Ledwie mu wpół wygryzł oczy.

Od kaplicy w stronę skoczył,
Czart go uwiódł, czart zamroczył,
Nie puści go do kaplicy.
110 Czart przybrał postać dziewicy;
I na trupa rączką kiwa,
Okiem mruga, śmiechem wzywa;
Skacze ku niej trup zwiedziony,
Z grobu na grób, jak szalony.
I rękami, i nogami
Wije, jak wiatrak skrzydłami —
Już pada do jej uścisków;
Wtem spod nóg jego wytryska
Dziesięć długich, czarnych pysków;
120 Wyskakują czarne psiska,
Od nóg lubej go porwały
I targają na kawały,
Członki krwawym pyskiem trzęsą,
Po polu roznoszą mięso.

Psy zniknęły. — Nowe dziwo,
Każda część trupa jest żywą:
Wszystkie jak oddzielne trupy

Biegną zebrać się do kupy.
Głowa skacze jak ropucha
130 I nozdrzami ogień bucha;
Czołgają się piersi trupa
Jak wielka żółwia skorupa —
Już zrosła się głowa z ciałem,
Jak krokodyl bieży cwałem.
Oderwanej ręki palce
Drżą, wiją się jak padalce;
Dłoń za piasek chwyta, grzebie,
I ciągnie rękę pod siebie,
I nogi się przyczołgały,
140 I znowu trup wstaje cały.
Znowu wabi ulubiona,
Znowu pada w jej ramiona,
Znowu go porwały czarty,
I znowu w sztuki rozdarty —
Ha! niech go więcej nie widzę!

Kobieta

Tak się boisz?

Guślarz

Tak się brzydzę!
Żółwie, padalce, ropuchy:
W jednym trupie tyle gadów!

Kobieta

On nie będzie z tymi duchy!

Guślarz

150 Wkrótce, wkrótce koniec Dziadów.
Słyszysz — trzeci kur już pieje;
Tam śpiewają ojców dzieje,
I rozchodzą się gromady.

253

Kobieta

I nie przyszedł on na Dziady!

Guślarz

Jeśli duch ten jeszcze w ciele,
　Wymów teraz jego imię,
Ja na czarodziejskie ziele
　W tajemniczym zaklnę rymie;
I duch ciało swe zostawi,
160　I przed tobą się objawi.

Kobieta

Wymówiłam —

Guślarz

　　　　On nie słucha —
Ja zakląłem.

Kobieta

Nie ma ducha!

Guślarz

O kobieto! twój kochanek
Albo zmienił ojców wiarę,
Albo zmienił imię stare.
Widzisz, już zbliża się ranek,
Gusła nasze moc straciły,
Nie pokaże się twój miły.

(wychodzą z drzewa)

Cóż to? cóż to! — patrz: z zachodu,
170 Tam od Giedymina grodu,
Śród gęstych kłębów zamieci
Kilkadziesiąt wozów leci,
Wszystkie lecą ku północy,

254

Lecą ile w koniach mocy.
Widzisz, jeden tam na przedzie.
W czarnym stroju —

Kobieta

On!

Guślarz

Tu jedzie.

Kobieta

I znowu nazad zawrócił,
I tylko raz okiem rzucił,
Ach, raz tylko, — jakie oko!

Guślarz

180 Pierś miał zbroczoną posoką,
Bo w tej piersi jest ran wiele:
Straszne cierpi on katusze,
Tysiąc mieczów miał on w ciele,
A wszystkie przeszły — aż w duszę.
Śmierć go chyba z ran uleczy.

Kobieta

Któż weń wraził tyle mieczy?

Guślarz

Narodu nieprzyjaciele.

Kobieta

Jedną ranę miał na czole,
Jedną tylko i niewielką,
190 Zda się być czarną kropelką.

255

Guślarz
Ta największe sprawia bole;
Jam ją widział, jam ją zbadał;
Tę ranę sam sobie zadał,
Śmierć z niej uleczyć nie może.

Kobieta
Ach, ulecz go, wielki Boże!

Koniec aktu pierwszego

DZIADÓW CZĘŚCI III
USTĘP

DROGA DO ROSJI

Po śniegu, coraz ku dzikszej krainie
Leci kibitka jako wiatr w pustynie;
I oczy moje jako dwa sokoły
Nad oceanem nieprzejrzanym krążą,
Porwane burzą, do lądu nie zdążą,
A widzą obce pod sobą żywioły,
Nie mają kędy spocząć, skrzydła zwinąć,
W dół patrzą, czując, że tam muszą zginąć.

Oko nie spotka ni miasta, ni' góry,
10 Żadnych pomników ludzi ni natury;
Ziemia tak pusta, tak niezaludniona,
Jak gdyby wczora wieczorem stworzona.
A przecież nieraz mamut z tych ziem wstaje,
Żeglarz przybyły z falami potopu,
I mową obcą moskiewskiemu chłopu
Głosi, że dawno stworzone te kraje
I w czasach wielkiej Noego żeglugi
Ląd ten handlował z azyjskimi smugi —
A przecież nieraz książka ukradziona
20 Lub gwałtem wzięta, przybywszy z zachodu
Mówi, że ziemia ta niezaludniona
Już niejednego jest matką narodu.
Lecz nurt potopu szedł przez te płaszczyzny,
Nie zostawiwszy dróg swojego rycia,
I hordy ludów wyszły z tej ojczyzny,
Nie zostawiwszy śladów swego życia;
I gdzieś daleko na alpejskiej skale

259

Ślad zostawiły stąd przybyłe fale,
I jeszcze dalej, na Rzymu pomnikach,
30 O stąd przybyłych mówią rozbójnikach.

Kraina pusta, biała i otwarta
Jak zgotowana do pisania karta —
Czyż na niej pisać będzie palec boski,
I ludzi dobrych używszy za głoski,
Czyliż tu skreśli prawdę świętej wiary,
Że miłość rządzi plemieniem człowieczem,
Że trofeami świata są: ofiary?
Czyli też Boga nieprzyjaciel stary
Przyjdzie i w księdze tej wyryje mieczem,
40 Że ród człowieczy ma być w więzy kuty,
Że trofeami ludzkości są: knuty?

Po polach białych, pustych, wiatr szaleje,
Bryły zamieci odrywa i ciska,
Lecz morze śniegów wzdęte nie czernieje,
Wyzwane wichrem powstaje z łożyska
I znowu, jakby nagle skamieniałe,
Pada ogromne, jednostajne, białe.
Czasem ogromny huragan wylata
Prosto z biegunów; niewstrzymany w biegu,
50 Aż do Euxinu równinę zamiata,
Po całej drodze miecąc chmury śniegu;
Często podróżne kibitki zakopie,
Jak symum błędnych Libów przy Kanopie.
Powierzchnie białych, jednostajnych śniegów
Gdzieniegdzie ściany czarniawe przebodły
I sterczą na kształt wysp i lądu brzegów:
To są północne świerki, sosny, jodły.

Gdzieniegdzie drzewa siekierą zrąbane,
Odarte i w stos złożone poziomy,
60 Tworzą kształt dziwny, jakby dach i ścianę,
I ludzi kryją, i zowią się: domy.
Dalej tych stosów rzucone tysiące
Na wielkim polu, wszystkie jednej miary:
Jak kitki czapek, dmą z kominów pary,
Jak ładownice, okienka błyszczące;
Tam domy rzędem szykowane w pary,
Tam czworobokiem, tam kształtnym obwodem;
I taki domów pułk zowie się: grodem.

Spotykam ludzi — z rozrosłymi barki,
70 Z piersią szeroką, z otyłymi karki;
Jako zwierzęta i drzewa północy,
Pełni czerstwości i zdrowia, i mocy.
Lecz twarz każdego jest jak ich kraina,
Pusta, otwarta i dzika równina;
I z ich serc, jako z wulkanów podziemnych,
Jeszcze nie przeszedł ogień aż do twarzy,
Ani się w ustach rozognionych żarzy,
Ani zastyga w czoła zmarszczkach ciemnych —
Jak w twarzach ludzi wschodu i zachodu,
80 Przez które przeszło tyle po kolei
Podań i zdarzeń, żalów i nadziei,
Że każda twarz jest pomnikiem narodu.
Tu oczy ludzi, jak miasta tej ziemi,
Wielkie i czyste — i nigdy zgiełk duszy
Niezwykłym rzutem źrenic nie poruszy:
Nigdy ich długa żałość nie zaciemi;
Z daleka patrząc, — wspaniałe, przecudne;
Wszedłszy do środka, — puste i bezludne.
Ciało tych ludzi, jak gruba tkanica,
90 W której zimuje dusza gąsienica,

261

Nim sobie piersi do lotu wyrobi,
Skrzydła wyprzędzie, wytcze i ozdobi;
Ale gdy słońce wolności zaświeci,
Jakiż z powłoki tej owad wyleci?
Czy motyl jasny wzniesie się nad ziemię,
Czy ćma wypadnie, brudne nocy plemię?

Na wskróś pustyni krzyżują się drogi,
Nie przemysł kupców ich ciągi wymyślił,
Nie wydeptały ich karawan nogi;
100 Car ze stolicy palcem je nakryślił.
Gdy z polską wioską spotkał się ubogą,
Jeżeli trafił w polskich zamków ściany,
Wioska i zamek wnet z ziemią zrównany.
I car ruiny ich zasypał — drogą.
Dróg tych nie dojrzeć w polu między śniegi,
Ale śród puszczy dośledzi je oko:
Proste i długie na północ się wloką;
Świecą się w lesie, jak w skałach rzek biegi.

I po tych drogach któż jeździ? — Tu cwałem
110 Konnica wali przyprószona śniegiem,
A stamtąd czarnym piechota szeregiem
Między dział, wozów i kibitek wałem.
Te pułki podług carskiego ukazu
Ciągną ze wschodu, by walczyć z północą;
Tamte z północy idą do Kaukazu;
Żaden z nich nie wie, gdzie idzie i po co?
Żaden nie pyta. Tu widzisz Mogoła
Z nabrzmiałym licem, małym, krzywym okiem;
A tam chłop biedny z litewskiego sioła,
120 Wybladły, tęskny, idzie chorym krokiem.
Tu błyszczą strzelby angielskie, tam łuki
I zmarzłą niosą cięciwę Kałmuki.

Ich oficery? — Tu Niemiec w karecie,
Nucąc Szyllera pieśń sentymentalną,
Wali spotkanych żołnierzy po grzbiecie.
Tam Francuz gwiżdżąc w nos pieśń liberalną,
Błędny filozof, karyjery szuka
I gada teraz z dowódcą Kałmuka,
Jak by najtaniej wojsku żywność kupić.
¹³⁰ Cóż, że połowę wymorzą tej zgrai?
Kasy połowę będą mogli złupić;
I jeśli zręcznie dzieło się utai,
Minister wzniesie ich do wyższej klasy,
A car da order za oszczędność kasy.

A wtem kibitka leci — przednie straże
I dział lawety, i chorych obozy
Pryskają z drogi, kędy się ukaże,
Nawet dowódców ustępują wozy.
Leci kibitka; żandarm powoźnika
¹⁴⁰ Wali kułakiem, powoźnik żołnierzy
Wali biczyskiem, wszystko z drogi zmyka,
Kto się nie umknął, kibitka nań wbieży.
Gdzie? — Kto w niej jedzie? — Nikt nie śmie zapytać.
Żandarm tam jechał, pędzi do stolicy,
Zapewne cesarz kazał kogoś schwytać.
«Może ten żandarm jedzie z zagranicy? —
Mówi jenerał. — Kto wie, kogo złowił:
Może król pruski, francuski lub saski,
Lub inny Niemiec wypadł z cara łaski,
¹⁵⁰ I car go w turmie zamknąć postanowił;
Może ważniejsza pochwycona głowa,
Może samego wiozą Jermołowa.
Kto wie! ten więzień, chociaż w słomie siedzi,
Jak dziko patrzy! jaki to wzrok dumy:
Wielka osoba — za nim wozów tłumy;

To pewnie orszak nadwornej gawiedzi;
A wszyscy, patrz no, jakie oczy śmiałe;
Myśliłem, że to pierwsze carstwa pany,
Że jenerały albo szambelany,
160 Patrz, oni wszyscy — to są chłopcy małe.
Co to ma znaczyć, gdzie ta zgraja leci?
Jakiegoś króla podejrzane dzieci».
Tak z sobą cicho dowódcy gadali;
Kibitka prosto do stolicy wali.

PRZEDMIEŚCIA STOLICY

Z dala, już z dala widno, że stolica.
Po obu stronach wielkiej, pysznej drogi
Rzędy pałaców. — Tu niby kaplica
Z kopułą, z krzyżem; tam jak siana stogi
Posągi stoją pod słomą i śniegiem;
Ówdzie, za kolumn korynckich szeregiem,
Gmach z płaskim dachem, pałac letni, włoski,
Obok japońskie, mandaryńskie kioski,
Albo z klasycznych czasów Katarzyny
10 Świeżo małpione klasyczne ruiny.
Różnych porządków, różnych kształtów domy,
Jako zwierzęta z różnych końców ziemi,
Za parkanami stoją żelaznemi,
W osobnych klatkach. — Jeden niewidomy,
Pałac krajowej ich architektury,
Wymysł ich głowy, dziecko ich natury.
Jakże tych gmachów cudowna robota!
Tyle kamieni na kępach śród błota!

W Rzymie, by dźwignąć teatr dla cezarów,
20 Musiano niegdyś wylać rzekę złota;
Na tym przedmieściu podłe sługi carów,
By swe rozkoszne zamtuzy dźwignęli,
Ocean naszej krwi i łez wyleli.
Żeby zwieźć głazy do tych obelisków,
Ileż wymyślić trzeba było spisków;
Ilu niewinnych wygnać albo zabić,
Ile ziem naszych okraść i zagrabić;

Póki krwią Litwy, łzami Ukrainy
I złotem Polski hojnie zakupiono
30 Wszystko, co mają Paryże, Londyny,
I po modnemu gmachy wystrojono,
Szampanem zmyto podłogi bufetów
I wydeptano krokiem menuetów.

Teraz tu pusto. — Dwór w mieście zimuje,
I dworskie muchy, ciągnące za wonią
Carskiego ścierwa, za nim w miasto gonią.
Teraz w tych gmachach wiatr tylko tańcuje;
Panowie w mieście, car w mieście. — Do miasta
Leci kibitka; zimno, śnieżno było;
40 Z zegarów miejskich zagrzmiała dwunasta,
A słońce już się na zachód chyliło,
Niebios sklepienie otwarte szeroko,
Bez żadnej chmurki, czcze, ciche i czyste,
Bez żadnej barwy, blado przezroczyste,
Jako zmarzłego podróżnika oko.

Przed nami miasto. — Nad miastem do góry
Wznoszą się dziwnie, jak podniebne grody,
Słupy i ściany, krużganki i mury,
Jak babilońskie wiszące ogrody:
50 To dymy z dwiestu tysięcy kominów
Prosto i gęsto kolumnami lecą,
Te jak marmury kararyjskie świecą,
Tamte się żarzą iskrami rubinów;
W górze wierzchołki zginają i łączą,
Kręcą w krużganki i łukami plączą,
I ścian, i dachów malują widziadła: —
Jak owe miasto, co nagle powstanie
Ze śródziemnego czystych wód zwierciadła

266

Lub na Libijskim wybuchnie tumanie,
60 I wabi oko podróżnych z daleka,
I wiecznie stoi, i wiecznie ucieka.

Już zdjęto łańcuch, bramy otwierają;
Trzęsą, badają, pytają — wpuszczają.

PETERSBURG

Za dawnych greckich i italskich czasów
Lud się budował pod przybytkiem Boga,
Nad źródłem nimfy, pośród świętych lasów,
Albo na górach chronił się od wroga.
Tak zbudowano Ateny, Rzym, Spartę. —
W wieku gotyckim pod wieżą barona,
Gdzie była cała okolic obrona,
Stawały chaty do wałów przyparte;
Albo pilnując spławnej rzeki cieków
10 Rosły powoli z postępami wieków.
Wszystkie te miasta jakieś bóstwo wzniosło,
Jakiś obrońca lub jakieś rzemiosło.

Ruskiej stolicy jakież są początki?
Skąd się zachciało sławiańskim tysiącom
Leźć w te ostatnie swoich dzierżaw kątki
Wydarte świeżo morzu i Czuchońcom?
Tu grunt nie daje owoców ni chleba,
Wiatry przynoszą tylko śnieg i słoty;
Tu zbyt gorące lub zbyt zimne nieba,
20 Srogie i zmienne, jak humor despoty!
Nie chcieli ludzie; — błotne okolice
Car upodobał, i stawić rozkazał,
Nie miasto ludziom, lecz sobie stolicę:
Car tu wszechmocność woli swej pokazał. —

W głąb ciekłych piasków i błotnych zatopów
Rozkazał wpędzić sto tysięcy palów

I wdeptać ciała stu tysięcy chłopów.
Potem, na palach i ciałach Moskalów
Grunt założywszy, inne pokolenia
30 Zaprzągł do taczek, do wozów, okrętów,
Sprowadzać drzewa i sztuki kamienia
Z dalekich lądów i z morskich odmętów.

Przypomniał Paryż — wnet paryskie place
Kazał budować. Widział Amsterdamy —
Wnet wodę wpuścił i porobił tamy.
Słyszał, że w Rzymie są wielkie pałace —
Pałace stają. Wenecka stolica,
Co wpół na ziemi, a do pasa w wodzie
Pływa jak piękna syrena-dziewica,
40 Uderza cara — i zaraz w swym grodzie
Porznął błotniste kanałami pole,
Zawiesił mosty i puścił gondole.
Ma Wenecyją, Paryż, Londyn drugi,
Prócz ich piękności, poloru, żeglugi.
U architektów sławne jest przysłowie:
Że ludzi ręką był Rzym budowany,
A Wenecyją stawili bogowie;
Ale kto widział Petersburg, ten powie:
Że budowały go chyba Szatany.

50 Ulice wszystkie ku rzece pobiegły:
Szerokie, długie, jak wąwozy w górach.
Domy ogromne: — tu głazy, tam cegły,
Marmur na glinie, glina na marmurach;
A wszystkie równe i dachy, i ściany,
Jak korpus wojska na nowo ubrany.
Na domach pełno tablic i napisów:
Śród pism tak różnych, języków tak wielu,
Wzrok, ucho błądzi, jak w wieży Babelu.

269

Napis: *Tu mieszka Achmet, Chan Kirgisów,*
60 *Rządzący polskich spraw departamentem*
Senator. — Napis: *Tu monsieur Żoko*
Lekcyje daje paryskim akcentem,
Jest kuchtą dworskim, wódczanym poborcą,
Basem w orkiestrze, przy tym szkół dozorcą.
Napis: *Tu mieszka Włoch Piacere Gioco.*
Robił dla frejlin Carskich salcesony,
Teraz panieński pensyjon otwiera.
Napis: *Mieszkanie pastora Dienera,*
Wielu orderów Carskich kawalera.
70 *Dziś na kazanie wykłada z ambony,*
Że Car jest Papież z Boskiego ramienia,
Pan samowładny wiary i sumnienia.
I wzywa przy tym braci kalwinistów,
Socynijanów i anabaptystów,
Aby jak każe Imperator ruski
I jego wierny Alijant, Król pruski,
Przyjąwszy nową wiarę i sumnienie,
Wszyscy się zeszli w jedno zgromadzenie.
Nápis: *Tu stroje damskie* — dalej: *Nuty*;
80 Tam robią: *Dzieciom zabawki* — tam: *Knuty.*

W ulicach kocze, karety, landary
Mimo ogromu i bystrego lotu
Na łyżwach błysną, znikną bez łoskotu,
Jak w panorama czarodziejskie mary.
Na kozłach koczów angielskich brodaty
Siedzi woźnica; szron mu okrył szaty,
Brodę i wąsy, i brwi; biczem wali;
Przodem na koniach lecą chłopcy mali
W kożuchach, istne dzieci Boreasza;
90 Świszczą piskliwie i gmin się rozprasza,
Pierzcha przed koczem saneczek gromada,

Jak przed okrętem białych kaczek stada.
Tu ludzie biegą, każdego mróz goni,
Żaden nie stanie, nie patrzy, nie gada;
Każdego oczy zmrużone, twarz blada;
Każdy trze ręce i zębami dzwoni,
I z ust każdego wyzioniona para
Wychodzi słupem, prosta, długa, szara.
Widząc te dymem buchające gminy,
100 Myślisz, że chodzą po mieście kominy.
Po bokach gminnej cisnącej się trzody
Ciągną poważnie dwa ogromne rzędy,
Jak procesyje w kościelne obrzędy
Lub jak nadbrzeżne bystrej rzeki lody.
I gdzież ta zgraja wlecze się powoli,
Na mróz nieczuła jak trzoda soboli? —
Przechadzka modna jest o tej godzinie;
Zimno i wietrzno, ale któż dba o to!
Wszak Cesarz tędy zwykł chodzić piechoto,
110 I cesarzowa, i dworu mistrzynie.
Idą marszałki, damy, urzędniki,
W równych abcugach: pierwszy, drugi, czwarty,
Jako rzucane z rąk szulera karty,
Króle, wyżniki, damy i niżniki,
Starki i młodki, czarne i czerwone,
Padają na tę i na ową stronę,
Po obu stronach wspaniałej ulicy,
Po mostkach lsnącym wysłanych granitem.
A naprzód idą dworscy urzędnicy:
120 Ten w futrze ciepłem, lecz na wpół odkrytem,
Aby widziano jego krzyżów cztery;
Zmarznie, lecz wszystkim pokaże ordery,
Wyniosłym okiem równych sobie szuka
I, gruby, pełznie wolnym chodem żuka.
Dalej gwardyjskie modniejsze młokosy,

271

Proste i cienkie jak ruchome piki,
W pół ciała tęgo związane jak osy.
Dalej z pochyłym karkiem czynowniki,
Spode łba patrzą, komu się pokłonić,
¹³⁰ Kogo nadeptać, a od kogo stronić;
A każdy giętki, we dwoje skurczony,
Tuląc się pełzną jako skorpijony.
Pośrodku damy jako pstre motyle,
Tak różne płaszcze, kapeluszów tyle;
Każda w paryskim świeci się stroiku
I nóżką miga w futrzanym trzewiku,
Białe jak śniegi, rumiane jak raki. —
Wtem dwór odjeżdża; stanęły orszaki.
Podbiegły wozy, ciągnące jak statki
¹⁴⁰ Obok pływaczów w głębokiej kąpieli.
Już pierwsi w wozy wsiedli i zniknęli;
Za nimi pierzchły piechotne ostatki.
Niejeden kaszlem suchotniczym stęknie,
A przecież mówi: «Jak tam chodzić pięknie!
Cara widziałem, i przed Jenerałem
Nisko kłaniałem, i z paziem gadałem!»

Szło kilku ludzi między tym natłokiem,
Różni od innych twarzą i odzieniem,
Na przechodzących ledwo rzucą okiem,
¹⁵⁰ Ale na miasto patrzą z zadumieniem.
Po fundamentach, po ścianach, po szczytach,
Po tych żelazach i po tych granitach
Czepiają oczy, jakby próbowali,
Czy mocno każda cegła osadzona;
I opuścili z rozpaczą ramiona,
Jak gdyby myśląc: człowiek ich nie zwali!
Dumali — poszli — został z jedenastu
Pielgrzym sam jeden, zaśmiał się złośliwie,

272

Wzniósł rękę, ścisnął i uderzył mściwie
160 W głaz, jakby groził temu głazów miastu.
Potem na piersiach założył ramiona
I stał dumając, i w cesarskim dworze
Utkwił źrenice dwie jako dwa noże;
I był podobny wtenczas do Samsona,
Gdy zdradą wzięty i skuty więzami
Pod Filistynów dumał kolumnami.
Na czoło jego nieruchome, dumne
Nagły cień opadł, jak całun na trumnę,
Twarz blada strasznie zaczęła się mroczyć;
170 Rzekłbyś, że wieczór, co już z niebios spadał,
Naprzód na jego oblicze osiadał
I stamtąd dalej miał swój cień roztoczyć.

Po prawej stronie już pustej ulicy
Stał drugi człowiek — nie był to podróżny,
Zdał się być dawnym mieszkańcem stolicy;
Bo rozdawając między lud jałmużny,
Każdego z biednych po imieniu witał,
Tamtych o żony, tych o dzieci pytał.
Odprawił wszystkich, wsparł się na granicie
180 Brzeżnych kanałów i wodził oczyma
Po ścianach gmachów i po dworca szczycie,
Lecz nie miał oczu owego pielgrzyma;
I wzrok wnet spuszczał, kiedy szedł z daleka
Biedny, żebrzący żołnierz lub kaleka.
Wzniósł w niebo ręce, stał i dumał długo —
W twarzy miał wyraz niebieskiej rozpaczy.
Patrzył jak anioł, gdy z niebios posługą
Między czyscowe dusze zstąpić raczy:
I widzi całe w męczarniach narody,
190 Czuje, co cierpią, mają cierpieć wieki —
I przewiduje, jak jest kres daleki

273

Tylu pokoleń zbawienia — swobody.
Oparł się płacząc na kanałów brzegu,
Łzy gorzkie biegły i zginęły w śniegu;
Lecz Bóg je wszystkie zbierze i policzy,
Za każdą odda ocean słodyczy.

Późno już było, oni dwaj zostali,
Oba samotni, i chociaż odlegli,
Na koniec jeden drugiego postrzegli,
200 I długo siebie nawzajem zważali.
Pierwszy postąpił człowiek z prawej strony:
«Bracie, rzekł, widzę, żeś tu zostawiony
Sam jeden, smutny, cudzoziemiec może;
Co ci potrzeba, rozkaż w Imię Boże;
Chrześcijaninem jestem i Polakiem,
Witam cię Krzyża i Pogoni znakiem».

Pielgrzym, zbyt swymi myślami zajęty,
Otrząsnął głową i uciekł z wybrzeża;
Ale nazajutrz, gdy myśli swych męty
210 Z wolna rozjaśnia i pamięć odświeża,
Nieraz żałuje owego natręta;
Jeśli go spotka, pozna go, zatrzyma;
Choć rysów jego twarzy nie pamięta,
Lecz w głosie jego i w słowach coś było
Znanego uszom i duszy pielgrzyma —
Może się o nim pielgrzymowi śniło.

POMNIK PIOTRA WIELKIEGO

Z wieczora na dżdżu stali dwaj młodzieńce
Pod jednym płaszczem, wziąwszy się za ręce:
Jeden, ów pielgrzym, przybylec z zachodu,
Nieznana carskiej ofiara przemocy;
Drugi był wieszczem ruskiego narodu,
Sławny pieśniami na całej północy.
Znali się z sobą niedługo, lecz wiele —
I od dni kilku już są przyjaciele.
Ich dusze wyższe nad ziemne przeszkody,
10 Jako dwie Alpów spokrewnione skały,
Choć je na wieki rozerwał nurt wody:
Ledwo szum słyszą swej nieprzyjaciółki,
Chyląc ku sobie podniebne wierzchołki.
Pielgrzym coś dumał nad Piotra kolosem,
A wieszcz rosyjski tak rzekł cichym głosem:

«Pierwszemu z carów, co te zrobił cuda,
Druga carowa pamiętnik stawiała.
Już car odlany w kształcie wielkoluda
Siadł na brązowym grzbiecie bucefała
20 I miejsca czekał, gdzie by wjechał konno.
Lecz Piotr na własnej ziemi stać nie może,
W ojczyźnie jemu nie dosyć przestronno,
Po grunt dla niego posłano za morze.
Posłano wyrwać z finlandzkich nadbrzeży
Wzgórek granitu; ten na Pani słowo
Płynie po morzu i po lądzie bieży,
I w mieście pada na wznak przed carową.

275

Już wzgórek gotów; leci car miedziany,
Car knutowładny w todze Rzymianina,
30 Wskakuje rumak na granitu ściany,
Staje na brzegu i w górę się wspina.

«Nie w tej postawie świeci w starym Rzymie
Kochanek ludów, ów Marek Aureli,
Który tym naprzód rozsławił swe imię,
Że wygnał szpiegów i donosicieli:
A kiedy zdzierców domowych poskromił,
Gdy nad brzegami Renu i Paktolu
Hordy najezdców barbarzyńskich zgromił,
Do spokojnego wraca Kapitolu.
40 Piękne, szlachetne, łagodne ma czoło,
Na czole błyszczy myśl o szczęściu państwa;
Rękę poważnie wzniósł, jak gdyby wkoło
Miał błogosławić tłum swego poddaństwa,
A drugą rękę opuścił na wodze,
Rumaka swego zapędy ukraca.
Zgadniesz, że mnogi lud tam stał na drodze
I krzyczał: „Cesarz, ojciec nasz powraca!"
Cesarz chciał z wolna jechać między tłokiem,
Wszystkich ojcowskim udarować okiem.
50 Koń wzdyma grzywę, żarem z oczu świeci,
Lecz zna, że wiezie najmilszego z gości,
Że wiezie ojca milijonom dzieci,
I sam hamuje ogień swej żywości;
Dzieci przyjść blisko, ojca widzieć mogą.
Koń równym krokiem, równą stąpa drogą.
Zgadniesz, że dojdzie do nieśmiertelności!

«Car Piotr wypuścił rumakowi wodze,
Widać, że leciał tratując po drodze,
Od razu wskoczył aż na sam brzeg skały.

276

⁶⁰ Już koń szalony wzniósł w górę kopyta,
Car go nie trzyma, koń wędzidłem zgrzyta,
Zgadniesz, że spadnie i pryśnie w kawały.
Od wieku stoi, skacze, lecz nie spada,
Jako lecąca z granitów kaskada,
Gdy ścięta mrozem nad przepaścią zwiśnie: —
Lecz skoro słońce swobody zabłyśnie
I wiatr zachodni ogrzeje te państwa,
I cóż się stanie z kaskadą tyraństwa?»

PRZEGLĄD WOJSKA

Jest plac ogromny: jedni zowią szczwalnią,
Tam car psy wtrawia, nim puści na zwierza;
Drudzy plac zowią grzeczniej gotowalnią,
Tam car swe stroje próbuje, przymierza,
Nim w rury, w piki, w działa ustrojony,
Wyjdzie odbierać monarchów pokłony. —
Kokietka idąc na bal do pałacu
Nie tyle trawi przed zwierciadłem czasów,
Nie robi tyle umizgów, grymasów,
10 Ile car co dzień na tym swoim placu.
Inni w tym placu widzą sarańczarnię,
Mówią, że car tam hoduje nasiona
Chmury sarańczy, która wypasiona
Wyleci kiedyś i ziemię ogarnie.
Są, co plac zowią toczydłem chirurga,
Bo tu car naprzód lancety szlifuje,
Nim, wyciągnąwszy rękę z Petersburga,
Tnie tak, że cała Europa poczuje;
Lecz nim wyśledzi, jak głęboka rana,
20 Nim plastr obmyśli od nagłej krwi straty,
Już car puls przetnie szacha i sułtana
I krew wypuści spod serca Sarmaty.
Plac różnych imion, lecz w języku rządów
Zowie się placem wojskowych przeglądów.

Dziesiąta — ranek — już przeglądów pora,
Już plac okrąża ludu zgraja cicha,
Jako brzeg czarny białego jeziora;

278

Każdy się tłoczy, na środek popycha.
Po placu, jako rybitwy nad wodą,
30 Zwija się kilku dońców i dragonów;
Ciekawsze głowy tylcem piki bodą,
Na bliższe karki sypią grad bizunów.
Kto wylazł naprzód jak żaba z bagniska,
Że łbem się cofa i kark w tłumy wciska.
Słychać grzmot z dala, głuchy, jednostajny,
Jak kucie młotów lub młócenie cepów;
To bęben, pułków przewodnik zwyczajny,
Za nim szeregi ciągną się wzdłuż stepów,
Mnogie i różne, lecz w jednym ubiorze,
40 Zielone, w śniegu czernią się z daleka;
I płynie każda kolumna jak rzeka,
I wszystkie w placu toną jak w jeziorze.

Tu mi daj, muzo, usta stu Homerów,
W każde wsadź ze sto paryskich języków,
I daj mi pióra wszystkich buchhalterów,
Bym mógł wymienić owych pułkowników,
I oficerów, i podoficerów,
I szeregowych zliczyć bohaterów.

Lecz bohatery tak podobne sobie,
50 Tak jednostajne! stoi chłop przy chłopie,
Jako rząd koni żujących przy żłobie,
Jak kłosy w jednym uwiązane snopie,
Jako zielone na polu konopie,
Jak wiersze książki, jak skiby zagonów,
Jak petersburskich rozmowy salonów.
Tyle dostrzegłem, że jedni z Moskalów,
Wyżsi od drugich na pięć lub sześć calów,
Mieli na czapkach mosiężne litery
Jakby łysinki — to grenadyjery;

⁶⁰ I było takich trzy zgraje wąsalów.
Za nimi niżsi stali w mnogich rzędach,
Jak pod liściami ogórki na grzędach.
Żeby rozróżnić pułki w tej piechocie,
Trzeba mieć bystry wzrok naturalisty,
Który przegląda wykopane w błocie
I gatunkuje, i nazywa glisty.

Zagrzmiały trąby — to konne orszaki
I rozmaitsze, ułanów, huzarów,
Dragonów: czapki, kirysy, kołpaki —
⁷⁰ Myślałbyś, że tu kapelusznik jaki
Rozłożył składy swych różnych towarów;
W końcu pułk wjechał: — chłopy gdyby hlaki,
Okute miedzią jak rzęd samowarów,
A spodem pyski końskie jako haki.
Pułki w tak różnych ubiorach i broniach
Najlepiej będzie rozróżnić po koniach;
Bo tak i nowa taktyka doradza,
I z obyczajem ruskim to się zgadza.
Napisał wielki jenerał Żomini,
⁸⁰ Że koń, nie człowiek, dobrą jazdę czyni,
Dawno już o tym wiedzieli Rusini:
Bo za dobrego konia gwardyjaka
Zakupisz u nich dobrych trzech żołnierzy;
Oficerskiego cena jest czworaka,
I za takiego konia dać należy
Lutnistę, skoczka albo też pisarza,
A w czasach drogich nawet i kucharza.
Skarbowe chude, poderwane klacze,
Nawet te, które wożą łazarety,
⁹⁰ Jeśli je stawią faraona gracze,
Liczą się zawsze: klacz za dwie kobiety.

DZIADÓW CZĘŚCI III USTĘP

Wróćmy do pułków. — Pierwszy wjechał kary,
Drugi też kary, lecz anglizowany,
Dwa było gniade, a piąty bułany,
Siódmy znów gniady, ósmy jak mysz szary,
Dziewiąty rosły, dziesiąty mierzyna,
A potem znowu kary bez ogona,
U dwunastego na czole łysina,
A zaś ostatni wyglądał jak wrona.
100 Harmat wjechało czterdzieści i osim,
Jaszczyków więcej niźli drugie tyle;
Wszystkiego dwieście, jak po wierzchu wnosim:
Bo żeby dobrze zliczyć w jednę chwilę
Śród mnóstwa koni i ludzi motłochu,
Trzeba mieć oko twe, Napoleonie,
Lub twoje, ruski intendencie prochu; —
Ty, nie zważając na ludzi i konie,
Jaszczyków patrzysz, wnet liczbę ich zgadłeś,
Wiesz, ile w każdym ładunków ukradłeś.

110 Już plac okryły zielone mundury,
Jak trawy, w które ubiera się łąka,
Gdzieniegdzie tylko wznosi się do góry
Jaszczyk podobny do błotnego bąka
Lub polnej pluskwy z zielonawym grzbietem,
A przy nim działo ze swoim lawetem
Usiadło na kształt czarnego pająka.

Każdy ten pająk ma nóg przednich cztery
I cztery tylnych: zowią się te nogi
Kanonijery i bombardyjery.
120 Jeżeli siedzi spokojnie śród drogi,
Noga się każda gdzieś daleko rucha;
Myślisz, że całkiem oddzielne od brzucha,
I brzuch jak balon w powietrzu ulata.

281

Lecz skoro cicha, drzemiąca harmata
Nagle się zbudzi, rozkazem wzywana,
Jak tarantula, gdy jej kto w nos dmuchnie,
Wnet ściągnie nogi, podchyla kolana
I nim się nadmie, nim jady wybuchnie,
Zrazu przednimi kanonijerami
130 Około pyska długo, szybko wije,
Jak mucha, co się w arszeniku splami,
Siadłszy swój czarny pyszczek długo myje,
Potem dwie przednie nogi w tył wywróci,
Tylnymi kręci, potem kiwa zadem;
Nareszcie wszystkie nogi w bok rozrzuci,
Chwilę spoczywa, w końcu buchnie jadem.

Pułki stanęły; — patrzą — car, car jedzie,
Tuż kilku starych, konnych admirałów,
Tłum adiutantów i ćma jenerałów
140 Z tyłu i z przodu, a car sam na przedzie.
Orszak dziwacznie pstry i cętkowany,
Jak arlekiny: pełno na nich wstążek,
Kluczyków, cyfer, portrecików, sprzążek,
Ten sino, tamten żółto przepasany,
Na każdym gwiazdek, kółek i krzyżyków
Z przodu i z tyłu więcej niż guzików.

Świecą się wszyscy, lecz nie światłem własnym,
Promienie na nich idą z oczu pańskich;
Każdy jenerał jest robaczkiem jasnym,
150 Co błyszczy pięknie w nocach świętojańskich;
Lecz skoro przejdzie wiosna carskiej łaski,
Nędzne robaczki tracą swoje blaski:
Żyją, do cudzych krajów nie ucieką,
Ale nikt nie wie, gdzie się w błocie wleką.
Jenerał w ogień śmiałym idzie krokiem;

Kulą go trafi, car się doń uśmiechnie;
Lecz gdy car strzeli niełaskawym okiem,
Jenerał bladnie, słabnie, często — zdechnie.

Śród dworzan prędzej znalazłbyś stoików,
160 Wspaniałe dusze — choć gniew cara czują,
Ani się zarzną, ani zachorują;
Wyjadą na wieś do swych pałacyków
I piszą stamtąd: ten do szambelana,
Ów do metresy, ów do damy dworu,
Liberalniejsi piszą do furmana,
I znowu z wolna wrócą do faworu. —
Tak z domu oknem zrucony pies zdycha,
Kot miauknie tylko, lecz stanie na nogi
I znowu szuka do powrotu drogi,
170 I jakąś dziurą znowu wnidzie z cicha:
Nim stoik w służbę wróci tryumfalnie,
Na wsi rozprawia cicho — liberalnie.

Car był w mundurze zielonym, z kołnierzem
Złotym. Car nigdy nie zruca mundura;
Mundur wojskowy jest to carska skóra,
Car rośnie, żyje i — gnije żołnierzem. —
Ledwie z kolebki dziecko wyjdzie carskie,
Zaraz do tronu zrodzony paniczyk
Ma za strój kurtki kozackie, huzarskie,
180 A za zabawkę szabelkę i — biczyk.
Sylabizując, szabelką wywija
I nią wskazuje na książce litery;
Kiedy go tańczyć uczą guwernery,
Biczykiem takty muzyki wybija.
Dorósłszy, całą jest jego zabawą
Zbierać żołnierzy do swojej komnaty,

Komenderować na lewo, na prawo,
I wprawiać pułki w musztrę — i pod baty.
Tak się car każdy do tronu sposobił,
190 Stąd ich Europa boi się i chwali;
Słusznie z Krasickim starzy powiadali:
«Mądry przegadał, ale głupi pobił».

Piotra Wielkiego niechaj pamięć żyje,
Pierwszy on odkrył tę Caropedyję.
Piotr wskazał carom do wielkości drogę;
Widział on mądre Europy narody
I rzekł: «Rosyję zeuropejczyć mogę,
Obetnę suknie i ogolę brody».
Rzekł — i wnet poły bojarów, kniazików
200 Ścięto jak szpaler francuskiego sadu;
Rzekł — i wnet brody kupców i mużyków
Sypią się chmurą jak liście od gradu.
Piotr zaprowadził bębny i bagnety,
Postawił turmy, urządził kadety,
Kazał na dworze tańczyć menuety
I do towarzystw gwałtem wwiódł kobiety;
I na granicach poosadzał straże,
I łańcuchami pozamykał porty,
Utworzył senat, szpiegi, dygnitarze,
210 Odkupy wódek, czyny i paszporty; —
Ogolił, umył i ustroił chłopa,
Dał mu broń w ręce, kieszeń narublował,
I zadziwiona krzyknęła Europa:
«Car Piotr Rosyją ucywilizował».
Zostało tylko dla następnych carów
Przylewać kłamstwa w brudne gabinety,
Przysyłać w pomoc despotom bagnety,
Wyprawić kilka rzezi i pożarów;
Zagrabiać cudze dokoła dzierżawy,

²²⁰ Skradać poddanych, płacić cudzoziemców,
By zyskać oklask Francuzów i Niemców,
Ujść za rząd silny, mądry i łaskawy.

Niemcy, Francuzi, zaczekajcie nieco!
Bo gdy wam w uszy zabrzmi huk ukazów,
Gdy knutów grady na karki wam zlecą,
Gdy was pożary waszych miast oświecą,
A wam natenczas zabraknie wyrazów;
Gdy car rozkaże ubóstwiać i sławić
Sybir, kibitki, ukazy i knuty —
²³⁰ Chyba będziecie cara pieśnią bawić,
Waryjowaną na dzisiejsze nuty.

Car jak kręgielna kula między szyki
Wleciał i spytał o zdrowie gawiedzi.
«Zdrowia ci życzym», szepcą wojowniki,
Ich szepty były jak mruk stu niedźwiedzi.
Dał rozkaz, — rozkaz wymknął się przez zęby
I wpadł jak piłka w usta komendanta,
I potem gnany od gęby do gęby
Na ostatniego upada szerżanta. —
²⁴⁰ Jęknęły bronie, szczęknęły pałasze
I wszystko było zmieszane w odmęcie:
Na linijowym kto widział okręcie
Ogromny kocioł, w którym robią kaszę,
Kiedy weń woda z pompy jako z rzeczki
Bucha, a w wodę sypie majtków rzesza
Za jednym razem krup ze cztery beczki,
Potem dziesiątkiem wioseł w kotle miesza; —
Kto zna francuską izbę deputatów,
Większą i stokroć burzliwszą od kotła,
²⁵⁰ Kiedy w nię projekt komisyja wmiotła
I już nadchodzi godzina debatów:
Cała Europa, czując z dawna głody,

285

Myśli, że dla niej tam warzą swobody;
Już liberalizm z ust jako z pomp bucha;
Ktoś tam o wierze wspomniał na początku,
Izba się burzy, szumi i nie słucha;
Ktoś wspomniał wolność, lecz nie zrobił wrzątku;
Ktoś wreszcie wspomniał o królów zamiarach,
O biednych ludach, o despotach, carach,
260 Izba znudzona krzyczy: «Do porządku!»
Aż tu minister skarbu, jakby z drągiem,
Wbiega z ogromnym budżetu wyciągiem,
Zaczyna mieszać mową o procentach,
O cłach, opłatach, stemplach, remanentach;
Izba wre, huczy i kipi, i pryska,
I szumowiny aż pod niebo ciska;
Ludy się cieszą, gabinety straszą,
Aż się dowiedzą wszyscy na ostatku,
Że była mowa tylko... o podatku. —
270 Kto tedy widział owy kocioł z kaszą
Lub ową izbę — ten łatwo zrozumie,
Jaki gwar powstał w tylu pułków tłumie,
Gdy rozkaz carski wleciał w środek kupy.
Wtem trzystu bębnów ozwały się huki,
I jak lód Newy, gdy pryśnie na sztuki,
Piechota w długie porznęła się słupy.
Kolumny jedne za drugimi dążą,
Przed każdą bęben i komendant woła.
Car stał jak słońce, a pułki dokoła
280 Jako planety toczą się i krążą.
Wtem car wypuścił stado adiutantów,
Jak wróble z klatki albo psy ze smyczy;
Każdy z nich leci, jak szalony krzyczy,
Wrzask jenerałów, majorów, szerżantów,
Huk tarabanów, piski muzykantów —
Nagle piechota, jak lina kotwicy

Z kłębów rozwita, wyciąga się sznurem;
Ściany idącej pułkami konnicy
Łączą się, wiążą, jednym stają murem.
290 Jakie zaś dalej były tam obroty,
Jak jazda rącza i niezwyciężona
Leciała obses na karki piechoty,
Jak kundlów psiarnia trąbą poduszczona
Na związanego niedźwiedzia uderza,
Widząc, że w kluby ujęto pysk zwierza;
Jak się piechota kupi, ściska, kurczy,
Nadstawia bronie jako igły jeża,
Który poczuje, że pies nad nim burczy;
Jak wreszcie jazda w ostatnim poskoku
300 Targniona smyczą powściągnęła kroku;
I jak harmaty w przód i w tył ciągano,
Jak po francusku, po rusku łajano,
Jak w areszt brano, po karkach trzepano,
Jak tam marzniono i z koni spadano,
I jak carowi w końcu winszowano —
Czuję tę wielkość, bogactwo przedmiotu!
Gdybym mógł opiać, wsławiłbym me imię;
Lecz muza moja, jak bomba w pól lotu,
Spada i gaśnie w prozaicznym rymie,
310 I śród głównego manewrów obrotu,
Jak Homer w walce bogów, — ja — ach, drzymię.

Już przerobiono wojskiem wszystkie ruchy,
O których tylko car czytał lub słyszał;
Śród zgrai widzów już się gwar uciszał,
Już i sukmany, delije, kożuchy,
Co się czerniły gęsto wkoło placu,
Rozpełzały się każda w swoję stronę,
I wszystko było zmarzłe i znudzone —
Już zastawiano śniadanie w pałacu.

320   Ambasadory zagranicznych rządów,
Którzy pomimo i mrozu, i nudy,
Dla łaski carskiej nie chybią przeglądów
I co dzień krzyczą: «O dziwy! o cudy!»
Już powtórzyli raz tysiączny drugi
Z nowym zapałem dawne komplementy:
Że car jest taktyk w planach niepojęty,
Że wielkich wodzów ma na swe usługi,
Że kto nie widział, nigdy nie uwierzy,
Jaki tu zapał i męstwo żołnierzy.
330 Na koniec była rozmowa skończona
Zwyczajnym śmiechem z głupstw Napoleona;
I na zegarek już każdy spozierał,
Bojąc się dalszych galopów i kłusów;
Bo mróz dociskał dwudziestu gradusów,
Dusiła nuda i głód już doskwierał.

Lecz car stał jeszcze i dawał rozkazy;
Swe pułki siwe, kare i bułane
Puszcza, wstrzymuje po dwadzieście razy;
Znowu piechotę przedłuża jak ścianę,
340 Znowu ją ściska w czworobok zawarty
I znowu na kształt wachlarza roztacza. —
Jak stary szuler, choć już nie ma gracza,
Miesza i zbiera, i znów miesza karty;
Choć towarzystwo samego zostawi,
On się sam z sobą kartami zabawi.
Aż sam się znudził, konia nagle zwrócił
I w jenerałów ukrył się natłoku;
Wojsko tak stało, jak je car porzucił,
I długo z miejsca nie ruszyło kroku.
350 Aż trąby, bębny dały znak nareszcie:
Jazda, piechota, długich kolumn dwieście
Płyną i toną w głębi ulic miejskich —

Jakże zmienione, niepodobne wcale
Do owych bystrych potoków alpejskich,
Co rycząc mętne walą się po skale,
Aż w jezior jasnym spotkają się łonie
I tam odpoczną, i oczyszczą wody,
A potem z lekka nowymi wychody
Błyskają, tocząc szmaragdowe tonie. —
360 Tu pułki weszły czerstwe, czyste, białe;
Wyszły zziajane i oblane potem,
Roztopionymi śniegi poczerniałe,
Brudne spod lodu wydeptanym błotem.

Wszyscy odeszli: widze i aktory.
Na placu pustym, samotnym zostało
Dwadzieście trupów: ten ubrany biało,
Żołnierz od jazdy; tamtego ubiory
Nie zgadniesz jakie, tak do śniegu wbity
I stratowany końskimi kopyty.
370 Ci zmarzli, stojąc przed frontem jak słupy,
Wskazując pułkom drogę i cel biegu;
Ten się zmyliwszy w piechoty szeregu,
Dostał w łeb kolbą i padł między trupy.
Biorą ich z ziemi policejskie sługi
I niosą chować; martwych, rannych społem:
Jeden miał żebra złamane, a drugi
Był wpół harmatnym przejechany kołem;
Wnętrzności ze krwią wypadły mu z brzucha,
Trzykroć okropnie spod harmaty krzyknął,
380 Lecz major woła: «Milcz! bo car nas słucha».
Żołnierz tak słuchać majora przywyknął,
Że zęby zaciął; — nakryto co żywo
Rannego płaszczem, bo gdy car przypadkiem
Z rana jest takiej nagłej śmierci świadkiem
I widzi na czczo skrwawione mięsiwo —

UTWORY DRAMATYCZNE

Dworzanie czują w nim zmianę humoru,
Zły, opryskliwy powraca do dworu,
Tam go czekają z śniadaniem nakrytem,
A jeść nie może mięsa z apetytem.

390 Ostatni ranny wszystkich bardzo zdziwił:
Grożono, bito, próżna groźba, kara,
Jenerałowi nawet się sprzeciwił,
I jęczał głośno — klął samego cara.
Ludzie niezwykłym przerażeni krzykiem
Zbiegli się nad tym parad męczennikiem. —
Mówią, że jechał z dowódcy rozkazem,
Wtem koń mu stanął jak gdyby zaklęty,
A z tyłu wleciał cały szwadron razem;
Złamano konia, i żołnierz zepchnięty
400 Leżał pod jazdą płynącą korytem;
Ale od ludzi litościwsze konie:
Skakał przez niego szwadron po szwadronie,
Jeden koń tylko trafił weń kopytem
I złamał ramię; — kość na wpół rozpadła
Przedarła mundur i ostrzem sterczała
Z zielonej sukni, strasznie, trupio biała,
I twarz żołnierza równie jak kość zbladła;
Lecz sił nie stracił: wznosił drugą rękę
To ku niebiosom, to widzów gromady
410 Zdawał się wzywać i mimo swą mękę
Dawał im głośno, długo jakieś rady.
Jakie? nikt nie wie, nie mówią przed nikim.
Bojąc się szpiegów słuchacze uciekli
I tyle tylko pytającym rzekli,
Że ranny mówił złym ruskim językiem;
Kiedy niekiedy słychać było w gwarze:
«Car, cara, caru» — coś mówił o carze.
Chodziły wieści, że żołnierz zdeptany

Był młodym chłopcem, rekrutem, Litwinem,
420 Wielkiego rodu, księcia, grafa synem;
Że ze szkół gwałtem w rekruty oddany,
I że dowódca, nie lubiąc Polaka,
Dał mu umyślnie dzikiego rumaka,
Mówiąc: «Niech skręci szyję Lach sobaka».
Kto był, nie wiedzą, i po tym zdarzeniu
Nikt nie posłyszał o jego imieniu;
Ach! kiedyś tego imienia, o carze!
Będą szukali po twoim sumnieniu.
Diabeł je pośród tysiąców ukaże,
430 Któreś ty w minach podziemnych osadził,
Wrzucił pod konie, myśląc, żeś je zgładził.

Nazajutrz, z dala za placem słyszano
Psa głuche wycie — czerni się coś w śniegu;
Przybiegli ludzie, trupa wygrzebano;
On po paradzie został ną noclegu.
Trup na pół chłopski, na poły wojskowy,
Z głową strzyżoną, ale z brodą długą,
Miał czapkę z futrem i płaszcz mundurowy,
I był zapewne oficerskim sługą.
440 Siedział na wielkim futrze swego pana,
Tu zostawiony, tu rozkazu czekał,
I zmarzł, i śniegu już miał za kolana.
Tu go pies wierny znalazł i oszczekał. —
Zmarznął, a w futro nie okrył się ciepłe;
Jedna źrenica śniegiem zasypana,
Lecz drugie oko otwarte, choć skrzepłe,
Na plac obrócił: czekał stamtąd pana!
Pan kazał siedzieć i sługa usiądzie;
Kazał nie ruszać z miejsca, on nie ruszy,
450 I nie powstanie — aż na strasznym sądzie;
I dotąd wierny panu, choć bez duszy,

Bo dotąd ręką trzyma pańską szubę
Pilnując, żeby jej nie ukradziono;
Drugą chciał rękę ogrzać, ukryć w łono,
Lecz już nie weszły pod płaszcz palce grube.
I pan go dotąd nie szukał, nie pytał!
Czy mało dbały, czy nadto ostróżny —
Zgadują, że to oficer podróżny;
Że do stolicy niedawno zawitał,
460 Nie z powinności chodził na parady,
Lecz by pokazać świeże epolety;
Może z przeglądów poszedł na obiady,
Może na niego mrugnęły kobiety,
Może gdzie wstąpił do kolegi gracza
I nad kartami — zapomniał brodacza;
Może się wyrzekł i futra, i sługi,
By nie rozgłosić, że miał szubę z sobą;
Że nie mógł zimna wytrzymać jak drugi,
Gdy je car carską wytrzymał osobą;
470 Boby mówiono: jeździ nieformalnie
Na przegląd z szubą! — myśli liberalnie.

O biedny chłopie! heroizm, śmierć taka,
Jest psu zasługą, człowiekowi grzechem.
Jak cię nagrodzą? Pan powie z uśmiechem,
Żeś był do zgonu wierny — jak sobaka.
O biedny chłopie! za cóż mi łza płynie
I serce bije, myśląc o twym czynie:
Ach, żal mi ciebie, biedny Słowianinie! —
Biedny narodzie! żal mi twojej doli,
480 Jeden znasz tylko heroizm — niewoli.

DZIEŃ PRZED POWODZIĄ PETERSBURSKĄ 1824

OLESZKIEWICZ

Gdy się najtęższym mrozem niebo żarzy,
Nagle zsiniało, plamami czernieje,
Podobne zmarzłej nieboszczyka twarzy,
Która się w izbie przed piecem rozgrzeje,
Ale nabrawszy ciepła, a nie życia,
Zamiast oddechu, zionie parą gnicia.
Wiatr zawiał ciepły. — Owe słupy dymów,
Ów gmach powietrzny jak miasto olbrzymów,
Niknąc pod niebem jak czarów widziadło,
¹⁰ Runęło w gruzy i na ziemię spadło:
I dym rzekami po ulicach płynął,
Zmieszany z parą ciepłą i wilgotną;
Śnieg zaczął topnieć — i nim wieczór minął,
Oblewał bruki rzeką Stygu błotną.
Sanki uciekły, kocze i landary
Zerwano z płozów; grzmią po bruku koła;
Lecz pośród mroku i dymu, i pary
Oko pojazdów rozróżnić nie zdoła;
Widać je tylko po latarek błyskach,
²⁰ Jako płomyki błędne na bagniskach.

Szli owi młodzi podróżni nad brzegiem
Ogromnej Newy; lubią iść o zmroku,
Bo czynowników unikną widoku
I w pustym miejscu nie zejdą się z szpiegiem.
Szli obcym z sobą gadając językiem;

293

Czasem pieśń jakąś obcą z cicha nucą,
Czasami staną, i oczy obrócą,
Czy kto nie słucha? — nie zeszli się z nikim.
Nucąc błądzili nad Newy korytem,
30 Które się ciągnie jak alpejska ściana,
Aż się wstrzymali, gdzie między granitem
Ku rzece droga spada wyrąbana.
Stamtąd, na dole, ujrzeli z daleka
Nad brzegiem wody z latarką człowieka:
Nie szpieg, bo tylko śledził czegoś w wodzie,
Ani przewoźnik, któż pływa po lodzie?
Nie jest rybakiem, bo nic nie miał w ręku
Oprócz latarki i papierów pęku.
Podeszli bliżej, on nie zwrócił oka,
40 Wyciągał powróz, który w wodę zwisał,
Wyciągnął, węzły zliczył i zapisał;
Zdawał się mierzyć, jak woda głęboka.
Odblask latarki odbity od lodu
Oblewa jego księgi tajemnicze
I pochylone nad świecą oblicze
Żółte, jak obłok nad słońcem zachodu:
Oblicze piękne, szlachetne, surowe.
Okiem tak pilnie w swojej księdze czytał,
Że słysząc obcych kroki i rozmowę
50 Tuż ponad sobą, kto są, nie zapytał,
I tylko z ręki lekkiego skinienia
Widać, że prosi, wymaga milczenia.
Coś tak dziwnego było w ręki ruchu,
Że choć podróżni tuż nad nim stanęli,
Patrząc i szepcąc, i śmiejąc się w duchu,
Umilkli wszyscy, przerwać mu nie śmieli,
Jeden w twarz spojrzał i poznał, i krzyknął:
«To on!» — I któż on? — Polak, jest malarzem,
Lecz go właściwiej nazywać guślarzem,

⁶⁰ Bo dawno od farb i pędzla odwyknął,
Bibliją tylko i kabałę bada,
I mówią nawet, że z duchami gada.
Malarz tymczasem wstał, pisma swe złożył
I rzekł, jak gdyby rozmawiając z sobą:
«Kto jutra dożył, wielkich cudów dożył.
Będzie to drugą, nie ostatnią probą;
Pan wstrząśnie szczeble assurskiego tronu,
Pan wstrząśnie grunty miasta Babilonu;
Lecz trzecią widzieć, Panie! nie daj czasu!»
⁷⁰ Rzekł i podróżnych zostawił u wody,
A sam z latarką z wolna szedł przez schody
I zniknął wkrótce za parkan terasu.
Nikt nie zrozumiał, co ta mowa znaczy;
Jedni zdumieni, drudzy rozśmieszeni,
Wszyscy krzyknęli: «Nasz guślarz dziwaczy!»
I chwilę jeszcze stojąc pośród cieni,
Widząc noc późną, chłodną i burzliwą,
Każdy do domu powracał co żywo.

Jeden nie wrócił, lecz na schody skoczył
⁸⁰ I biegł terasem; nie widział człowieka,
Tylko latarkę jego z dala zoczył,
Jak błędna gwiazda świeciła z daleka.
Chociaż w malarza nie zajrzał oblicze,
Choć nie dosłyszał, co o nim mówili,
Ale dźwięk głosu, słowa tajemnicze
Tak nim wstrząsnęły! — przypomniał po chwili,
Że głos ten słyszał, i biegł co miał mocy
Nieznaną drogą, śród słoty, śród nocy.
Latarka prędko niesiona mignęła,
⁹⁰ Coraz mniejszała, zakryta mgły mrokiem
Zdała się gasnąć; wtem nagle stanęła
W pośrodku pustek na placu szerokim.

Podróżny kroki podwoił, dobiega;
Na placu leżał wielki stos kamieni,
Na jednym głazie malarza spostrzega:
Stał nieruchomy pośród nocnych cieni.
Głowa odkryta, odsłonione barki,
A prawa ręka wzniesiona do góry,
I widać było z kierunku latarki,
100 Że patrzył w dworca cesarskiego mury.
I w murach jedno okno w samym rogu
Błyszczało światłem; to światło on badał,
Szeptał ku niebu, jak modląc się Bogu,
Potem głos podniósł i sam z sobą gadał.

«Ty nie śpisz, carze! noc już wkoło głucha,
Śpią już dworzanie — a ty nie śpisz, carze;
Jeszcze Bóg łaskaw posłał na cię ducha,
On cię w przeczuciach ostrzega o karze.
Lecz car chce zasnąć, gwałtem oczy zmruża,
110 Zaśnie głęboko — dawniej ileż razy
Był ostrzegany od anioła stróża
Mocniej, dobitniej, sennymi obrazy.

«On tak zły nie był, dawniej był człowiekiem;
Powoli wreszcie zszedł aż na tyrana,
Anioły Pańskie uszły, a on z wiekiem
Coraz to głębiej wpadał w moc szatana.
Ostatnią radę, to przeczucie ciche,
Wybije z głowy jak marzenie liche;
Nazajutrz w dumę wzbiją go pochlebce
120 Wyżej i wyżej, aż go szatan zdepce...

«Ci w niskich domkach nikczemni poddani
Naprzód za niego będą ukarani;
Bo piorun, w martwe gdy bije żywioły,

Zaczyna z wierzchu, od góry i wieży,
Lecz między ludźmi naprzód bije w doły
I najmniej winnych najpierwej uderzy...

«Usnęli w pjaństwie, w swarach lub w rozkoszy.
Zbudzą się jutro — biedne czaszki trupie!
Spijcie spokojnie jak zwierzęta głupie,
130 Nim was gniew Pański jak myśliwiec spłoszy,
Tępiący wszystko, co w kniei spotyka,
Aż dojdzie w końcu do legowisk dzika.

«Słyszę! — tam! — wichry — już wytknęły głowy
Z polarnych lodów, jak morskie straszydła;
Już sobie z chmury porobili skrzydła,
Wsiedli na falę, zdjęli jej okowy;
Słyszę! — już morska otchłań rozchełznana
Wierzga i gryzie lodowe wędzidła,
Już mokrą szyję pod obłoki wzdyma;
140 Już! — jeszcze jeden, jeden łańcuch trzyma —
Wkrótce rozkują; — słyszę młotów kucie...»

Rzekł i postrzegłszy, że ktoś słucha z boku,
Zadmuchnął świecę i przepadł w pomroku.
Błysnął i zniknął jak nieszczęść przeczucie,
Które uderzy w serce, niespodziane,
I przejdzie straszne — lecz nie zrozumiane.

Koniec [Ustępu]

TEN USTĘP

PRZYJACIOŁOM

MOSKALOM

poświęca

AUTOR

DO PRZYJACIÓŁ MOSKALI

Wy — czy mnie wspominacie! ja, ilekroć marzę
O mych przyjaciół śmierciach, wygnaniach, więzieniach,
I o was myślę: wasze cudzoziemskie twarze
Mają obywatelstwa prawo w mych marzeniach.

Gdzież wy teraz? Szlachetna szyja Rylejewa,
Którąm jak bratnią ściskał, carskimi wyroki
Wisi do hańbiącego przywiązana drzewa;
Klątwa ludom, co swoje mordują proroki.

Ta ręka, którą do mnie Bestużew wyciągnął,
10 Wieszcz i żołnierz, ta ręka od pióra i broni
Oderwana, i car ją do taczki zaprzągnął;
Dziś w minach ryje, skuta obok polskiej dłoni.

Innych może dotknęła sroższa niebios kara;
Może kto z was urzędem, orderem zhańbiony,
Duszę wolną na wieki przedał w łaskę cara
I dziś na progach jego wybija pokłony.

Może płatnym językiem tryumf jego sławi
I cieszy się ze swoich przyjaciół męczeństwa,
Może w ojczyźnie mojej moją krwią się krwawi
20 I przed carem, jak z zasług, chlubi się z przeklęstwa.

Jeśli do was, z daleka, od wolnych narodów,
Aż na północ zalecą te pieśni żałosne
I odezwą się z góry nad krainą lodów, —
Niech wam zwiastują wolność, jak żurawie wiosnę.

Poznacie mię po głosie; pókim był w okuciach,
Pełzając milczkiem jak wąż, łudziłem despotę,
Lecz wam odkryłem tajnie zamknięte w uczuciach
I dla was miałem zawsze gołębia prostotę.

Teraz na świat wylewam ten kielich trucizny,
30 Żrąca jest i paląca mojej gorycz mowy,
Gorycz wyssana ze krwi i z łez mej ojczyzny,
Niech zrze i pali, nie was, lecz wasze okowy.

Kto z was podniesie skargę, dla mnie jego skarga
Będzie jak psa szczekanie, który tak się wdroży
Do cierpliwie i długo noszonej obroży,
Że w końcu gotów kąsać — rękę, co ją targa.

OBJAŚNIENIA

[Przypiski pod linią przerywaną pochodzą od wydawcy.]

Wyrazy czyn, czynownik, często są tu użyte w znaczeniu rosyjskim, dla Litwinów tylko zrozumiałe. W Rosji, ażeby nie być chłopem albo kupcem, słowem, aby mieć przywilej uwalniający od kary knuta, trzeba wejść w służbę rządową i pozyskać tak nazwaną klasę albo czyn. Służba dzieli się na czternaście klas; potrzeba kilka lat służby dla przejścia z jednej klasy w drugą. Są przepisane czynownikom różne egzamina, podobne do formalności zachowujących się w hierarchii mandaryńskiej w Chinach, skąd, zdaje się, że ten wyraz Mogołowie do Rosji przenieśli, a Piotr Pierwszy znaczenie tego wyrazu odgadnął i całą instytucją w duchu prawdziwie chińskim rozwinął. Czynownik często nie jest urzędnikiem, czeka tylko urzędu i starać się oń ma prawo. Każda klasa albo czyn odpowiada pewnej randze wojskowej, i tak: doktor filozofii albo medycyny liczy się w klasie ósmej i ma stopień majora, czyli asesora kolleskiego; stopień kapitański ma frejlina, czyli panna dworu cesarskiego; biskup lub archirej jest jenerałem. Między czynownikami wyższymi i niższymi stosunki uległości i posłuszeństwa przestrzegają się z równą prawie ścisłością jak w wojsku.

s. 133 w. 42:

1. Myśląc, że już zajeżdża feldjeger ze dzwonkiem.

Feldjegry, czyli strzelcy polni cesarscy, są rodzajem żandarmów: polują szczególnie na osoby rządowi podejrzane, jeżdżą pospolicie w kibitkach, to jest wózkach drewnianych bez resorów i żelaza, wąskich, płaskich i z przodu wyższych niż

303

z tyłu. Byron wspomina o tych wozach w swoim *Don Juanie*[a]. Feldjeger przybywa pospolicie w nocy, porywa podejrzaną osobę, nie mówiąc nigdy, gdzie ją powiezie. Kibitka opatrzona jest dzwonkiem pocztowym. Kto nie był w Litwie, z trudnością wystawi sobie przestrach, jaki panuje w każdym domie, u którego wrót odezwie się dzwonek pocztowy.

s. 137 w. 132:

2. Pytał raz Litwin, nie wiem, diabła czy Pińczuka.

Nazywa lud w Litwie Pińczukami obywateli błotnistych okolic Pińska.

s. 137 w. 142:

3. Tylko łyknie powietrza i wnet się podchmieli.

Więźniowie, którzy długo byli w zamknięciu, wychodząc na świeże powietrze doświadczają pewnego rodzaju upojenia.

s. 139 w. 178:

4. W Litwie zły to znak płakać we dniu inkrutowin.

Nazywają inkrutowinami uroczystość, którą gospodarz obchodzi, wnosząc się do nowego mieszkania.

s. 207 w. 34:

5. Stoi spisany jasno jak ukaz senacki.

Przysłowiem stała się w Rosji ciemność ukazów senackich. Szczególnie ukazy sądowe, czyli wyroki, umyślnie tak bywają układane, aby je różnie tłumaczyć i stąd nową sprawę toczyć można było. Jest to interesem kancelarii senackich, ciągnących niezmierne zyski z procesów.

---

[a] Bohater poematu, Don Juan, jechał do Petersburga kibitką (p. IX zwr. 30).

s. 232 przed w. 396:

6. Kolleski Regestrator *(do Sowietnika)*

Kolleski regestrator jest to jeden z najniższych czynów. Sowietników, czyli radców, różne są rodzaje i gatunki, jako to: radcy honorowi, kollescy, tajni, rzeczywiści. — Pewny dowcipny Rosjanin mawiał, iż Rzeczywisty Tajny Radca jest trojakim kłamstwem; bo nie radzi, nie wie o żadnej tajemnicy i często jest najniedorzeczniejszym stworzeniem. Mówiono raz o jakimś czynowniku i nazywano go dobrym człowiekiem. «Nazwij raczej dobrym chłopcem», odezwał się ów żartowniś. «Jak czynownik może być człowiekiem, póki jest tylko regestratorem? W Rosji ażeby być człowiekiem, trzeba być przynajmniej radcą stanu».

s. 236 w. 447:

7. Nam każą iść na bal.

Zaproszenie urzędowe na bal jest w Rosji rozkazem; szczególniej jeśli bal daje się z okoliczności urodzin, imienin, zaślubin itd. cesarza lub osób familii panującej, albo też jakiego wielkiego urzędnika. W takich razach osoba podejrzana lub źle widziana od rządu, nie idąc na bal, naraża się na niemałe niebezpieczeństwo. Były przykłady w Rosji, że rodzina osób uwięzionych i wskazanych na szubienicę znajdowała się na balach u dworu. W Litwie Dybicz ciągnąc przeciwko Polakom, a Chrapowicki więżąc i tępiąc powstańców, zapraszali publiczność polską na bale i uroczystości zwycięskie[a]. Takowe bale opisują się potem w gazetach jako dobrowolne wynurzenia się

---

[a] Iwan Dybicz (1785—1831), Niemiec w służbie carskiej, feldmarszałek, głównodowodzący w wojnie 1831 r. aż do bitwy pod Ostrołęką. — Jen. Matwiej Chrapowicki był w pierwszych miesiącach powstania generał-gubernatorem Litwy.

nieograniczonej miłości poddanych ku najlepszemu i najłaskaw-
szemu z monarchów.

s. 263 w. 152:

8. Może samego wiozą Jermołowa.

· W Rosji między ludem jest przekonanie, iż car może każdego
innego króla wziąć w kibitkę. I w istocie nie wiemy, co by odpo-
wiedziano w niektórych państwach feldjegrowi, który by przy-
jechał w podobnym celu. To pewna, iż Nowosilcow często po-
wtarzał: «Nie będzie pokoju, póki nie zaprowadzimy w Europie
takiego porządku, iżby nasz feldjeger mógł też same rozkazy
w Wilnie, w Paryżu i w Stambule z tąż samą łatwością wykony-
wać». Odebranie rządów Gruzji[a] jenerałowi Jermołow, którego
imię u Rosjan było bardzo popularne, uważano za rzecz ważniej-
szą niż zwycięstwo nad jakim królikiem europejskim. Temu
mniemaniu Rosjan dziwić się nie należy. Przypomnijmy, iż Jego
Królewiczowska Mość książę Wirtemberski[b], oblegając z woj-
skami sprzymierzonymi Gdańsk, pisał do jenerała Rapp[c], iż jenerał rosyjski równy jest co do stopnia królowi i mógłby nosić ten
tytuł, jeżeliby taka była wola cesarska. -- Ob. pamiętniki jenerała
Rapp.

s. 265 w. 20:

9. Musiano niegdyś wylać rzekę złota.

Te słowa wyrzekł król Gotów[d], ujrzawszy po raz pierwszy
Kolizeum w Rzymie.

---

[a]Gruzja została przyłączona do Rosji w r. 1801. [b]Ks. Aleksander Wirtemberski, jako wódz naczelny połączonych wojsk prusko-rosyjskich, oblegał
w r. 1813 Gdańsk obsadzony przez załogę francuską. [c]Jen. Jan Rapp był
wtedy dowódcą garnizonu francuskiego w obleganym Gdańsku. Pamiętniki jego wyszły drukiem w r. 1823.
[d]Teodoryk, król Ostrogotów, po opanowaniu Italii zwiedził Rzym
(r. 500 n.e.) i powiedział te słowa na widok amfiteatru Tytusa.

s. 266 w. 40–41:

> 10. Z zegarów miejskich zagrzmiała dwunasta,
> A słońce już się na zachód chyliło.

W dniach zimowych w Petersburgu około godziny trzeciej już mrok pada.

s. 267 w. 61:

> 11. I wiecznie stoi, i wiecznie ucieka.

Dymy miast północnych, w czasie mroźnym wznoszące się pod niebo w kształtach fantastycznych, tworzą widowisko podobne do fenomenu zwanego *mirage*[a], który zwodzi żeglarzy na morzach i podróżnych na piaskach Arabii. *Mirage* zdaje się być już miastem, już wsią, już jeziorem albo oazą; przedmioty wszystkie widać bardzo wyraźnie, ale zbliżyć się do nich niepodobna; zawsze w równej od podróżnego znajdują się odległości i na koniec nikną.

s. 268 w. 16:

> 12. Wydarte świeżo morzu i Czuchońcom?

Finowie, po rosyjsku zwani Czuchońcami albo Czuchnami, mieszkali na brzegach błotnistych Newy, gdzie potem założono Petersburg.

s. 269 w. 32:

> 13. Z dalekich lądów i z morskich odmętów.

U wielu historyków znaleźć można opisanie założenia i budowania Petersburga. Wiadomo, iż mieszkańców do tej stolicy gwałtem spędzano i że ich więcej niż sto tysięcy w czasie budo-

------

[a] (wym.: miraż) fata morgana, złuda wzroku, wywołana przez zjawisko załamywania się światła w atmosferze ziemskiej.

wania wymarło. Granit i marmur zwożono morzem ze stron dalekich.

s. 270 w. 78:

14. Wszyscy się zeszli w jedno zgromadzenie.

Wyznania, które się odłączyły od Kościoła katolickiego, są protegowane szczególniej w Rosji; naprzód stąd, iż zwolennicy tych wyznań z łatwością przechodzą na wiarę grecką za przykładem niemieckich księżniczek i książąt; potem, że pastorowie są najlepszą podporą despotyzmu, wmawiając ludowi ślepe posłuszeństwo dla władzy świeckiej, nawet w rzeczach sumnienia, w których katolicy odwołują się do decyzji Kościoła. Wiadomo, iż wyznania auszburskie i genewskie na rozkaz króla pruskiego połączyły się w jeden Kościół[a].

s. 271 w. 100:

15. Myślisz, że chodzą po mieście kominy.

Para z ust wychodząca w czasie tęgich mrozów daje się widzieć w kształcie słupa, długiego częstokroć na kilka łokci.

s. 275 w. 17:

16. Druga carowa pamiętnik stawiała.

Na pomniku Piotra jest napis: *Petro primo Catharina secunda*[b].

s. 275 w. 27:

17. I w mieście pada na wznak przed carową.

Ten wiersz jest tłumaczony[c] z rosyjskiego poety, którego nazwiska nie pomnę.

---

[a] Mowa o próbie porozumienia między obiema gałęziami Kościoła reformowanego w Niemczech, podjętej w r. 1817.

[b] „Piotrowi Pierwszemu Katarzyna Druga".

[c] raczej przerobiony z poety Rubana (1742—1795), z jego wiersza sławiącego pomnik Piotra Wielkiego.

s. 276 w. 56:

18. Zgadniesz, że dojdzie do nieśmiertelności!

Pomnik konny kolosalny Piotra roboty Falkoneta i posąg Marka Aureliusza stojący teraz w Rzymie w Kapitolium są tu wiernie opisane.

s. 280 w. 83:

19. Zakupisz u nich dobrych trzech żołnierzy.

Konie jazdy rosyjskiej piękne są i drogo kosztują. Koń żołnierski gwardyjski płaci się często kilka tysięcy franków. Człowieka rosłego, miary przepisanej, można kupić za tysiąc franków. Kobietę w czasie głodu na Białorusi przedawano w Petersburgu za dwieście franków. Ze wstydem wyznać należy, iż panowie niektórzy polscy z Białorusi tego towaru dostarczali.

s. 282 w. 126:

20. Jak tarantula, gdy jej kto w nos dmuchnie.

Tarantule, rodzaj wielkich, jadowitych pająków, gnieżdżących się na stepach południowej Rosji i Polski. —

s. 282 w. 142:

21. Jak arlekiny: pełno na nich wstążek.

Orderów rosyjskich, licząc w to różne ich klasy tudzież cyfry cesarskie i tak nazwane sprzążki z liczbą lat służby, jest około sześćdziesięciu. Zdarza się, że na jednym mundurze świeci dwadzieście znaków honorowych.

s. 283 w. 161:

22. Ani się zarzną, ani zachorują.

Przed niewielu laty jeden z dworskich urzędników zarznął się dlatego, iż na jakimś obchodzie dworskim naznaczono mu niższe miejsce, niż podług hierarchii należało. Był to Watel[a] czynownictwa.

s. 283 w. 183:

23. Kiedy go tańczyć uczą guwernery.

Portret carewicza, następcy tronu[b], można widzieć w galerii obrazów petersburskiej Ermitażu. Malarz Anglik Dow[c] wystawił go w postaci dziecka w mundurze husarskim z biczem w ręku.

s. 293 tytuł:

Oleszkiewicz, malarz znany w Petersburgu ze swoich cnót, głębokiej nauki i mistycznych przepowiedni. Obacz nekrolog jego w gazetach petersburskich z roku 1830[d].

---

[a] Vatel, marszałek dworu francuskiego księcia Kondeusza, zabił się z błahej przyczyny (ponieważ zamówionych przezeń ryb nie nadesłano dość wcześnie na ucztę wydaną dla Ludwika XIV). Przysłowiowa postać służ-lca.

[b] późniejszego cesarza Aleksandra II. [c] właściwie: Dave Jerzy, portrecista angielski (zm. 1829), który pod koniec życia bawił przez kilka lat w Petersburgu jako malarz nadworny.

[d] Nekrolog ten, pióra Franciszka Malewskiego, ukazał się w *Tygodniku Petersburskim,* 1831 nr 41; podniesiono tam zacność charakteru, religijno-mistyczne skłonności i dziwny urok osobisty zmarłego Oleszkiewicza.

FRAGMENTY

WYJĄTEK Z TRAGEDII SZYLLERA

DON CARLOS

AKT PIERWSZY

OGRÓD KRÓLEWSKI W ARANCHWES

SCENA I

KAROL I DOMINGO

Domingo

Zbiegły dni wesołego w Aranchwes pobytu,
Królewic nie weselszy wraca do Madrytu.
Próżnośmy tu rozrywek szukali,
(podchodzi do Karola)
mój Książę!
Niech się w końcu ta smutna zagadka rozwiąże.
Przed rodzicielskim sercem odkryj twoje chęci,
Czegoż dla jedynaka ojciec nie poświęci?
Czego król nie dokaże władnymi ramiony?
Jakiż twój ślub od niebios dotąd nie spełniony?
Karolu! byłem z tobą, widziałem w Toledzie,
10 Kiedyś hołdownej książąt przodkował czeredzie,
Tłumy do całowania ręki twojej biegły,
Królestwa sześciorakie u nóg twoich legły,
Stałeś dumnie, młodzieńczy ogień z liców strzela,
Pierś wre królewskim duchem, wzrok pjany wesela
Oblatywał gromady — czytałem w tym oku,
I Karol był szczęśliwy.

(Karol odwraca się)
Teraz, od pół roku,
Ta nigdy z czoła twego nie schodząca chmura,
Ból w głębi zatajony, tęsknota ponura,
Której źródeł na próżno dwór stara się dociec,
20 Którą naród podziela... ach! i król, twój ociec,
Niejednę noc bezsenną winien tej zagadce,
Ona niejedną łezkę wyciska twej matce!

K a r o l
(odwraca się z zadziwieniem)
Matce?

D o m i n g o
Książę!

K a r o l
(uderzając się w czoło)
O! gdybym darować był w stanie
Temu, co ją za matkę narzucił...

D o m i n g o
Mój Panie?

K a r o l
(spostrzega się)
Tak... tak... bom ja z matkami nieszczęśliwy tyle;
Zaledwiem świat obaczył, w pierwsze życia chwile
Już byłem matkobójcą.

D o m i n g o
Byłeś mimo woli,
Czyż cię dotąd grzech taki na sumnieniu boli?

K a r o l
A moja druga matka! wszakżem przez nią zgubił
30 Miłość ojca: mnie ojciec i tak mało lubił;

314

Że byłem jedynakiem, to cała zasługa.
Teraz mu drugą córkę daje matka druga,
A co się jeszcze z tego na przyszłość wywiąże,
Ciemna otchłań...

Domingo
                    Żartujesz, żartujesz, mój Książę!
Królowa, którą wielbią z zapałem Hiszpanie,
Ty nienawiści okiem miałbyś patrzeć na nię?
Patrząc na nię, na przyszłe oglądać się czasy?
Jakże? czyliż to bóstwo? co? ten anioł krasy,
Monarchini, prócz koron, z samego oblicza,
40 Która ledwie dziś wiosnę dwudziestą dolicza,
Niegdyś twa narzeczona?... nigdy, z żadnej miary,
Nigdy — to niepodobna — próżno — nie dam wiary —
Nie postała w Karolu taka dzikość płocha,
Żeby się tym miał brzydzić, co świat cały kocha.
Książę! jeżeli Pani dojdzie ta nowina,
Że miłością zyskała nienawiść u syna,
Czułe jej serce mocno nad tym zaboleje.

Karol
Jak to? skąd wiesz?

Domingo
                    Ostatnie pamiętam turnieje:
Król, kopiją draśniony, już był bliski szwanku,
50 Elżbieta pośród panien patrzyła z krużganku,
A wtem: «Król ranny!» — nieme powstają rozruchy,
W końcu aż do królowej szmer dochodzi głuchy.
«Co? książę? zawołała, ach, książę!» — i zbladła,
I zaledwie z krużganku na plac nie wypadła.
Wtem, że król ranny, wieści pewniejsze dolecą —

315

«Król?... zawołać lekarzy!» — odetchnęła nieco.

(po niejakim milczeniu)
Zamyślasz się?

Karol

Spowiednik króla, kapłan boski,
(ponuro)
Dziwno, że na tak błahe czatujesz pogłoski;
Lecz słyszałem i dobrze w pamięci naznaczę,
⁶⁰ Że takie słówkołowy i gestów szperacze
Więcej broją niżeli truciźnik i zbojca.
(przechadza się)
Jeżeli chcesz zapłaty, idź do mego ojca.

Domingo

Książę jest za ostrożny; słusznie, w dworzan tłumie
Niechaj będzie ostrożnym: niechaj nim być umie,
I rozróżnia, kto szczerze, a kto radzi chytrze,
Ja zawsze całym sercem...

Karol

                    Więc już po twej mitrze!
Gdy się ociec o twoim przywiązaniu dowie,
Już więcej na królewskim nie polegaj słowie,
Że pierwsza w państwie mitra twych nie minie skroni.

Domingo

⁷⁰ Książę sobie żartuje.

Karol

                    A niech Pan Bóg broni!
Ja, mój straszliwy Ojcze, ja żartować z ciebie,
Co rządzisz duszą ojca i możesz ją w niebie
Albo w piekle osadzić?

316

Domingo
        Nie pragnę zuchwale
Przedzierać świętych zasłon kryjących twe żale,
Ale wiem, że na tajne sumnienia choroby
Ma Kościół, matka nasza, rady i sposoby,
Ma strapionym ucieczkę, i że do niej klucza
Nie mocarzom światowym, ale nam porucza.
Grzech nawet, do wieczności strącony odmętu,
80 Na wieki pokryć może pieczęć sakramentu.
Rozumiesz, dość mówiłem.

        Karol
                Nie mam wcale chęci
Kusić tak poważnego strażnika pieczęci.

        Domingo
Zawsze nieufność... Książę... prawdziwie... nie raczy
Poznać wiernego sługę.

        Karol
                Niech sługa wybaczy.
Świętym jesteś, niech sobie i najświętszym z ludzi,
Ale się twoja świętość nazbyt o mnie trudzi.
I tak droga szeroka, zawód oddalony,
Trzeba żajść aż do Rzymu, Piotra osieść trony:
Z tylą nowin za ciężko — powiedz to królowi,
90 Bo król przez ciebie mówił.

        Domingo
                Król przeze mnie mówi?

        Karol
O! wiem ja bardzo dobrze, wiem, że na tym dworze
Od dawna mię zdradzają, wiem, że w każdej porze

Tysiączne płatne oko czyny moje śledzi,
Że król zaprzedał w ręce ostatniej gawiedzi,
Zaprzedał syna swego! jedynego syna!
Że hojnie każda o mnie płaci się nowina,
Za słówko, co się kiedy z ust moich wyśliźnie,
Hojniej niżeli za krew przelaną ojczyźnie.
Ale dosyć już o tem, tak jest, dosyć o tem,
100 Moje serce, boleśnym zaranione grotem,
I tak już może nadto...

Domingo
　　　Król dzisiaj wieczorem
Na powrót w miasto z całym wybiera się dworem.
Wszystko już w gotowości, służby już zwołane,
Wasza Wysokość...

Karol
　　　Dobrze, dobrze, zaraz stanę.
(sam)
Nędzny Filipie! w jakiej dręczysz się katuszy!
Nędzny, jak syn twój nędzny! Widzę do twej duszy
Wpijającą się krwawą podejrzenia żmiję.
Nieszczęsny! jeśli twoja ciekawość odkryje
Straszne tych kazirodczych tajemnic zasłony;
110 Ale jeśli odkryłeś, coś zrobił, szalony!...
Prawda, ty o nic nie dbasz! Niechaj twoja flota
W morskich zginie przepaściach, niechaj twoje złota
Wyczerpną się z kopalni. — Patrzysz próżen strachu,
Jak się chwieją filary w samowładztwa gmachu,
Jak fala buntu bije o tronu podnoże!
Lecz ---

SCENA II

Karol

Co widzę? Rodrygo!

Rodrygo

Karolu!

Karol

O! Boże!

Tyżeś to, ty? tak, to ty! bo czyjaż pierś, czyja,
Uderzeniom mej piersi tak silnie odbija?
O! teraz wszystko dobrze, teraz mi już zdrowo,
120 Teraz zbolałe serce rzeźwi się na nowo,
Gdym w objęciach mojego Rodryga.

Rodrygo

Karolu!

A cóż tu było złego? o jakim to bolu
Wspomniałeś? co to znaczy?

Karol

Drogi przyjacielu!

Co cię tak niespodzianie przyniosło z Brukselu?
Komu za to dziękować, komu? o! bluźnierca,
Boże! daruj pjanego obłąkaniom serca.
Któż to inny, jeżeli nie Opatrzność boża,
Zsyła mi przyjaciela i Anioła stroża?

Rodrygo

Książę! daruj, gdy na ten ogień w każdym słowie
130 Twój Rodrygo oziębłym zdumieniem odpowie.

319

Nigdym nie myślał, że mię tak Karol pozdrowi,
Nie tak przystało witać Filipa synowi.
I cóż znaczą te w oczach niezwykłe płomienie,
Ten chłód wybladłych liców, ust gwałtowne drżenie?
Tyżeś to, lwiego serca ów bohatyr młody,
Do którego o wsparcie wołają narody?
Bo nie jako współucznia, co z tobą urosłem,
Ale całej ludzkości oglądasz mię posłem.
Te uściski winieneś flandryjskiej krainie,
140 Łza ludu złupionego na twe lica płynie.
O dzielną wołam pomoc. Moment niedaleki,
A wolność ich odwieczna ma zginąć na wieki.
Srodze Filip Brabantów wolną ziemię krwawi;
Lecz kiedy do niej Albę dzikiego wyprawi,
Siepacza tyraniji, fanatyzmu kata,
Wtenczas ostatnia czeka Brabantów zatrata.
U ciebie, syna królów, a cesarzów wnuka,
Nieszczęśliwa Flandryja wsparcia jeszcze szuka.
Jeśli w tobie ludzkości słabo ogień tleje,
150 Niderlandy straciły ostatnią nadzieję.

Karol

Straciły; — łzy mam tylko, łez i mnie potrzeba,
I ja na próżno wołam o wsparcie do nieba;
Inszych środków wymaga narodu niedola —

Rodrygo

Daruj mnie, ja w tych słowach nie widzę Karola.
Tyż to mówisz? ty wielki, ty rzadki człowieku,
Może jeden nie tknięty morowym tchem wieku...
Co w powszechnym pijanej zbłąkaniu Europy,
Kiedy się wszystko chwieje, nie zachwiałeś stopy;
Coś w młodości przed jadem zawarł usta twoje,
160 By nie wyssać zatrute klechostwa napoje,

320

Od których durzącymi rażone zawroty
Dwa wieki już szaleją; coś przed mnichów groty
I przed samowładnego pana chytrą szponą,
Przed zgrają fanatyzmem grubym oślepioną,
Coś miał sprawę ludzkości zasłaniać niezłomnie?...

Karol

Czy to o mnie mówiłeś, przyjacielu, o mnie?
Teraz mylisz się grubo, teraz już niewcześnie.
Był wprawdzie kiedyś Karol, widziałem go we śnie,
Karol, któremu samo wspomnienie swobody
170 Żywym ciskało sercem, paliło jagody;
Alem ja nie ten Karol, jakim był w Alkali,
Kiedyśmy raz ostatni z sobą się żegnali,
Gdym, myślą lecąc w niebo, śmiał zajrzeć do raju,
Obraz jego w hiszpańskim chcąc odnowić kraju!
O! rozkoszna, o! boska, lecz zbyt krótka chwilko!
Prysły te mary!...

Rodrygo
Mary? Książę! mary tylko?
A więc to były mary?

Karol
Ach! nie broń łez oku,
Nie broń im na twym łonie wolnego potoku,
Jedyny przyjacielu! jedyny, jedyny
180 Wpośród tej pustej świata wielkiego dziedziny!
Jak daleko Filipa zajmuje potęga,
Jak daleko bandera Kastyllanów sięga,
Żadnej nie masz, tak, żadnej, najmniejszej ustroni,
Gdzie Karol jedną łezkę swobodną uroni,
Jeśli nie tu. — Na wszystko zaklinam ja ciebie,
Na nadzieje, jakieśmy pokładali w niebie,

Nie wyganiaj mię, przebóg! z tej jednej ustroni,
Z tej mię jednej Rodrygo luby nie wygoni.

(Rodrygo słucha wzruszony)

Myśl sobie, że ja byłem sierota wzgardzony,
190 Żeś mię przybrał za syna, dziedzica korony,
Ja nie znam, co być synem, bom synem — mocarza;
Ale jeśli mi prawdę wieszczy duch rozmarza,
Jeśli z serc milijona to, co bije we mnie,
Może się tylko z twoim rozumieć wzajemnie;
Jeżeli to jest prawda, że wszechmocna wola,
Tworząc nas, powtórzyła w Rodrygu Karola;
I lutnie duchów naszych jeśli ręką losu
Z młodych lat do jednego nastrojone głosu;
Jeśli te kilka łezek, co mi ulgę dały,
200 Droższeć niż skarby królów...

Rodrygo
                    Droższe niż świat cały!

Karol
Tak głęboko upadłem, tak jestem ubogi,
Że aż w dzieciństwie naszym spędzony wiek błogi
Przypomnieć muszę, muszę wymagać zapłaty
Długów, aż przed dawnymi zaciągnionych laty.
Pomnisz, kiedyśmy w szkole, pod majtków odzieżą,
Dwaj młodzi zapaleńcy pomiędzy młodzieżą,
Wiek nasz na łonie bratniej spędziliśmy zgody,
Nic wtenczas stałej w sercu nie psuło pogody,
To tylko, że przy tobie, jakoby przy słońcu,
210 Gasła ta drobna gwiazda; — poprzysiągłem w końcu,
Poprzysiągłem do zgonu kochać cię bez granic,
Gdy walczyć o pierwszeństwo nie zdało się na nic.
Wtenczas z nowym do ciebie rzucam się zapałem,
Nowymi cię pieszczoty natrętnie ścigałem;

Lecz twoje zimne serce oddało zbyt dumnie.
Nieraz przyjdę, zagadam — ty nie spojrzysz ku mnie.
Gorące łzy, bolesne, stanęły mi w oku,
Gdy Roderyk, Karola mijając w natłoku,
Innych poddanych dzieci na swym łonie pieści.
220 Za cóż innych, ach! za cóż? wołałem w boleści.
Tyś ukląkł i surowo w ziemię kryjąc lica:
«Taka, rzekłeś, przystoi cześć dla królewica».

Rodrygo

Książę, daj pokój fraszkom, na których wspomnienie
Po tylu zbiegłych latach dotąd się rumienię.

Karol

Jam na to nie zasłużył. Mogłeś mię zasmucać,
Lekceważyć ofiarę, lecz jej nie odrzucać.
Po trzykroć królewica wzgardziłeś osobą,
Po trzykroć jako żebrak stanąłem przed tobą,
Żebrać miłości twojej, gwałtem się jej dobić;
230 Nareszcie traf to zrobił, czegom nie mógł zrobić.
Pamiętasz, jak twój wolant, zbłądziwszy w podskoku,
Królewnie, ciotce mojej, w samym utkwił oku?
Myśląc, że to złośliwym spłatał ktoś dowcipem,
Ze łzami winowajcę skarży przed Filipem. —
Kazano zaraz stanąć pałacowej młodzi,
Monarcha sprawców zbrodni surowie dochodzi.
Przysiągł, że dla własnego nie daruje dziecka,
Że przeciwko królewnej psota tak zdradziecka
Przykładną ściągnie karę. — Ty stałeś z daleka,
240 Widziałem, jakeś zadrżał, wiedziałem, co czeka.
Wybiegam, Filipowi rzucam się pod nogi:
Na twym dziecku, o królu! spełnij wyrok srogi!

Rodrygo

Książę, cóżeś przypomniał?

323

Karol

Natychmiast spełniają,
I natychmiast Karola przed służalców zgrają
Jak niewolnika ciągną na karę siepacze.
Twój Karol patrzy na cię, twój Karol nie płacze. —
Dwór ze zgrozą poglądał, a ciało książęcia
Wobec wszystkich szarpały nielitośne cięcia.
Zgrzytnąłem na tak podły krwi monarszej zakał,
250 Ścisnąłem w bolu zęby, alem nie zapłakał.
Patrzałem na cię. Stałość młodzieńczego ducha
Draźni króla i gniewy na nowo rozdmucha.
Na nowo do ciasnego więzienia zakuty,
Wytrzymałem dwunastogodzinne pokuty.
Takem przyjaźń kupował. — Ty mój zamiar zgadłeś,
Przybiegłeś do więzienia, do nóg mi upadłeś:
«Zwyciężyłeś, Karolu, bratnie złączmy dłonie,
Odpłacę tobie kiedyś, gdy będziesz na tronie!»

Rodrygo

Tak jest, odpłacę tobie, i dziecinne słowo,
260 Pozwól, niech jak mąż dzisiaj utwierdzę na nowo.
Może i moją ześlą godzinę wyroki!

Karol

Wybiła ta godzina! teraz żadnej zwłoki,
Teraz najlepiej dawne wypełnisz zakłady,
Potrzebuję przyjaźni, potrzebuję rady.
Wre w głębi piersi moich straszna tajemnica,
Ja muszę ją wyzionąć, muszę z twego lica
Czytać wyrok. — Tak, słuchaj, osądź i śmierć zadaj,
Słuchaj i zadrżyj, słuchaj, nic nie odpowiadaj...
Ja kocham matkę...

Rodrygo
Przebóg!

324

Karol

Kocham matkę moją...
²⁷⁰ O! nie, tu pobłażania żadne nie przystoją.
Powiedz, co miałeś mówić, wymawiaj do końca,
Mów, że jestem nędznikiem ostatnim spod słońca,
Najsprośniejszym skażonej ludzkości widziadłem.
Powiedz wszystko, ja wszystko, co masz mówić,
                                        zgadłem.

Syn kocha swą macochę... natura się wzdryga,
Zwyczaje potępiają, klątwa Rzymu ściga
Tę bezbożną namiętność, której szał nastawa
Na powagę monarchy, na rodzica prawa.
Czuję to — przecież kocham, i tym idąc torem,
²⁸⁰ Zginę w domu szalonych albo pod toporem.
Kocham ją bez nadziei, jak podły niecnota,
Z równą śmierci boleścią, z ohydą żywota,
Czuję to — jednak kocham.

                    Rodrygo
                        A twoja macocha,
Przebóg, czyli wie o tym?

                    Karol
                        Wie, że ją syn kocha?
I jakże śmiałbym przed nią jedno odkryć słowo!
Wszak to jest kraj Hiszpanów, ona jest królową.
Stąd ją męża ścigają zazdrośnego względy,
Stąd etykiety dworskiej ścisnęły obrzędy.
Zbliżyć się niepodobna bez świadka lub szpiega.
²⁹⁰ Ach! już osiem piekielnych miesięcy ubiega,
Jak król ze szkoły głównej wezwał mię do boku.
Osiem miesięcy takie bóstwo mieć na oku,
Co dzień widzieć i słuchać, i milczeć jak skała!
Osiem strasznych miesięcy ten żar we mnie pała!

Nieraz już mam na ustach zbrodnicze wyznania,
Znowu je wstyd i zgroza w głąb serca zagania!
Ach! gdyby jedną chwilkę sam na sam z królową...

Rodrygo

A twój ojciec?...

Karol

Nieszczęsny! jakieś wyrzekł słowo?
Mów mnie o karach piekła, o mękach sumienia,
300 O ojcu nie wspominaj! nie, tego imienia,
Tego jednego, Karol wytrzymać nie zdoła.

Rodrygo

Więc ty się brzydzisz ojcem?

Karol

O! nie. O! nie, zgoła;
Lecz tym imieniem, zda się, że mię piekło woła,
Sępie szpono zgryzoty na wskróś mię przebodło.
Nie mój grzech, że tak byłem wychowany podło!
Że wszystko od dzieciństwa dążyło w zawody
Stępić pierwsze w mym sercu miłości zarody.
Dzieckiem — nie znałem ojca, w szóstym ledwie roku
Najpierwszy raz mojemu przedstawił się oku
310 Ten straszliwy, którego moim ojcem zwano.
Pamiętam bardzo dobrze, wtenczas właśnie rano
Jednym rozbójniczego podpisem rozkazu
Czterech zabił w mych oczach — i od tego razu
Widziałem go raz jeszcze, raz tylko jedyny,
Kiedy mię za jakoweś przyszedł karać winy.
O! to mię... Pan Bóg świadkiem, to najsrożej boli...
Lecz dosyć, dosyć, precz stąd!

(odchodzi)

326

Rodrygo
Niech Książę pozwoli!
(zatrzymuje)
Zostań i mów otwarcie, wszak pierś dolegliwa
W słowach cząstkę gorzkiego ciężaru pozbywa.

Karol
320 Ile razy sam z sobą walczyłem boleśnie!
Nieraz, gdy straże moje pogrążone we śnie,
Z skruszonym sercem, z łzami zalaną źrenicą,
Prosząc o wsparcie padłem przed Bogarodzicą...
Lecz nigdym nie osiągnął prośby mojej celu,
Tak wstałem, jakem upadł! O mój przyjacielu!
Jak ja sobie tę losu zagadkę objaśnię?
Z tysiąca innych ojców — za co jemu właśnie
Każe być ojcem moim? i za co z tysiąca
Lepszych synów — mnie jemu za syna natrąca?
330 Bo całe przyrodzenie w swych istot ogromie
Nie znajdzie dwóch sprzeczności, sprzecznych tak
widomie!
Te dwa natury ludzkiej ostateczne końce,
Mnie i jego — na stronach przeciwnych leżące,
Za cóż tak święta spojnia w jeden węzeł ściska?
Boże! za cóż tak dziwne wyrabiasz igrzyska?
Dwaj ludzie, których wszędzie zawsze wszystko dzieli,
Za cóż w jednym życzeniu spotkać się musieli?...
Są to dwie, przyjacielu, nienawistne gwiazdy,
Które pierwszy raz, w ciągu swej odwiecznej jazdy,
340 Przeciwległymi biegi zwarłszy się na niebie,
Trącą się i na wieki odskoczą od siebie!

Rodrygo
Ach! ja coś okropnego przeczuwam!

Karol

Ja rownie!
Wytrzymawszy dzień cały piekielne katownie,
W nocy mara mnie ściga jak furyi chłosta.
Duch mój brzydkie zamiary ledwie zwalczyć sprosta.
Dowcip mój nieszczęśliwy przez kręte drożyska
Labiryntem sofizmów póty się przeciska,
Coraz ponad grożące zbliżając otchłanie,
Aż na samym urwisku przelękniony stanie.

Z TRAJEDII SZEKSPIRA

ROMEO I JULIA

AKT II — SCENA II

OGRÓD KAPULETÓW

Romeo

(wchodzi)

Kto rany nie odebrał, żartuje z żelazem.

(Julia ukazuje się w oknie)

Lecz stójmy, co to w oknie błysnęło zarazem?
To wschód słońca, a słońcem są Juliji lica.
Wnijdź, o prześliczne słońce, na zgubę księżyca!
Już ta bogini zbladłe odwraca jagody,
Ujrzawszy nimfę ziemską celniejszej urody.
Przestań być nimfą bóstwa zazdrośnego tobie:
Nimfy Dyjany chodzą w zielonej żałobie:
Zieloność barwa głupców. — Porzuć modne stroje! —

10 To ona! moja pani! o kochanie moje!
Gdyby ona wiedziała, że ją kocham tyle!
Mówi, ale nie usty; zaczekajmy chwilę,
Mówi okiem; w mym oku odpowiedź gotowa.

O! zbyt chełpliwy jestem, nie do mnie to mowa.
Dwie gwiazdy, w pilnej kędyś posłane potrzebie,
Proszą oczu Juliji, by raczyły w niebie
Świecić, nim gwiazdy wrócą i znowu zaświecą.
I cóż, jeźli jej oczy do niebios ulecą?

329

I cóż, jeżeli gwiazdy błysną śród jej czoła?
20 Blask Juliji oblicza gwiazdy zaćmić zdoła,
Jako dzień gasi lampy; a niebo jej okiem
Powietrzną jasność takim lałoby potokiem,
Że ptaki dzień w omylnym witałyby dźwięku.

Patrz, patrz, skronie anielskie złożyła na ręku!
Gdybym był rękawiczką, co jej dłoń okrywa,
I mógł dotknąć się liców!

Julia
O, ja nieszczęśliwa!

Romeo
Mówi! O, przemów jeszcze! Tyś moim aniołem!
Ty śród cieniów północy świecisz nad mym czołem,
Jak wysłaniec niebieski, kiedy się roztoczy,
30 Srebrzystym skrzydłem rażąc śmiertelników oczy;
Zaledwo spojrzeć śmieją, on dosiadł obłoku
I lekko w napowietrznym żegluje potoku.

Julia
Romeo! Za cóż ciebie Romeo nazwano!
Wyrzecz się ojca twego, zamień twoje miano
Albo mi serce oddaj: gdy serce twe zyska,
Julija Kapuletów zrzecze się nazwiska —

Romeo
Odpowiadać czy słuchać?

Julia
Montegu! niestety!
Nazwanie tylko twoje razi Kapulety.
Za cóż osobę twoją wliczać między wrogi?
40 Ty nie jesteś Montegu, o Romeo drogi!

330

Bo i cóż jest Montegu? Nie jest to źrenica,
Ani ręka lub stopa, lub jaka część lica
Wrodzona człowiekowi — Montegu jest imię.
Niech je Romeo zrzuci, niechaj inne przyjmie.
Co po imieniu? Róża, choć nazwisko zmieni,
Czyliż się mniej powabnym kolorem rumieni?
Romeo, choćby cudze sobie imię nadał,
Czyliżby swoje miłe przymioty postradał?
Zguba imienia szkodzić nie może osobie.
50 Za to imię oddaję całą istność tobie.
Za jedno tylko imię!

            Romeo
        Chwytam cię za słowo.
Bądź moją, a ja zaraz ochrzczę się na nowo
I nazwisko Romea rzucam precz ode mnie.

            Julia
Kto ty jesteś, i po co, błądzący po ciemnie,
Mieszasz się w mowy cudze?

            Romeo
            O moje kochanie!
Ukryć przed tobą muszę imię i nazwanie.
To imię własnym moim jest nieprzyjacielem,
Jeźli stało się twojej nienawiści celem;
I gdybym je napisał, podarłbym bez zwłoki.

            Julia
60 Znam ciebie! Chociaż głosu twojego potoki
Ucho moje nie...
Tyś Romeo Montegu, znam dźwięk twojej mowy.

            Romeo
Ani jeden, ni drugi, bo nie lubisz obu.

331

Julia

Skąd, jak tutaj przyszedłeś? jakiego sposobu
Użyłeś, aby zwalczyć tak mnogie przeszkody?
Zrąb wysoki i mocny zamyka ogrody;
Wiesz, kto jesteś, w tym miejscu grób znalazłbyś pewny,
Gdyby cię dojrzał ojciec lub który mój krewny.

Romeo

Mury te przeleciałem na miłości piórach,
70 Słaba dla niej zapora w parkanach i murach.
Miłość umie wykonać, na co się odważy:
Tym sposobem uszedłem Kapuletów straży.

Julia

Jeżeli cię tu znajdą, legniesz z ich prawicy.

Romeo

Więcej niebezpieczeństwa jest w twojej źrenicy
Niż w tysiącznych ich mieczach. Spojrzyj tylko mile,
A ja oprę się wszystkich Kapuletów sile.

Julia

Ach! za świat bym nie chciała, by cię tu ujrzeli.

Romeo

Płaszcz nocy mię ukryje od nieprzyjacieli.
Kochaj mię tylko, potem niech się groźba ziści.
80 Lepiej jest koniec znaleźć w cudzej nienawiści
Niźli w długim miłości niewzajemnej zgonie.

[JASIŃSKI]

AKT CZWARTY

SCENA I

[W PAŁACU BISKUPA INFLANCKIEGO W WILNIE, NAD BRZEGAMI WILII, W R. 1794]

Hetman
(wchodzi)

A co? Otóż doczekaliśmy się! jest, otóż masz! Dobrze, dobrze, teraz to Imperatorowa pokaże, teraz nie przebłagają.

(do Henrietty)

Podobno mnie wołałaś? No, skończona rzecz!

Henrietta

To, to tedy prawda, ta rzeź?

Hetman
(do siebie)

Pięknie, pięknie! a mówiłem Biskupowi: Bracie, nie wierz Warszawie, nikomu, nie wierz królowi! Staś dopisał nam, i jego tam ręka była może. Pięknie. Teraz zginęliśmy.

Henrietta

10 Król to zrobił? Jakże to się stało? Słychać, że rzeź wielka, że wszystkich Moskali pobito, że zwycięstwo!

333

Hetman

Pięknie! O Boże! Biednaż ty Polsko! Pan Ignacy Potocki, Pan inflancki Niemcewicz — i szewc! i szewc! O Boże!

(do Henrietty)

Kuriera dotąd nie masz, bo rozbijają po drodze, naturalnie. To jak za konfederacji: my na kozaków, na harmaty, a wiara szuja rwetes! Ale to prawda, dwóch tu już nawet ze sztabu Igelstroma uciekli. Głupi, nic nie wyciągniesz, o bożym świecie nie wiedzą; tylko to prawda, że rzeź. Pięknie!

Henrietta

20 Kiedyż to? Jak dawno? że dotąd nie ma kuriera!

Hetman

Bo żebyż to tylko z Rosją. Ależ w konfederacji i Drewiczowi rady nie dali; żebyż z Moskalami tylko, ależ, Boże, Austria, Prusy! Gadajcie durniom! obywatelom durniom! Że w Paryżu rewolucję zrobili, no to i oni!

Henrietta

Więc to rewolucja? Cóż oni chcą tam? Musi Pan przecie wiedzieć!

Hetman

Co chcą? Toć i byłem w Paryżu; toż tam na jednej ulicy znajdziesz ludu na pięć pułków, siana, prochu, siodeł, wojsko zrobisz w Paryżu, a tu? Toż przecież przejeżdżałaś 30 Troki; stolica, województwo, — skałek nie ma do pistoletów na jeden szwadron. Za konfederacji ustąpiliśmy po zwycięstwie z Litwy, bo nie było skałek, obywatele, nie było skałek! A tu teraz wpadliśmy! Biedna Ojczyzna, biedni my, biedni.

Henrietta

Dobrze, ale cóż Pan myślisz robić?

334

Hetman

Albo co?

Henrietta

Ależ Pan tu masz dużo wojska! Cóż Pan myślisz? Cóż
to z tego wszystkiego będzie? Co tu będzie z nami?

Hetman
(do Henrietty)

Zaraz, zaraz; aha, prawda. — Hej, ordynans!

(do Henrietty)

40 Czy Rudziński był tu? — Ordynans, wołaj adiutanta!

Ordynans Moskal
(wchodzi)

Słuszajus!

(odchodzi i krzyczy ogniście)

Adiutant!

(Wchodzi Zawisza)

Hetman

Gdzież Rudziński?

(do Zawiszy)

A, to ty na służbie? dobrze. To Zawisza.

Zawisza

Major Zawisza.

Hetman

Czy miałeś raport, że rogatki obstawione? Czy już wszystkie obstawione rogatki? gdzie raport?

Zawisza

Panie Jenerale, jakie rogatki? ja nic nie wiem!

Hetman

50 Nic nie wiesz? Kto ci zdał służbę?

335

Zawisza

Nikt nie zdał; dziś kolej służby na mnie; nikogo tu nie było.

Hetman

Nikogo? Ordynans! Komendant posterunku! Hej, zawołać komendanta odwachu!

(Kilku oficerów wpada)

Hetman
(do jednego z nich)

To ty zdawał służbę jemu?

Zawisza

Aha! Panie Jenerale, przepraszam. Coś mi on tam gadał ten Moskal, ale Bóg wie co.

Hetman

Jaki Moskal? To Rudziński.

Zawisza

Ale proszę Pana! w mundurze takim, że myśliłem, że
⁶⁰ Moskal; to niech sobie ze swoimi gada. Tak i nie chciałem słuchać.

Hetman

To ty nie chciałeś słuchać, ty! ty!

(Henrietta chce odejść, Hetman ją zatrzymuje)

Poczekaj trochę, poczekaj Pani, obacz tylko, obacz! — To ty nie chciałeś nawet słuchać oficera, co wartę zdawał? Naprzód powiedz, jaki ty major, gdzie ty majorstwo wysłużył?

Zawisza

Pan Jenerał wie to, że mnie mój stryj, pan Wojski, kupił szarżę, bo nawet w pułku Pana Jenerała. Pan Jenerał to wie.

336

Hetman

70   Pan Jenerał wie, że twoje majorstwo kupione, ale ty nie wiesz, że ja nie jenerał, ale Hetman Polny Litewski!

Zawisza

A któż Pana Jenerała zrobił hetmanem i gdzie? Wiemy, że hetmanów mianuje król! A Pana król kiedy mianował? Gdzie i jak?

Hetman

Hej, ordynanse!

(Ordynanse wchodzą)

Ja tobie pokażę, jak! Wziąć i za okno!

(Ordynanse biorą i wysadzają za okno)

Hetman
(do ordynansów)

Stój, trzymaj!

(do Zawiszy)

A co, ty durniu! czy widzisz teraz, że ja hetman, i słowo powiem, to pójdziesz kąpać się...

[Tu się rękopis urywa]

FRAGMENTY FRANCUSKIE

(W PRZEKŁADZIE POLSKIM)

KONFEDERACI BARSCY

DRAMAT
W PIĘCIU AKTACH

[AKTY I—II]

OSOBY

WOJEWODA, starzec sześćdziesięcioletni, wysoki, wychudły, posępny; mówi prawie zawsze półgłosem i zamyka swe słowa gestem. Strój polski; włosy krótko przystrzyżone.

HRABINA, jego córka, kobieta trzydziestoletnia, piękna i wytworna.

HRABIA ADOLF, syn Wojewody, brat Hrabiny, lat piętnaście. Strój polski.

JENERAŁ-GUBERNATOR ROSYJSKI, mężczyzna pięćdziesięcioletni.

KAZIMIERZ PUŁASKI, wódz konfederatów barskich. Młody człowiek liczący lat trzydzieści.

De CHOISY, oficer francuski. W mundurze francuskim.

KSIĄDZ MAREK, sędziwy kapucyn.

DOKTOR, rosyjski ajent dyplomatyczny. Chód lękliwy, spojrzenie kose; ubiór pół cywilny, pół wojskowy; nosi perukę, okulary i wielką tekę pod pachą.

ZBROJA, leśniczy w lasach królewskich. Ubiór myśliwski.

STAROSTA

STAROŚCINA, jego żona.

MIECZNIK LITEWSKI

BURMISTRZ miasta Krakowa.

Panowie szlachta. Radni i mieszczanie krakowscy. Górale z gór Krępaku. Strzelcy królewscy. — Stroje ówczesne.

Rzecz dzieje się w Krakowie i jego okolicach w roku 1772.

AKT PIERWSZY

SALON W MIESZKANIU HRABINY, GRUPY PAŃ I PANÓW; JEDNI STOJĄ, INNI SIEDZĄ, Z PODANIAMI I PLIKAMI PAPIERÓW W RĘKU; WSZYSCY SMUTNI, ROZMOWA PRZYCISZONA, KILKU LOKAJÓW W PEŁNEJ LIBERII STOI PRZY DRZWIACH

SCENA I

STAROSTA, STAROŚCINA, BURMISTRZ, SZLACHCIC, PÓŹNIEJ MIECZNIK LITEWSKI

Starosta
(w polskim stroju, z szablą u boku)
Nawet w królewskich przedpokojach nie kazano czekać tak długo. Rzecz w Krakowie niesłychana! Dać szlachcie polskiej stać pokornie dwie godziny u drzwi jakiejś faworyty!
(wskazuje na boczne drzwi)

Starościna
Zamilcz! Nieszczęsny, co ty mówisz? Zapominasz, że to córka naszego Wojewody?

Starosta
I kochanica rosyjskiego jenerała!

Starościna
Ach! w jej rękach los naszego syna! Zamilcz!

Stary Szlachcic
Och! Mości Starosto, cóż począć? Przysłowie powia-
¹⁰ da, że niepodobna zgiąć karku Polaka ani wyprostować jego krzywej szabli bez złamania i jednego, i drugiej. No, a my zadajemy temu przysłowiu kłam. Cóż począć? Nasz

343

król Stanisław bije pokłony w Warszawie przed Moskalami, cóż tedy dziwnego, że i my... Czy Waszmość wie, że Jenerał-gubernator konfiskuje mój dwór?

Burmistrz

Biedny Kraków! nakładają nań nową kontrybucję i mnie jako burmistrza czynią odpowiedzialnym za jej spłacenie; grożą mi. Mam nadzieję, że Hrabina zdoła uzyskać kilkudniową zwłokę, a za kilka dni, kto wie, co może jeszcze
20 zajść.

Starosta

Żebyż to tylko chodziło o dwór albo o pieniądze! Mogliby zburzyć wszystkie zębate wieżyce mego zamku i zwalić je na moją głowę, jeszcze nie schyliłbym jej przed drzwiami jakiejś... ale mój biedny chłopiec... tu idzie o życie mego syna.

Starościna
(do Burmistrza)

Jak Waszmość myśli, czy ona nas dzisiaj przyjmie? Boże mój! Bo to dziś, Mości Burmistrzu, mój syn staje przed sądem — Waszmość wie — przed rosyjskim sądem wojennym. I za co? Za to, że przechował u siebie emisariusza
30 od Pułaskiego, wodza konfederatów barskich. Oni mówią, że to zbrodnia. Czy Waszmość da wiarę? Ale Hrabina mogłaby uzyskać od Jenerał-gubernatora rosyjskiego... Jest Polką, córką naszego Wojewody — zlituje się... nieprawdaż? Ona jest taka dobra...

Burmistrz
(podchodząc do Starościny)

Emisariusza? — Czy dowiedziała się Pani czegoś od tego emisariusza? Cóż robi Pułaski? Co robi pan de Choisy,

344

nasz dzielny aliant? Gdzież są ci konfederaci? Każą się nam spodziewać ich co dzień.

Stary Szlachcic

Sza! Czytał Waszmość gazetę wczorajszą? Rozbito kon-
40 federatów po tamtej stronie Wisły; podobno Choisy wzięty do niewoli, Pułaski poległ. To chyba prawda, było wydrukowane, i to wydrukowane w gazecie urzędowej.

Starosta

Ba! Oni go zabijają regularnie raz na tydzień.

Burmistrz

Niezmożony jak Polska cała, nigdy tak ruchliwy jak nazajutrz po oficjalnym pogrzebie. Tysiąc i jedna ruska bajka gazeciarska — ot i tyle.

Stary Szlachcic

Już to weszło w przysłowie, że każda pogłoska, byle nie-
pomyślna dla Polski, zaraz się potwierdzi.

Burmistrz

Ale, ale, czy wiadomo Waszmościom, że nasz Woje-
50 woda na wieść o klęsce konfederatów nałożył białą roga-
tywkę, taką, z jaką obnoszą się konfederaci — i to wczoraj, tu przed samym nosem Moskali.

Starosta

Nałożył konfederatkę?

Stary Szlachcic

Co by to miało znaczyć? Mości Burmistrzu, Pan jako po-
lityk...

345

Burmistrz

To tak, jakby mówił: Myślicie, że konfederacja upadła? — no dobrze, a ja ją dźwigam z powrotem i rzucam się w nią, głową naprzód.

(nakłada na głowę rogatywkę)

Wojewoda wraca z zagranicy, rozumiecie Waszmościo-
⁶⁰ wie, był tajnym ajentem konfederatów. Uzyskał pomoc w posiłkach, jestem pewny.

Starosta

Tak, ale zanim te posiłki przybędą...

Starościna

Jego rozstrzelają. I być rozstrzelanym za to, że znaleziono u nas tego mnicha, a raczej, że on się tam znalazł nie wiadomo w jaki sposób! Mój Boże! — Ale Hrabina nie wychodzi! Jestem pewna, że nie wyjdzie! Wszyscy nas opuszczają. Jak Waszmość myśli, wyjdzie ona?

Burmistrz

Cierpliwości. Jej nie ma w domu, jest na obiedzie u swego ojca, Wojewody. Jenerał-gubernator udał się tam również
⁷⁰ i wielu naszych panów. Wielkie przyjęcie...

Stary Szlachcic

Mówią, że Wojewoda nie posiada się z gniewu z powodu prowadzenia się córki, że zabiłby ją, gdyby nie obawa przed Gubernatorem. A tu widzicie Waszmościowie, zaprasza ich na obiad. Czegoś podobnego jeszcze w Polsce nie widziano. Ale cóż począć?

Starosta

Słychać bicie w tarabany! Wracają! — Wracają!

(Wszyscy wstają i biegną do okien)

Liczne głosy

Wracają! Dzięki Bogu! — Wraca i ona, Hrabina wraca.

Stary Szlachcic

Moskale odprowadzają naszą Hrabinę przy biciu bębnów, jakby swojego komenderującego jenerała; nie do
80 wiary!

Burmistrz

Bo Jenerał-gubernator wraca również. Mówią, że żeni się z Hrabiną; wierzę bardzo, wdowa tak majętna, taka piękna. Co mówię: wdowa; coś znacznie lepszego, bo rozwódka; to jakby na pół panna, a na pół wdowa.

Stary Szlachcic

Moskal! — i córka krakowskiego wojewody! To tak, jakby nasz Ojciec święty poślubił schizmę. Koniec świata!

Burmistrz

Że jest w niej zakochany, to pewna. Ona wszystkiego z nim dokaże, rządzi nim. Nie bez kozery nazywają ja małą Katarzyną, małą imperatorową Krakowa.

Miecznik
(wchodzi szybko, bieży ku Staroście)
90 Próżno Waszmość czeka.

Starosta

Cóż takiego?

Miecznik

Nic dla was nie zrobi. Wracam wprost od Wojewody. Źle ją tam przyjęto. Jej własny ojciec, Wojewoda, nie odezwał się do niej ani słowem. Damy polskie odwracały się od niej plecami, stroiły miny. Dostała spazmów. Jenerał wściekły — a ja, ja jestem bardzo rad.

Starościna

Mój Boże! Ci Ichmość Państwo drażnią ją, a ucierpimy na tym my. W nią godzą, a w nas trafiają.

Stary Szlachcic

Sza! Mości Mieczniku Litewski, Moskale już ci jedną
100 rękę ucięli, a nie widzę, żeby druga na to miejsce wyrosła; nie jesteś widocznie z wierzbiny. Hrabina ocaliła raz twoją głowę, ale... sza!

Lokaj
(wchodzi przez boczne drzwi)

Panie, Panowie! Pani Hrabina poleca mi prosić Państwa po stokroć o wybaczenie; nie może dziś przyjąć nikogo. Jest jej niezmiernie przykro, czuje się niedysponowana.

Starosta

Niedysponowana! Ależ powiedz jej, że tu chodzi o życie poczesnych ludzi, o których Jenerał ma zadysponować dziś jeszcze! — Niedysponowana!

Lokaj
110 Jeśli Państwo chcą przedłożyć supliki, pisma, ja je doręczę.

(Starościna i wszyscy obecni pospieszają do Lokaja, oddają swe papiery, rozmawiają z nim)

Starosta

Wszystko stracone! Rozstrzelają go do dwudziestu czterech godzin.

Miecznik

Waćpan nosi szablę, ja mam nóż.

(pokazuje ukradkiem sztylet)

Jak mi Bóg miły, ja wam powiadam, że nie minie dwadzieścia cztery godzin, a uszyją tu komuś piękne buty, nawet bez brania miary.

Starosta i Burmistrz

Co Waćpan mówisz? uszyją buty?

Miecznik

(odprowadzając ich ku drzwiom)

Widzicie Waćpanowie stąd góry Krępaku i ten obłok, [120] co przypomina kitę Pułaskiego.

Starosta i Burmistrz

Co Waćpan chcesz przez to powiedzieć? Byliżby oni? ...

Miecznik

Nie powiedziałem nic więcej, jak tylko, że Pułaski jest dzielnym kawalerzystą, pan de Choisy wybornym piechurem. Góry Krępaku są blisko Krakowa, a Wojewoda nałożył konfederatkę. Zajdźcie Waszmościowie do mnie tej nocy; pogadamy sobie. Pani Starościno, no, odwagi. Przysięgam na te góry Krępaku; syn wasz nie będzie rozstrzelany.

(Wszyscy wychodzą)

———

349

SCENA II

Hrabina
(padając w fotel)

Ci suplikanci! Nie dadzą chwilki spokoju! I to po tąkim
130 dniu. — Otóż to moi rodacy! dopiero co mnie znieważyli,
a tu czołgają się przede mną. A zresztą, czy mi oni po-
trzebni na co? Pożałują jeszcze...

(do Lokaja, spostrzegając Adolfa w drzwiach bocznych)

Kto tam? Mówiłam ci, że masz nie wpuszczać nikogo.

Lokaj
Pan Hrabia, brat Pani Hrabiny.
(wychodzi)

Hrabina
To ty, drogi Adolfie! Jakże to, już tutaj? Zostawiłam
cię przecież przy stole.

Adolf
Poszedłem tuż za tobą niepostrzeżenie. Chcę z tobą pomówić, Karolino. Chodzi o ważną sprawę.

Hrabina
Sprawę? I ty, Adolfie, i ty także, zjawiasz się u mnie
140 tylko ze sprawami? Mniejsza o to, witaj! Tak dawno nie
widziałam cię u siebie, tak dawno nie mówiliśmy z sobą.
Gdybyś to chciał przychodzić do mnie trochę częściej,
Adolfie, jesteś moją jedyną pociechą w tym straszliwym
osamotnieniu.

Adolf
O jakim ty mówisz osamotnieniu? Nie znam w Krakowie pałacu mniej osamotnionego niż twój.

350

Hrabina

Niedobry, udajesz, jakbyś nie wiedział, że pałac ten jest pod pieczęciami dla świata; dla świata, który jest światem moim; dla mej ojczyzny, dla mej familii, gorzej 150 niż szpital trędowatych. Z kogo składa się tu moje otoczenie? Z Rosjan, z cudzoziemców. We własnym kraju rodzinnym zapominam języka ojczystego, zapominam mówić. Nikogo, z kim mogłabym jedno serdeczne słowo zamienić.

Adolf

Tylu tu bywa Polaków...

Hrabina

Suplikantów, nieszczęśników. Tak, tu się płacze po polsku; ale się nie rozmawia po polsku. Cóż to za życie! To gorsze, niż gdyby się było sierotą albo znajdą. Cóż po rodzinie, która nas porzuca, która się nas wyrzeka!

Adolf

160 Że ojciec urażony, cóż w tym dziwnego? Przybywamy po długiej nieobecności, dowiadujemy się o twoim rozwodzie i o tym, że zamierzasz zawrzeć związek małżeński... i mnóstwo innych rzeczy; nasi krewniacy nagadali ojcu wiele złego o tobie. Wyznam ci, oszołomiony byłem tymi wszystkimi nowinami. — Ale cierpliwości, niech się ta burza przewali.

Hrabina

Ty jeden, mój drogi bracie, zachowałeś dla mnie trochę życzliwości. Ja wiem, twe młode serce nie miało jeszcze czasu napęcznieć ich nienawiścią, przejąć się ich zaka- 170 mieniałymi przesądami. Ale zmienisz się i ty, przewiduję to dobrze, oni wpoją w ciebie nienawiść do mnie. Drogi Adolfie, nie słuchaj ich, bądź zawsze dla mnie dobry.

Ty nie wiesz nawet, jak mi jesteś drogi; sam dźwięk głosu twego sprawia mi radość, przenosi mię w jednej chwili w czasy mej szczęsnej młodości, na łono rodziny. Byliśmy wówczas tak zrośnięci, tak kochaliśmy się nawzajem. Wszystko, co mi z tych uczuć rodzinnych zostało, skupiłam na tobie jednym; tyś jest dla mnie całą rodziną, ojczyzną całą, dla mnie, dziecka wydziedziczonego, odtrą-
180 conego, potępionego. — Gdybyś zechciał przychodzić częściej!

Adolf

Ilekroć tylko będę mógł, Karolino. Wiem, że mię kochasz. Czuję to wszystko zło, jakie tobie wyrządzają, i boleję nad tym. Masz serce tak dobre, tak wrażliwe. Odwołuję się teraz do twej dobroci. Przypominasz sobie tego księdza, oskarżonego o szpiegostwo, pisałem ci był o tym, przyrzekłaś mi dla niego ułaskawienie. Uzyskasz je od Gubernatora? nieprawdaż?

Hrabina

Wiesz, że to nie po raz pierwszy, i mam nadzieję, że nie
190 ostatni. Tymczasem patrz, jaka wdzięczność z ich strony! Byłeś świadkiem przyjęcia, jakie mi zgotowano. Widziałeś przy stole tego Litwina, żałosnego kalekę bez ręki, przyjaciela Pułaskiego; Rosjanie mieli go powiesić, — uratowałam mu życie. «Panie — zwracam się do niego przy stole — Pan się nawet nie przywitał ze mną? Czy Pan mię nie poznaje?» A ten pyszałek na to: «Pani, nie mam ręki do wyciągnięcia; przyjaciele Pani, Rosjanie, ucięli mi ją». Moi przyjaciele, Rosjanie! Prostak, niewdzięcznik! — A te panie? Wychodzę pierwsza na ich
200 spotkanie; a one poczynają dreptać w tył. A potem dalej wszystkie w nogi — jak ci konfederaci barscy, ich godni małżonkowie i synkowie, zmykający wszędzie przed Ro-

352

sjanami. To raczej tam, na polu bitwy, zrobiliby lepiej, popisując się swym patriotyzmem — ale tu? znieważać kobietę, czy to ma być polski patriotyzm? Kobietę, która stara się przychodzić im z pomocą! Daj pokój, ci twoi Polacy to naród najbardziej niewdzięczny na świecie.

Adolf

A czymże jesteś ty w takim razie? Nie jestżeś już Polką? Karolino, nie mów tak. Nie masz słuszności. Jeśli
210 się krzywią na ciebie, to kto tu zawinił? Nie przychodzę robić ci wyrzutów, ale słuszności nie masz. Dlaczego zamieszkujesz ten pałac, w pośrodku samych Rosjan? Twoje skrzydło wychodzi na dziedziniec Jenerała, to prawie pod tym samym dachem: wszyscy to uważają za gorszące.

Hrabina

Tak jest, schroniłam się tutaj, dla mego własnego bezpieczeństwa. Czy nie wiesz, że moja rodzina chciała mię zamknąć w klasztorze, jeszcze przed powrotem mego ojca? Jakie mieli prawo zamykać mię?

Adolf

Nie trzeba się było rozwodzić z twoim mężem, z Hrabią.
220 Tego jeszcze nie bywało w naszej rodzinie. Nie masz słuszności. A teraz przyjmujesz hołdy Rosjanina, ty, córka mojego ojca, córka Wojewody.

Hrabina

Powtarzasz ich morały: rozwód, rozwód! A czemuż to moja rodzina popchnęła mnie, dziecko, do zaślubienia człowieka źle wychowanego, dzikusa, opoja, ażeby nie powiedzieć gorzej? A on, czy troszczy się o mnie? I dlaczegoż to moja rodzina chce koniecznie być więcej zazdrosną o honor mojego małżonka niż on sam? Wierz

mi, to czysty pretekst z ich strony, byle mię prześlado-
230 wać. Nienawidzą mię, oczerniają, a dziwią się, że nie jestem obojętna na uczucia człowieka, jedynego człowieka,
który mię osłania, który okazuje mi szacunek, który się
związał z mym losem.

Adolf

Ten człowiek jest Moskalem.

Hrabina

Mój Boże! gdzież jest taka religia i gdzie takie prawo,
które by zabraniało żywić przyjaźń dla cudzoziemca —
dlatego jedynie, że to cudzoziemiec?

Adolf

Ten cudzoziemiec jest z nami w wojnie.

Hrabina

Wojny kończą się wcześniej czy później. Nienawiści
240 narodowe cichną. A wówczas, gdy zmilknie szczęk broni,
usłyszycie krzyk waszego sumienia — tak, tak, mój ojciec, moi krewniacy, wy wszyscy poczujecie wyrzuty,
żeście zwarzyli całe moje istnienie, zatruli wszystkie chwile
mego życia; przyjdzie dzień, że mię pożałujecie i oddacie
sprawiedliwość mnie i sobie samym. O, tak.

Adolf

Ach, żebyż się to wszystko skończyło! Żebyś już mogła
raz pojednać się z rodziną, wrócić do nas! — Taki ten
nasz pałac zrobił się smutny, od czasu jak ciebie tam nie
ma, smutny i głuchy, jaka tam pustka po tobie. Jak tam
250 było wesoło przed naszym wyjazdem na tę nieszczęsną
misję. A teraz... Ojciec nie uśmiechnie się nigdy, żadnej
rozmowy przy stole. Po prostu — klasztor trapistów. Gdy-

354

byś wróciła! Taka jesteś wesoła, tak dobra. Postaraj się,
żeby ojciec ci przebaczył! Nie zapomnij o tym mnichu,
ojciec dałby wiele za to, aby go ocalić. Dziś mają go sądzić, a ty wiesz, że nie widziano jeszcze takiego Polaka,
który by z rąk moskiewskich sędziów wyszedł cało.

Hrabina

Bądź spokojny. Już pisałam do Gubernatora. I jeszcze
pomówię z nim o tym. Ma być dzisiaj u mnie.

Adolf

²⁶⁰ Ma tu przyjść? Trzeba mi już ciebie pożegnać, bo gdyby się mój ojciec dowiedział...

Hrabina

Ależ ojciec nie poróżnił się z Jenerałem, zaprasza go,
odwiedza sam.

Adolf

Nie wierz zanadto pozorom! Kiedy byliśmy w Wiedniu,
podejmował ambasadora rosyjskiego z wielką uprzejmo-
ścią, a nienawidził — ach, jak go nienawidził! Każdą wi-
zytę tego ambasadora ojciec odchorowywał, tyle go to
kosztowało; raz już myślał, że go krew zaleje. To polityka, moja siostro; ach, to rzecz ohydna, ta polityka! —
²⁷⁰ Czy mówił z tobą przy stole?

Hrabina

Nie. Czy rozmawiał kiedy z tobą o mnie?

Adolf

Nie. Mam w swoim pokoju twój portret. Ojciec zatrzy-
mywał się często przed tym portretem, patrzył nań ze
smutkiem, a kilkakroć w zapamiętaniu ciskał nań obelgi.

355

Było to w czasie, kiedy cię po raz ostatni wzywał, abyś powróciła do jego pałacu.

Hrabina

Nie miałam odwagi wracać do was. Był wtedy tak rozjątrzony.

Adolf

Od tego czasu nie spojrzy więcej na twój portret i nie 280 odezwie się słowem.

Hrabina

I najgwałtowniejszy gniew z czasem przechodzi.

Adolf

Trzeba znać Wojewodę. Ci, co go znają, niczego się tak w nim nie boją jak milczenia. — Ale słychać turkot pojazdu. Odchodzę. Usiłuj ocalić mnicha. Trzeba go koniecznie ocalić!

(tajemniczo)

To ksiądz Marek.

Hrabina

Ksiądz Marek? Nasz dawny spowiednik! Święty człowiek! był kapelanem konfederatów. A Pułaski? Masz wiadomości o Pułaskim?

Adolf

290 Och, ten biedny Pułaski, obchodzi cię jeszcze?

Hrabina

A więc?

(ze wzruszeniem)

Jakżeż to? Czy ty coś wiesz?... Nie ufasz mi?!

356

Adolf

Żyje i nie dostał się do niewoli; to wszystko, co ci powiedzieć mogę.

Hrabina

Chwała Bogu! A gdzie on? Czy nic mu nie grozi? czy bezpieczny? daleko?

Adolf

Nie grozi mu nic; ale gdzie jest, powiedzieć mi nie wolno.

Hrabina

Nie mów, nie mów nikomu, bo gdyby ktokolwiek usły-
300 szał, gdyby powtórzyło echo... Słuchaj, Adolfie, napisz mu, daj mu znać, niech ucieka jak tylko można najdalej. Imperatorowa nałożyła cenę na jego głowę. Jenerał żywi do niego osobliwszą nienawiść. Gdyby wpadł w jego ręce... Jedyna to głowa, której ani ja, ani nikt nie zdołałby ocalić od topora; nie miałabym nawet odwagi wstawić się za nim.

Adolf

A jednak mówią, żeś go kiedyś kochała.

Hrabina

Dziecinne dzieje! Chowaliśmy się razem w naszym dworze w górach. Byłeś wtedy jeszcze małym dzieckiem.
310 Nie pamiętasz tego. Jest moim mlecznym bratem. — Kto ci mówił, że go kochałam?

Adolf

Wszyscy, i to pewna, że tego nikt ci nie przygani; ani ja nie biorę ci tego za złe, na pewno. Ach, Karolino, gdy-

byś była wyszła za niego, taki dzielny człowiek, taki sławny! doprawdy, on wart twego Rosjanina.

Hrabina

Wtedy był on tylko ubogim chłopcem. Gdyby mnie był
kochał, nie byłby nas porzucił, żeby zostać żołnierzem,
szukać przygód.

Adolf

Gdybyś wiedziała, jak wyrósł, jaki dorodny!

Hrabina

320 To go widziałeś? Boże wielki! Byłbyż on tutaj? Co on
tu zamyśla robić? Szalony, bieży prosto w zgubę! Jeśli
go odkryją... Mam okropne przeczucie, miałam tej nocy
straszny sen, widziałam go we śnie.

Adolf

Pułaskiego?

Hrabina

Śniłam, że jestem w górach Krępaku razem z Pułaskim,
takim jak go znałam z dzieciństwa, w kapeluszu góral-
skim, z toporkiem w ręku, prowadził mię ku górze po-
krytej darnią, barwnej od kwiatów.

Adolf

Nie widzę w tym nic okropnego.

Hrabina

330 Wtem nagle widzę, jak mój ojciec wynurza się spod
ziemi, chwycił nas, rzucił oboje w rów, krzycząc: «Pogrzebać, pogrzebać!» — Ach, Boże, czułam, jeszcze czuję
w ustach, na piersi tę ziemię wilgotną, ciężką: czułam
stopę mego ojca, udeptującą ziemię. Boże! Co za sen!

358

Lokaj

Jego Ekscelencja Pan Jenerał-gubernator.

Adolf

Nie chciałbym, żeby mię tu widział.

Hrabina

Wyjdź tędy, i przez ogród.

(Adolf wychodzi)

———

SCENA III

HRABINA, JENERAŁ, W MUNDURZE GALOWYM

Jenerał

No tak, Pani! stało się, jak przepowiadałem. Zwycięstwo! Raport wczorajszy potwierdza się. Pobito konfede-
340 ratów, pobito na głowę. Bogu niech będzie chwała! Właśnie zarządziłem *Te Deum* i zapalą dwadzieścia pięć świec w mej kaplicy: tyle świec, ile lat służby liczę, a ostatnie były najcięższe. Ta przeklęta wojna partyzancka, jakżeż to się wlokło. Ale koniec końców położono jej kres ostateczny, ostateczny. Odetchnąłem. Teraz dopiero czuję się naprawdę gubernatorem tego kraju. — Ach, Pani smutna?

Hrabina

Zmęczona tym obiadem. Po tym, co Pan mówił, spodziewałam się lepszego przyjęcia. Żałuję, żem poszła tam.

Jenerał

Nasi biesiadnicy skonfederowali się również przeciw
350 nam; to nieładnie, ale nie chcę o tym więcej myśleć. Nie pojmuję, co tych Sarmatów uczyniło nagle tak dumnymi,

tak pogardliwymi w obejściu. Czytali gazetę wczorajszą, to chyba, jak myślę, nie pora, by podrwiwać z Rosjan. Ale mniejsza o to; jesteśmy nareszcie zwycięzcami; bądźmy wspaniałomyślni! Wybaczam ten zły humor biednym współrodakom Pani. Nie gniewam się już więcej. Ogłaszam proklamację w imieniu Imperatorowej — ułaskawienia, przebaczenia. Odpłaćmy dobrem za złe, skoro kraj już uspokojony.

Hrabina

360 Niezmiernie się cieszę, że widzę Pana w takim usposobieniu. Daję Panu sposobność, byś złożył dowód swych szlachetnych uczuć. Niezawodnie wypuściłeś Pan na wolność tego więźnia, za którym wstawiałam się w liście wczorajszym.

Jenerał

Och, nie! co do niego, to nie; będzie rozstrzelany, ale to już ostatnia ofiara. Nie, to człowiek zbyt niebezpieczny.

Hrabina

Kto taki? Ja mówię o kapucynie — to mnich z klasztoru w moich dobrach, znają go tu.

Jenerał

Mój Doktor badał go i sądzi, że jak się zdaje...

Hrabina

370 Zawsze ten niegodziwy szpieg, Kurlandczyk. Czy nie dość jeszcze okrucieństw popełniłeś Pan za sprawą tego podłego donosiciela?

Jenerał

Donosy! okrucieństwa! Pani jest osobliwa. Chyba mnie Pani zna, czyż jestem okrutny? Ilekroć nie chodzi o służbę imperatorską, jakąż bym znajdował przyjemność w okrucieństwie? Myśli Pani, że to takie zabawne strzelać do kapucynów? Daję słowo, wolałbym ubić kozła w Krępaku. Ale co począć, to jest wojna, konieczność. Dlaczego sami zmuszają mię do srogości wobec nich?

Hrabina

380 Zgoda, wojuj Pan z żołnierzami, ale rozstrzeliwać spokojnych ludzi...

Jenerał

Chciałbym mieć honor zawrzeć znajomość z owymi spokojnymi ludźmi, ale jak dotąd, nie znalazłem ich w Polsce wcale. Jeżeli kiedyś byli w tym kraju (o czym wątpię), to plemię owo wyginęło — tu każdy, póki mu tchu starczy, robi powstanie. Mój Doktor słusznie mówi, że Polak nawet po zgonie konspiruje jeszcze co najmniej w przeciągu dwudziestu czterech godzin. To kraj gorących głów, poczynając od podgolonej głowy Mości Pana Wojewody,

390 ojca Pani, aż do kudłatego łba najpośledniejszego chłopa, który kiedykolwiek obnosił swobodnie swój polski kołtun. I oto nareszcie mam szczęście zobaczyć takiego...

Hrabina

Każdy człowiek kocha swą ojczyznę.

Jenerał

Nikt ich nie wypędza z ojczyzny; niech sobie siedzą, ale niech się sprawują uczciwie, niech słuchają swego króla...

Hrabina

Króla Stanisława Poniatowskiego, którego wy sami nazywacie waszym agentem, manekinem.

361

Jenerał

Otwarta głowa. Zważył potęgę tych dwóch państw; 400 waga Polski okazała się lżejszą, król się z tym pogodził. Rodacy Pani zrobiliby lepiej, żeby poszli w jego ślady, zamiast podejmować wojnę bezużyteczną — bezużyteczną dla nich, bezużyteczną dla mnie. Bo nie znam smutniejszego zajęcia dla jenerała, jak walka z nieregularnymi oddziałami, z partyzantami. Gdy się odniesie zwycięstwo, cóż się znajduje na polu bitwy? Ani jednej armaty, ani jednego furgonu, ani złamanego szeląga; nie ma czym zapełnić dwóch wierszy biuletynu. Jakoż od czasu jak prowadzę tę gałgańską wojnę, nie otrzymałem od Im- 410 peratorowej ani awansu, ani odznaczenia, ani żadnej nagrody. Jej Cesarska Mość polecała mi w każdej depeszy skończyć z tą sprawą za wszelką cenę, a to się ciągnęło bez końca. Cóż zatem dziwnego, żem się burzył, żem się unosił, żem się srożył! Strach czyni okrutnym.

Hrabina

Strach? — U starego żołnierza!

Jenerał

Nie o życie swoje czułem obawę, ale o moją reputację, o moją przyszłość, o moje dwadzieścia pięć lat służby. Czy Pani wie, że już już miałem popaść w niełaskę? — a cóż pozostaje na świecie jenerałowi w niełasce? Oba- 420 wiałem się i o Panią. Rodacy Pani nie miłują jej nazbyt, Pani wie. W ten sposób dzieliła Pani bezwiednie moje niebezpieczeństwa. Kiedyż w końcu zdecyduje się Pani dzielić na zawsze moje szczęście?

Hrabina

Pan widzi, jak rodzina moja sprzeciwia się temu.

362

Jenerał

Papa się trochę na nas dąsa; bądź Pani spokojna, obłaskawimy go. Nie zna jeszcze doniosłości naszego ostatniego zwycięstwa, a już, widzi Pani, lęk czy też polityka skłaniają go do tego, że przyszedł do mnie, że mnie do siebie zaprosił. Nasz dzisiejszy obiad nie udał się, mniej-
430 sza o to, to była nasza pierwsza próba. Zaprosiłem Wojewodę do siebie na herbatę. Zaczniemy na nowo. Będę układny, uprzedzający, nawet uniżony wobec niego. Pani osaczy go pieszczotami, ja rzucę od czasu do czasu obietnice, w razie potrzeby groźby, przypuścimy do niego atak. Eh, śmiało naprzód, to pójdzie! Trochę wesołości! Chcę być wesołym, chcę się bawić dzisiaj, nie chcę więcej słyszeć o wojnie ani o polityce, przynajmniej z miesiąc. Jestem sobie jak rekrut na urlopie — ha!

Hrabina

Więzień, o którym Panu mówiłam, był niegdyś spowied-
440 nikiem mego ojca; ma Pan sposobność zobowiązać mego ojca w delikatny sposób.

Jenerał

Znów ten kapucyn! Dobrze, dobrze, niech więcej o nim nie słyszę. Napiszę rozkaz.

(szuka papieru)

No...

(dzwoni)

[do Lokaja]

Niech tu przyjdzie Doktor! Pani zechce przybyć do mnie, nieprawdaż?

Hrabina

Muszę zmienić toaletę; tak mi to cięży, czuję się tak znużoną.

Jenerał

Czekam Panią tutaj, wyjdziemy razem.

(Hrabina wychodzi)

Lokaj

450 Pan Doktor!

(wychodzi)

SCENA IV

JENERAŁ, DOKTOR

Jenerał

Zaniesiesz Pan ten rozkaz do dozorcy wojskowego więzienia i każesz wypuścić na wolność tego człowieka.

(dzwoni)

Mój powóz! — Raport swój zdasz mi jutro.

Doktor

Przedtem, Panie Jenerale, proszę pozwolić mi przyjść do Pana dziś wieczór. Mam do omówienia pewną sprawę.

Jenerał

Dziś nie mam czasu.

Doktor

Wasza Ekscelencja zechce użyczyć mi godzinę czasu.

Jenerał

Ani sekundy, nie chcę nic słyszeć o sprawach ani dziś, ani jutro, ani pojutrze. Czy ja katorżnik? Sybirak? Nie
460 pozwalają mi...

Doktor
Panie Jenerale, mam Panu do zakomunikowania ważne wiadomości...

Jenerał
Dobre? — tak? Mów. Pułaski zabity? wzięty?

Doktor
Wiadomości największego znaczenia, które wymagają całej pańskiej uwagi. Być może, uzna Pan za konieczne zarządzić pewne środki...

Jenerał
Cóż tam takiego? Mów, byle prędko.

Doktor
Raczy Pan Jenerał przejść do swojego gabinetu...

Jenerał
Jesteśmy tu sami, zamknij drzwi. Mów, byle prędzej, 470 nie mam czasu.

Doktor
(poważnie)
Mam zaszczyt ostrzec Waszą Ekscelencję, że od wczoraj horyzont polityczny poczyna się zaciemniać i że oblicze miasta Krakowa zdradza oznaki niepokojące.

Jenerał
Głupstwo! Jak to? teraz? Po ich ostatniej klęsce?

Doktor
Zauważam to od rana, że na rynku i na ulicach tworzą się grupy, gromadki, jak gdyby wyczekiwano na jakieś wielkie widowisko, jak gdyby przeczuwano jakieś wiel-

365

kie wydarzenie. Mieszczanie gromadzą się i, zdziwieni, że się znaleźli razem, zdają się sami nie znać przyczyny 480 swego rozruchu.

Jenerał
To przecież nie ma sensu, nie może mieć żadnych następstw.

Doktor
Przeciwnie, to może mieć najpoważniejsze następstwa. Nigdy lud nie jest równie niebezpieczny, jak kiedy chce czegoś usilnie, a sam nie wie wyraźnie, czego chce.

Jenerał
Nasze posterunki wojskowe mają rozkaz czuwać.

Doktor
Tłum zebrany naprzeciw naszych posterunków wojskowych zatrzymuje się w milczeniu, nie zaczepiając nikogo, a potem nie zaczepiany, bez użycia groźby, rozprasza się 490 w milczeniu.

Jenerał
Rozprasza się, tym lepiej.

Doktor
I gromadzi się w innym miejscu. Otóż zauważyłem w Konstantynopolu, gdzie miałem honor być przydzielony do misji cesarskiej w charakterze..., zaobserwowałem w Konstantynopolu, że taki objaw zapowiada zawsze głuche i głębokie niezadowolenie...

Jenerał
A co ci ludzie mówią? o czym rozprawiają?

366

Doktor

Mówią szeptem, Panie Jenerale, mówią szeptem. Całe miasto obniżyło nagle swój głos o pół oktawy. Otóż za-
500 uważyłem w Wenecji, gdzie miałem honor być przydzielony do misji...

Jenerał

No i cóż w tej Wenecji?

Doktor

Ilekroć daje się zauważyć taką zmianę w sposobie prowadzenia rozmów u pospólstwa, ma się pewność, że w umysłach lęgnie się jakiś zamiar, i inkwizytorzy państwa zabierają się zaraz do śledztwa... Zatem i ja rozpocząłem badania...

Jenerał

Dobrześ zrobił; i czegoż się dobadałeś?

Doktor

Cierpliwości, Panie Jenerale. Daje się również zauwa-
510 żyć, i Pan sam może stwierdzić słuszność tego spostrzeżenia, daje się zauważyć, powtarzam, że od wczoraj Polacy, witając się, ściskają sobie ręce z większą mocą niż zwykle, ruchem... o, takim. Dodam, że wymieniają przy tym spojrzenia porozumiewawcze. Otóż zauważyłem...

Jenerał

To prawda!

Doktor

Otóż zauważyłem w Szwecji, gdzie miałem honor być...

Jenerał

Cóż dalej?

Doktor

W Szwecji, w czasie walki rojalistów ze szlachtą, kiedy
u jednej z partii dały się widzieć takie oznaki, miało się
520 pewność, że otrzymała widocznie jakąś dobrą wiadomość,
jakąś zachętę, że jest się w przededniu...

Jenerał

A więc co myślisz o tym? co z tego wnosisz? Cóż za
wiadomości mogli oni otrzymać?

Doktor

Przypuszczam, że otrzymać musieli coś więcej niż wiadomości. Prawdopodobnie dostało się w te mury kilku
530 konfederatów, niedobitków. Wiadomo, jak ich obecność
podnieca wszędzie umysły...

Jenerał

To możliwe. — Kochany Doktorze, weź się do roboty,
śledź, każ zbierać wiadomości, a zobaczymy.

Doktor

Czy zarządzi Pan jakie środki ostrożności?

Jenerał

Przeciw komu? Kto tu przybył taki? Gdzie się kryje? —
Aby móc działać, trzeba mi dokładnych danych. Nie masz
przecież nic określonego w ręku, żadnej bliższej wiadomości.

Doktor

Jak dotąd, żadnej.

Jenerał

A przecież, jako doktor, masz stosunki z tyloma ludźmi.

Doktor

Od rana uwijałem się bez odpoczynku, przypijałem się jak pijawka do uszu mych pacjentów, ciągnąłem jak sucha bańka, ale, niestety, niczego wydobyć nie zdołałem.

Jenerał

540 Nie do wiary! Z takim zmysłem spostrzegawczym, z takim doświadczeniem! nie móc się niczego wywiedzieć! Przecież ci Polacy to takie gaduły, tak niezdolni do utajenia! Ten naród jest na wskróś przeźroczysty.

Doktor

A tak, oni mówią dużo, ale nie powiedzą nigdy tego właściwego słówka, które jest sednem rzeczy. W tej gadatliwej Polsce nie odkryto nigdy żadnego spisku. Miasto jest w tej chwili jak chore dziecko, niespokojne i rozkrzyczane, ale próżną byłoby rzeczą pytać je o to, gdzie tkwi choroba i jaka jej nazwa. To nasza rzecz odgadnąć.

Jenerał

550 Możliwe, że ta choroba... nazywa się chorobą na Pułaskiego.

Doktor

Dobre określenie. Wasza Ekscelencja ma słuszność. Mówią, że ten awanturnik przerzucił się w góry Krępaku. Zauważam, że mieszczanie krakowscy zwracają za często głowę w stronę gór, jak lazaroni w stronę Wezuwiusza, co zawsze jest zapowiedzią wybuchu.

Jenerał

Pan Pułaski nie zrobi z Krępaku Wezuwiusza.

Doktor

Góry są tak blisko. Łatwo mu wślizgnąć się do miasta.

369

Jenerał

Jeśli się tu zjawi, odkryją go, polegam w tym na tobie.
560 Dałbym za to mój krzyż świętego Jerzego, żeby on się tu znalazł. Masz jego rysopis, nuże do dzieła, obserwuj, trop, węsz, wypuść swych agentów. Ach, żebym go tylko dostał w swoje ręce! Przeklęty człowiek! Już miałem nadzieję, już sam sobie winszowałem, budowałem różowe projekty, a tu masz, popsuł mi wszystkie szyki. Doktorze! Jeżeli mi pomożesz zamputować tę głowę, zamianuję cię naczelnym chirurgiem armii, przyrzekam ci dyplom radcy stanu.

Doktor
(kłaniając się)
Panie Jenerale, Panie Jenerale, Bóg widzi, że rad bym
570 z duszy.

Jenerał
Gdybym go dostał w swoje ręce! Kazać go powiesić — nie! to byłoby za wiele dlań honoru. — No, nędzniku, drogo ty mi zapłacisz za moje noce bezsenne. Ja cię urządzę, posłużysz ty za przykład odstraszający. Będą to pamiętać jeszcze po dwudziestu pięciu latach; drżeć będą na samą myśl o spisku.

Lokaj
(wchodząc)
Pani Hrabina już zeszła, czeka na Waszą Ekscelencję.

Jenerał
Powiedz Pani, aby raczyła udać się do moich pokojów, przyjdę tam za małą chwilę.
(Lokaj wychodzi)

(do Doktora)

580 Ale, ale, Doktorze.

(pokazuje mu papier)

Spełniam, co przyrzekłem; tak, trzeba tego więźnia wypuścić.

Doktor

Za pozwoleniem Pańskim, Panie Jenerale, uczyni Pan lepiej, zostawiając tego człowieka tam, gdzie on jest. Ten człowiek wydaje mi się niebezpieczny.

Jenerał

Ale co tam, jakiś mnich.

Doktor

Więcej w nim licha niż mnicha. Właśnie go badałem. Najpierw jego prawa ręka jest mięsistsza i o dwa cale dłuższa niż lewa. Otóż to wprawa w robieniu szablą wy-
590 dłuża w ten sposób i wzmacnia hipertroficznie ramię u polskich szlachciców. Dowód, że to szlachcic i stary żołnierz. Nosi on również na czole jakiś stygmat, który na pewno nie jest seraficzny, a wydaje mi się raczej śladem pchnięcia lancą, zaledwie zabliźnionego.

Jenerał

Mógł dawniej służyć w wojsku. Wolę, kiedy w tym kraju z młynarza robi się biskup, niż z biskupa młynarz; to pewniejsze. Czy to stary człowiek?

Doktor

Tak, leciwy.

Jenerał

Zatem ani Pułaski, ani de Choisy, to mi wystarcza.

371

Doktor

⁶⁰⁰ Och, nie. Ale to przecież może być emisariusz słynnego kapucyna Marka, nazwanego kapelanem Polski walczącej. A może to sam Marek.

Jenerał

Co za pomysł! Według ostatnich raportów ów Marek znajdował się o trzysta mil stąd. A wreszcie niech się nazywa Marek, Mateusz czy Jan, przyrzekłem Hrabinie, że go puszczę. Daj spokój, zajmij się Pułaskim, nim samym jedynie.

Doktor

Przychodzi mi pewna myśl, ale nie mam odwagi...

Jenerał

Mów.

Doktor

⁶¹⁰ Waszej Ekscelencji chyba nie tajne, że pani Hrabina jest, powiedzmy raczej: była w stosunkach... w stosunkach z Pułaskim.

Jenerał

Tak, w dziecinnych latach, ale to stare dzieje. To nie twój wydział, to do ciebie nie należy.

Doktor

Chciałem tylko powiedzieć, że familia pani Hrabiny... familia bardzo liczna... Otóż jest rzeczą możliwą... prawdopodobną, że ktoś z tej familii nadal utrzymuje niejakie stosunki... A skoro pani Hrabina żywi wiele przyjaźni dla Waszej Ekscelencji, byłoby to niesłychanie korzystne dla ⁶²⁰ służby Jej Cesarskiej Mości, jak i dla pańskiego bezpieczeństwa, Panie Jenerale, gdyby pani Hrabina podjęła się uzyskania jakichś wiadomości za pomocą... gdyby chciała na przykład użyć mnie... pójść za moimi radami...

Jenerał
Signor Dottore! Nie jesteś Pan człowiekiem zazdrosnym, chciałbyś, żeby wszyscy trudnili się twoim zawodem. To, co mówisz, to brednie...

Oficer
(wchodząc)
Ekscelencjo, pan Wojewoda jest u bram zamku. Czy go wpuścić?

Jenerał
(zdumiony)
Wojewoda? A kto ci powiedział, żeby zamykać przed 630 nim bramy?

Oficer
Ekscelencjo, on chce wejść z całym swym orszakiem, ze swymi tatarami i kozakami.

Jenerał
Co znaczy jakiś tam tuzin kozaków. Każ otworzyć prędko.
(oficer wychodzi)
Zaprosiłem go na dzisiejszy wieczór.

Doktor
Chciałem właśnie zauważyć, że pan Wojewoda, dla którego żywię najwyższy szacunek i na karb którego nie odważyłbym się nic powiedzieć, co by mogło mu przynieść najmniejszą ujmę — wszelako, chociaż jest ojcem pani 640 Hrabiny, dla której...

Jenerał

No dobrze, bez kołowań!

Doktor

Żywi on, jak mi się zdaje, zgoła inne uczucia dla obecnego stanu rzeczy, niż te, jakie chciałoby się widzieć u... Pan wie o tym, że był on ajentem konfederatów za granicą. Mam tu zapiski o jego postępowaniu... o tu.

(przegląda papiery w portfelu)

Dopiero co otrzymał list od księcia de Choiseul... wysłał list do lorda North i...

Jenerał

Wiem o tym, te misje spełzły na niczym. Widzisz, że od powrotu po tych bezużytecznych wyprawach nie po-
650 szedł do obozu Pułaskiego, siedzi tu spokojnie.

Doktor

Panie Jenerale, Juliusz Cezar mawiał, że trzeba się wystrzegać ludzi posępnych i oschłych, choćby nie wiedzieć jak spokojnych z pozoru.

Jenerał

Posępność leży w jego charakterze; boczył się na nas z powodu pewnych stosunków familijnych... ale poczyna nabierać rozsądku.

Doktor

Czy Pan zwrócił uwagę na jego oczy? Ach, Panie Jenerale, najciekawsza to para oczu, jaką kiedykolwiek zanotowałem w moich rysopisach, oczy stokroć niebezpiecz-
660 niejsze od oczu fanatyka, zapalających się co chwila, by potem zmącić się i zamglić. Wzrok Wojewody nie zmienia nigdy wyrazu ani kierunku, jest to wzrok zawodowego gracza, nie tracącego nigdy z oczu swojej stawki. Mam

374

instynktowy strach przed tymi źrenicami, które błyszczą,
ostre i zimne jak dwa końce nożyczek angielskich. Albo
się mocno mylę, albo wzrok taki zdradza człowieka zdolne-
go do... Pan się śmieje, Panie Jenerale?

Jenerał

Ty się boisz złego spojrzenia, ty! Dość tego! My Ruscy
nie jesteśmy kolibrami, on nas nie urzecze, niech sobie
⁶⁷⁰ na nas patrzy. Nie boję się ani jego pary oczu, ani watahy
jego nieodłącznych tatarów.

Lokaj

Jaśnie Pan Wojewoda.

Jenerał
(zdumiony wstaje)

Tutaj? Przychodzi do Hrabiny — to nadzwyczajne!

Doktor

Powiedz mu Pan o tym rozruchu w mieście, ciekaw jestem, co on o tym myśli.

———

SCENA V

CI SAMI, WOJEWODA WCHODZI Z DWOMA HAJDUKAMI TATARSKIMI, KTÓRZY STAJĄ
WE DRZWIACH

Jenerał
(trzymając papier w ręce)

Wasza Dostojność! Czuję się szczęśliwy, niezmiernie
się cieszę, że Pana widzę. Pani [Hrabina] wyszła przed
chwilą.

[do Lokaja]

Hola! idź i powiedz Pani, że Jaśnie Pan Wojewoda...

Wojewoda
(do Lokaja donośnym głosem)

680 Nie chodź, zostań! Panie Jenerale, ja do Pana przychodzę,
byłem u Niego i dowiedziałem się, że Pan jesteś tu.

Jenerał

Siadajmy, proszę. Ach, pani Hrabina będzie niepocie-
szona, że co dopiero wyszła.

Wojewoda
(stojąc)
(na stronie)

Zatem to prawda! aż do tego stopnia! ona jest u niego,
a on u niej robi honory domu.

(głośno)

Przychodzę uprzedzić Pana, że będzie mi rzeczą niemożli-
wą spędzić z Nim wieczór dzisiejszy. Wyjeżdżam na wieś;
zarządziłem tam polowanie, czekają mnie. Żegnam Pana.
Widzę, że Pan jest zajęty.

Jenerał

690 Nic takiego ważnego, mam tylko podpisać.

(podpisuje)

Chodzi o pewnego księdza skazanego na śmierć. Właśnie
dowiedziałem się, że był on niegdyś związany z Pańskim
domem — on nie umrze.

Wojewoda

Każe mi Pan żałować, że nie mam w tej chwili tylu
osób oddanych na me usługi, ile ich było niegdyś u moich
przodków. Te czasy już...

(czyni gest)

Jenerał

Pragnąłbym, aby cała Polska była Panu tak oddana, jak
jesteśmy oddani my. I kto wie? U was tron jest elekcyjny,

376

ha, ha! — Darowuję temu księdzu życie i wolność. Ale
700 proszę, zechciej Pan usiąść.

Wojewoda
Nazywają imperatorową Katarzynę Semiramidą Północy.
Pan ma takie samo prawo do nazwy Tytusa Krakowa.
Co do mnie, nie mierzę tak wysoko, ale lubię dzieje staro-
żytne.

Jenerał
Darowałem niedawno życie temu szalonemu Litwinowi,
Pan wie, który dla ułatwienia ucieczki Pułaskiemu przybrał jego nazwisko, i miano go powiesić zamiast Pułaskiego. To coś jakby z historii starożytnej, nieprawdaż? To
przecież z ducha dawnej Romy albo raczej z romansu,
710 poświęcenie nadzwyczajne.

Wojewoda
Bywają ludzie, którzy uważają to za nadzwyczajne.

Jenerał
Co do mnie, pojmuję, lubię poświęcenie się tego żołnierza
za dowódcę, podoba mi się ono. Ale skąd i dlaczego spo-
kojni obywatele, tacy na przykład mieszczanie krakowscy,
płoną takim afektem do pana Pułaskiego; to jest coś, czego
nie pojmuję.

Wojewoda
Tak, są ludzie, którzy tego nie pojmują.

Jenerał
Pan znałeś Pułaskiego?

377

Wojewoda

Nie znałem go. Chował się u mnie, ale był wtedy dzie-
720 ckiem. Znam teraz Pułaskiego o tyle, o ile zna go i Pan.
Znać czyny człowieka, to tyle co znać samego człowieka.

Jenerał

Mówią, że bardzo wymowny?

Wojewoda

Pan za to, zdaje się, był bardziej czynny.

Jenerał

Podobno jakieś pogłoski krążą po mieście... Czy Pan
myśli, że ten awanturnik, jeśli wymknie się moim koza-
kom, mógłby jeszcze wzniecić rozruchy?

Wojewoda

Czy rozpocznie znów wojnę?

Jenerał

Tak.

Wojewoda

To Pan ją będzie dalej prowadził ze swej strony.

Jenerał

730 Niezawodnie. Niemniej byłoby mi to przykre, bo czyż
nie dosyć już? tyle krwi, tyle ruin! I po co? Dlatego, że
jakiś tam pan de Choisy z kilkoma zawadiakami francuskimi chce tu sobie zdobyć szlify generalskie, i że jakiś tam
szary szlachetka chciałby rządzić waszą Rzecząpospolitą,
jak gdyby króla Stanisława nie było wcale. Imperatorowa
nie ścierpi nigdy podobnego stanu rzeczy. A przypuśćmy
nawet, że króla zrzucą z tronu, to znam ja w Polsce ludzi
dość świetnego rodu, i dość wysokiej pozycji...

378

Wojewoda

Nie wiem, czy Pułaski myśli zostać starostą, hetmanem,
740 wojewodą czy królem — i to być może. Nie przypuszczam,
żeby chciał zostać gubernatorem. Za moich czasów takiego
urzędu w Polsce nie było. Zresztą jak dotąd nie mieszałem
się do tej wojny.

Jenerał

Och! co do tego, mogliśmy tylko chlubić się Panem.
Robiono wprawdzie na Pana donosy do Imperatorowej,
ale ja zawsze osobiście ręczyłem za pańskie zachowanie
się. Zbyt dobrze jest mi znana roztropność pańskich po-
glądów i szlachetność pańskiego charakteru.

Wojewoda

Dzięki, Jenerale. Dołożę starań, aby dać się poznać lepiej,
750 dać się poznać takim, jakim jestem. Żegnam Pana.

Jenerał

O! Pan wyjeżdża? i na długo?

Wojewoda

Na jeden dzień, blisko stąd, w góry Krępaku.

Jenerał

Na polowanie? lubię polowanie. Te przeklęte sprawy...

Wojewoda

Miałem Pana tam zaprosić, ale widzę, że Pan zajęty.
Wreszcie nie będzie to, ściśle biorąc, polowanie; jadę tylko,
by zarządzić przygotowania. Już sporo czasu, jak nie
zwiedzałem mych dóbr. Za parę dni urządzę łowy, godne
Pana i Wojewody, który jest równocześnie Wielkim Łow-
czym Koronnym. Tuszę, że uczyni mi Pan zaszczyt wypró-
760 bowania naszych strzelb. Żegnam Pana.

(wychodzi)

379

Jenerał

Twardy Sarmata.

Doktor

Co Pan myśli o tym polowaniu?

Jenerał

Trochę dziwaczne; tak ni stąd, ni zowąd, w tym niespokojnym czasie.

Doktor

To, co dostrzegam w mieście, pozwala mi przeczuć to, co się dziać będzie w górach. Zbiorą tam z okolic żywioły niezadowolone, porozumieją się, policzą.

Jenerał

Przecież on sam mię uprzedził.

Doktor

Otóż to właśnie, co wzbudza moje podejrzenia. Proszę
770 nie zapominać, że on był dyplomatą.

Jenerał
(zamyślony)

Trzeba dostać języka o tych łowach. Masz swoich agentów wśród górali?

Doktor

Na wsi — nie. Kraj to zbyt dziki, żeby tam można urządzić porządną policję. Ale gdyby tak Pan Jenerał sam się tam udał? Niech się mu Pan da zaprosić albo niech Pan się wybierze tak sobie, na wycieczkę. Przyłapie ich Pan na gorąco, na naradach. Podpatrzymy liczbę, twarze. Co Pan o tym myśli, Panie Jenerale?

380

Jenerał

To niezły pomysł. Takie podpatrywanie nieprzyjaciela
780 nie jest sprzeczne z honorem wojskowym. Pomówimy
o tym. Po balu proszę przyjść do mnie. — Mój powóz!
(Doktor wychodzi)

Jenerał
(sam)

Czy podobna? Czyżby ten Wojewoda? I ci krakowia-
nie są tacy bezrozumni, tacy wzburzeni... Czyżby ten Wojewoda?... Dość jednej próby z jego strony, a przepadnę
w opinii Imperatorowej. Zaręczyłem za jego wierność.
Imperatorowa nie raz jeden przyganiała mi mój związek
z Hrabiną. Jedna próba — a mych dwadzieścia pięć lat
służby, moje rany!... Nie, panowie Polacy, drogo by wam
przyszło zapłacić za wyrządzenie mi takiej złośliwej psoty.
790 Gdybym wpadł przez was w niełaskę, ha, mam na zamku
dobrą artylerię oblężniczą — gdybym wpadł przez was
w niełaskę, biada wam! — w perzynę obrócę, przysięgam na ten krzyż świętego Jerzego, w perzynę obrócę te
sto wieżyc waszego miasta — a skoro ja je zburzę, to już
ich pan de Choisy ze swymi posiłkami francuskimi nie
odbuduje na nowo.

Koniec aktu pierwszego

AKT DRUGI

DZIKA OKOLICA W GÓRACH KRĘPAKU. NA LEWO SKAŁA Z KAPLICĄ NA SZCZYCIE;
NA PRAWO ŁAŃCUCH GÓR; W GŁĘBI DOM MYŚLIWSKI, PUNKT ZBORNY POLOWANIA;
NIECO DALEJ OLBRZYMI DĄB. SŁOŃCE ZACHODZI

SCENA I

PUŁASKI, De CHOISY, ZBROJA

Pułaski

*(w stroju konfederackim, ze strzelbą przez plecy, szablą u boku, pistoletami
za pasem)*

Tędy, Panie de Choisy, tym parowem.

De Choisy

(w mundurze, bez broni, kroczy z wolna)

Zbroja, mój przyjacielu, daleko nam jeszcze do tego miejsca
zbornego?

Zbroja

(w ubiorze myśliwskim)

Jesteśmy, Panie, na miejscu. Widzi Pan ten front domu
ubrany rogami jeleni i głowami dzików?

(Choisy siada na ziemi, otwiera torbę i przegląda papiery)

Pułaski

(rozglądając się wokoło)

Prawda, to tu! rozpoznaję. Witajcie, góry kochane, zie-
mio rodzona, skały Krępaku! Widzę nareszcie czoła wasze zarośnięte, wasze wierzchołki nagie jak golone łby naszych konfederatów. Witajcie, moje stare mchy brodate.
[10] Dmijcie, wichry tatrzańskie, o tak, dmijcie, wiatry lube!

Poświst wasz usypiał mię nigdyś w tej kolebce z granitów. Rozpoznaję tę nutę leśną i skalną: to kołysanka rodu Pułaskich.

De Choisy
(zatroskany)
A moje plany? moje notatki? Wszystko przepadło w tej Wiśle! Ech, tym lepiej! bodajby i pamięć moją jej wody pochłonęły za jednym razem. Co my tu mamy do roboty! Po co wyciągnięto mnie z wody? Wstyd i hańba ocalić się z rozbicia całego narodu. Nieszczęsny naród!

Pułaski
Przeklęte puszcze litewskie i stepy Ukrainy! Od sied-
20 miu lat nie odetchnąłem ani razu tak swobodnie, lekko, pełną piersią — prawdziwe tu powietrze polskie. Jakie tu niebo przestronne, patrz, Choisy, oko ogarnia stąd dziesięć razy większy widnokrąg.

De Choisy
O tak! przestronna i piękna ta ziemia łez i krwi. Nie chcę już patrzeć w tę stronę.
(odwraca głowę)

Pułaski
Zmęczonyś.
(usiada i wstaje znów)
Padałem ze zmęczenia i ja, ale jestem jak ta kula armatnia: ledwo dotknąłem tej skały rodzinnej, a poczułem taką moc, że skoczyłbym aż na sam rynek Krakowa.

De Choisy
30 Zginęli! Dzielny Bellecourt, waleczny Laguette-Mornay... zginęli przyjaciele moi — ponieśli śmierć z ręki tych... I jaką śmierć! Nie, nie opowiem we Francji szczegółów

waszego męczeństwa, bo zabraknie im odwagi, by was pomścić.

Pułaski

Co to? Zbladłeś? Nie jesteś chyba ranny?

De Choisy

Ranny, tak, ranny na duszy, śmiertelnie ranny. Już nie przydam się na nic. Dla kogo, dla czego chcecie, abym nadal żył?

Pułaski

Elegię układasz? Marne zajęcie dla szefa sztabu. Co ci
⁴⁰ jest, że tak lamentujesz jak zakochany. Zakochałeś się?

De Choisy

Tak, w szalonej! W waszej szalonej Polsce, a jednemu Bogu wiadomo, jak ją kochałem! Jakież wieści zaniosę Francji? We Francji was kochają: wszyscy was kochają. Stary baron, mój ojciec, nazywał Polskę siostrą Francji w Chrystusie. Błogosławiąc mię polecił, abym mu przyniósł garść waszej ziemi, którą nazywa relikwiarzem świata chrześcijańskiego. Mój brat, filozof, wzywa Polski, wielbi Polskę za to, że jest republiką. Co do mnie, marzyłem, że spotkam tu Godfredów, Brutusów; a cóż znalazłem?
⁵⁰ niezgodę i bezład. Zdradzono mię. Koniec moim najdroższym złudzeniom! Polska zdradziła mnie.

Pułaski

Oho! śpiewasz na nutę Dumouriera! I już tak prędko? A wszakże podziwiałeś naszych Brutusów wąsatych i naszych republikańskich Godfredów, czułeś się szczęśliwy, przebiegając lasy i stepy. Któż się tu odmienił? My czy też ty, Choisy?

De Choisy

Tak, wyście zawsze ci sami. Tak, tacy, o jakich marzyłem — bo już samo imię Polaka jawiło mi się z kitą, lancą i szablą. Tak, każdy z was z osobna jest olbrzymem, ⁶⁰ wiem o tym, ale wzięci razem jesteście tylko karłem. Otóż tego nie wiedziałem.

Pułaski

To prawda, że ci przywódcy litewscy i ci przywódcy ukraińscy psuli wszystko. Bez nich... ale mniejsza o to. Teraz zostaliśmy sami. Da Bóg, wystarczymy sobie. Ksiądz Marek przepowiedział nam, że padniemy w walce o tę sámą sprawę, sprawę zwycięską! — Ale gdzie on? Zbrojo, idźcie poszukać Ojca Marka, powinien być tam.

(Zbroja wychodzi)

De Choisy

Ten ksiądz przepowiedział Dumourierowi, że mieć będzie w swych rękach los całego narodu, los króla. A oto ⁷⁰ Dumourier odjechał stąd, a wasz los nie uległ zmianie.

Pułaski

Powróci z wojskiem. Proroctwo księdza Marka jest równie niezawodne jak moja szabla.

De Choisy

No dobrze, zgoda, oczekujmy zatem spełnienia tego proroctwa. W samej rzeczy, jest coś tajemniczego w tej sympatii między naszymi narodami i między nami dwoma, Kazimierzu! bo ja ciebie kocham. Ale nie zostawajmy tu dłużej, jedźmy do Ameryki. Nie ma już co robić w Europie. Europa zamiera i umrze bezpotomnie. Ot, jej dziecko najmłodsze i najsilniejsze, nasza Polska — mar- ⁸⁰ twa. Jedźmy tam, mój przyjaciel Lafayette już jest tam sławny, ty znajdziesz tam swego przyjaciela Kościuszkę.

Prawda, nie pokocham tak Ameryki, jak kochałem Polskę, nie — raz tylko człowiek kocha — ale trochę sławy, zostawimy po sobie głośne nazwiska, jest w tym niejaka pociecha.

Pułaski

Ogromnie mi tam zależy na tej chwale zagórskiej i zamorskiej! Być sławnym w kraju, gdzie nie mam ani ojca, ani matki, ani przyjaciela! Gdyby wszyscy Francuzi, wszyscy Niemcy, wszyscy Turcy, nie wyłączając i Rosjan, 90 powtarzali moje nazwisko kalecząc je, cóż by mi z tego przyszło? Choisy, zostańmy tu, tutaj zdobądźmy sławę. Niech nasi rywale pękają z zazdrości, że nie poznali się na naszych zasługach, a nasi krewni niech się szczycą z tego, że mają w żyłach naszą krew.

(zniżając głos)

A... na tych tu skałach są ślady małej stopki, za którą ongiś przepadałem. Niech niewdzięczna umiera z żalu, że pogardziła mną. Oto mi sława żywa, ognista. Lubię echo, niechże je usłyszę.

(śpiewa)

Hej! góry moje, góry!...

De Choisy

100 Cóż więc tu zamierzasz robić? Chyba nie będziesz nakłaniał tych swoich gór, żeby przystąpiły do konfederacji i ruszyły tłumnie na Moskala.

Pułaski

Właśnie, że o to chodzi. Wojewoda jest panem kilku wsi góralskich, dowodzi strzelcom królewskim, wezwał mnie tu: przystępuje do konfederacji. Będziemy mieli wojsko. Nawiązaliśmy tajne porozumienie z miastem. Wojewoda wraca z zagranicy, przyrzekają nam pomoc.

386

De Choisy
(wstając)
Strzelcy? Górale! Mówią, że dobrze władają toporem.

Pułaski
Niezawodnie. Warci są naszych kosynierów z równin.

De Choisy
110 Ile tysięcy dostarczyć może ten Wojewoda? No, ile?

Pułaski
Nie wiem, ale sporo, policzysz ich.

De Choisy
Prawdziwy Polak! mów tu z nim o cyfrach! Kto wie? gdyby można sformować i wyćwiczyć trochę piechoty; zostały nam jeszcze niedobitki z mego francuskiego regimentu. Ale gdzie one?

Pułaski
Tam, w parowie. Złączysz je z naszymi, wyćwiczysz, sformujesz. Nikt ci nie będzie przeszkadzał.

De Choisy
Ale czy wasi zechcą słuchać?

Pułaski
Och, Wojewoda umie nakazać sobie posłuch.

De Choisy
120 Obawiam się, żeby nie czynił wszystkiego na swój sposób, jak inni wasi dowódcy.

Pułaski
Bądź spokojny, oddaje mi naczelne dowództwo. Ty będziesz moim szefem sztabu, a raczej ty będziesz dowódcą, a ja wykonawcą. Nuże, odwagi!

387

De Choisy

Masz jakie mapy? plan tego parowu wychodzącego ku miastu?

Pułaski

Plan wyryty jest na moich piętach, znam tu każdy kamień.

De Choisy
(*wzruszając ramionami*)
Trzeba by jednak nakręślić przynajmniej kilka linii na-
130 prędce.

(*bierze ołówek i papier*)

Pułaski

Jak usłyszysz głos rogu, będzie to sygnał. Idź i przyprowadź resztki twojej biednej piechoty.

(*De Choisy wychodzi*)

———

SCENA II

PUŁASKI, KSIĄDZ MAREK, ZBROJA

Pułaski

Ojcze Marku, gdzie Ojciec bawił tak długo?

Ksiądz Marek
(*w habicie kapucyna*)
Zapominasz, młody człowieku, że dźwigam na sobie swoje siedemdziesiąt lat i że te stopy noszą jeszcze ślady oków moskiewskich, które mogą w ciągu jednej nocy postarzeć człowieka o kilka lat.

Pułaski

Spocznijcie, Ojcze, jesteśmy na miejscu zbornym. Oto góry, o których wam tyle mówiłem; piękne, nieprawdaż? 140 Czemuż nie mogę rzucić się w przestrzeń jak ten wodospad, przelatywać ze szczytu na szczyt jak ten orzeł, rozpostrzeć się tam wysoko jak ten lodowiec i stamtąd, z góry... Ojcze Marku, widzicie ten czarny punkt?

Ksiądz Marek

Gdzie?

Zbroja

To orzeł.

Pułaski

Dobre oczy ma ten stary. Zobaczcie, Ojcze, odblask słońca na białych piórach, dalibóg, to orzeł biały, orzeł sztandarów naszych! Co wy na to, Ojcze, nasz proroku, jakaż to dobra wróżba!

Zbroja
(ze smutkiem)

150 Pociągnął na lewo.

Pułaski

To najpomyślniej właśnie, prowadzi nas prosto na Kraków.

Ksiądz Marek

A więc miasto jest tam?

Pułaski

Nie poznajecie kościoła Panny Marii, Królowej Korony Polskiej? Pokazywaliście go naszym żołnierzom. Stamtąd, mówiliście, Panna Najświętsza patrzy na nasze boje.

Ksiądz Marek
(chyląc się, czyni znak krzyża)
Oby raczyła oświecić rady nasze! Pułaski, znam twe zamysły; na trudne przedsięwzięcia ważysz się, a oto z całych naszych wojsk my niedobitki jedyne.

Pułaski
160 Rosjanie oszacowali moją głowę na trzydzieści tysięcy dukatów; jest to cena tysiąca ich rabów. Według ich taryfy wart jestem tyle co batalion. Za jednym moim tupnięciem z łona tych skał wytrysną potoki wojowników. A wy, Ojcze Marku, to cała armia. Niech tylko w Krakowie zabrzmi wasz głos jak dzwon alarmowy, głos, który wstrząsał nieraz całymi rzeszami ludzi.

Ksiądz Marek
A gdybyśmy przeszli Wisłę z powrotem? gdybyśmy zdołali raz jeszcze podnieść Litwę, Ukrainę? Mamy tam zwolenników.

Pułaski
170 Zamiast tam iść, wyślijmy tam za gońca te dwa słowa: Kraków wzięty! Te dwa słowa, niosąc się echami, każą powstać wszystkim, co zdolni są do powstania. Co do krakowian, oni was czczą jak świętego... możecie ich poruszyć jednym słowem.

Ksiądz Marek
Poruszyć Kraków? gdzie tylu Moskali? Po naszej ostatniej klęsce! Mieszkańcy jeszcze nie ochłonęli z niej!

Pułaski
Wojewoda żąda tego stanowczo.

Ksiądz Marek
Wojewoda! a gdzież on jest?

390

Pułaski

Poluje niedaleko stąd, w tatarskich Kościeliskach. —
180 Zbroja, idźcie powiedzieć Jaśnie Panu, że jesteśmy tutaj.

(Zbroja wychodzi)

Ksiądz Marek

Znam Wojewodę, to patriota, ale roszczenia swej dumy
przekłada ponad dobro Ojczyzny. Nie mam do niego
zaufania.

Pułaski

Ale macie je, Ojcze, do mnie. Otóż jestem tego zdania
co i Wojewoda, że aby podźwignąć naszą sprawę, trzeba
wziąć Kraków jak najprędzej. Byłbym to zrobił od dawna, gdyby nie ci zawistni dowódcy, a potem — ten dzielny Choisy ze swymi przeklętymi rachubami strategicz-
nymi...

Ksiądz Marek

190 Skąd ci to przyszło tak nagle do głowy?

Pułaski

Mój Boże! to najuporczywsza moja myśl, najgłębsza.
Tu spędziłem swą młodość, i cóż miałem co dzień przed
oczyma? To miasto! Spójrzcie na okna tej katedry, jak
błyszczą, jak krwawią i skrzą; — pod znakiem tej to kon-
stelacji o kolorze krwi przyszedłem na świat. Tak, czuję,
żem przeznaczony na oswobodziciela tej stolicy.

Ksiądz Marek

A ja sądzę, że dla dobra naszej sprawy winieneś na razie
poniechać...

Pułaski

Poniechać go? Ojcze Marku, nie poznaję was, was,
200 wielkiego kapelana Polski walczącej! To i was dosięgło

w końcu zwątpienie? Nie poznaję was! Poniechać go! Ależ spójrzcie tylko na to miasto nieszczęsne; patrzcie, jak rozpostarło nad Wisłą swe wielkie przedmieścia niby skrzydła orła; podobne zaiste stąd do naszego orła białego, kiedy ranny, rozciągnięty na ziemi, dogorywa. Czcigodny grodzie! Kolebko naszej starej Rzeczypospolitej, grobowcu naszych bohaterów, Rzymie słowiański! otoś od lat sześciu u stóp cudzoziemca, skowany w łańcuchy, w poniewierce. A my tak blisko. Ojcze Marku, jakaż 210 chwała dla nas, jeśli wywołamy w mieście powstanie, jeśli zetrzemy z jego czoła to piętno hańby, zerwiemy ten rosyjski czarny sztandar, który powiewa tam jak całun śmiertelny na bramie domu żałoby. Gdybyż jutro powitali nas starzy znajomi, przyjaciele!...

Ksiądz Marek
Pułaski, opanuj się! Na Boga żywego, potrzeba nam całej przytomności umysłu, całej zimnej krwi. Tu nie idzie o naszą czczą sławę, tu idzie o sprawę naszą.

Pułaski
(rzucając się na ziemię)
Otom zimny jak źródła Wisły.

Ksiądz Marek
Dałby Bóg, aby twoje sumienie było równie czyste jak 220 to źródło.

Pułaski
Co chcecie przez to powiedzieć?

Ksiądz Marek
Kazimierzu, jedyna nasza nadzieja w Bogu. Bóg wspiera tylko zamiary czyste. Mój synu, powiedz mi otwarcie, na imię Zbawiciela zaklinam cię, wyznaj, czy kochasz

392

tam jeszcze ową kobietę?... i czy myśl, że ją zobaczysz, że ją powitasz jako zwycięzca, że ją pozyskasz, czy ta myśl przez próżność podsunięta nic nie waży w twoich planach patriotycznych?

Pułaski

Kogo? O kim mówicie?... Hrabinę?

Ksiądz Marek

230 Rumienisz się?

Pułaski

Ze wstydu! Kochać ją? Ja? Odtrąciła mnie, kiedy była niewinną i czystą, i na Boga, nie umarłem, pocieszyłem się; a teraz tę kobietę zgubioną, tę miłośnicę jakiegoś... miałbym... ja?

Ksiądz Marek

Chwała Najwyższemu! Mój synu, uściskaj mię. Doświadczałem cię. Byłem w obawie, czy jaki robak samolubstwa nie wkradł się w sam zaród twych zamierzeń. Biada nam, jeśli krew bliźniego naszego poświęcamy w ofierze naszym namiętnościom. Aleś ty czysty, mój 240 synu. Nie sądź, że mnie obchodzi mniej niż ciebie wyzwolenie tej stolicy, starszej córy naszego Kościoła; czyż nie ślubowałem walczyć dopóty, aż będzie wyrwana z rąk schizmatyków? Mam ja w tym mieście, o tak, mam swoją umiłowaną, moją celę samotną; w niej zaznałem pokoju, szczęśliwości, której wspomnienie podtrzymuje mię pośród tych... Gdybym to mógł w końcu spełnić swoje śluby, powrócić wam wolność, by znaleźć się znowu w swym zachwycającym więzieniu! Ale ponad me pragnienia stawiam naszą sprawę. Jeśli dla jej dobra trzeba pokusić się 250 o to, jeżeli działasz szczerze, mój synu, mam przeczucie, o tak, mam pewność, że Bóg wyda nieprzyjaciół w nasze ręce.

Pułaski

Jeśli ty mi to przyrzekasz, już ich mam. Dalibóg, broda twoja zwrócona w stronę wrogów przypomina mi lawinę, gotową spaść na ich głowy.

Ksiądz Marek

Co to za huk? Wystrzał armatni?

Pułaski

Moskale dają salwy, to jest *Te Deum* za ich ostatnie zwycięstwo, żeby rzucić postrach na miasto.

Ksiądz Marek
(podniosłym głosem)

Te Deum! Obchodzą święto! nikczemni schizmatycy!
²⁶⁰ Podobnie w przeddzień potopu czyniło plemię przeklęte w obliczu arki Noego. Radujcie się, tryumfujcie! A już oto aniołowie gniewu Pańskiego zstąpili z niebiosów i stojąc na szczycie Araratu wzruszają zawory wielkich wód, rozwijają pośród obłoków sztandar ognisty gromu.
(Słychać głos rogu)

Pułaski

Sygnał Zbroi. Wojewoda zbliża się.

Ksiądz Marek
(wskazując na kaplicę)

Idę odmówić modlitwy wieczorne. Ileż to razy, odprawiając mszę świętą wśród borów i trzęsawisk, czyniłem w duchu pielgrzymkę do tego przybytku Pańskiego.
(wychodzi)

___

SCENA III

Pułaski

Ciekawym, czy mię wasi górale poznają. Szmat czasu,
²⁷⁰ jak opuściłem te strony.

Zbroja

Czy Pana poznają? Jeszcze by nie! Znają tu Pana dobrze. A o czymże tu mówią od sześciu lat, o czym, proszę,
jeśli nie o Panu? Pieśni o Panu śpiewają, widzi Pan, pieśni
o Panu, już za życia. Jaka sława! Ale nasza to sława, nasza —
i wy, Panie, wyście przecież góral.

Pułaski

Musiałem się zmienić niemało. A tu, wszystko tak jak
było. Ach, ten dąb... Tu, w tym miejscu, ruszając na wojnę, żegnałem się ze... ze wszystkim, com ukochał.

Zbroja

Pani Karolina za każdym razem, jak przyjeżdża, za-
²⁸⁰ trzymuje się tutaj.

Pułaski

Ona tu przyjeżdża?

Zbroja

Często. Zmieniła się mocno; czyście ją, Panie widzieli
potem kiedy? Jak wyszczuplała! Jak żałuje tych czasów,
które tu nam razem upłynęły! Tylko o was, Panie, rozmawia.

Pułaski

O mnie? A cóż ma o mnie do mówienia?

Z b r o j a

Jak tutaj wtedy bywało wesoło — pamięta Pan — kiedy biegała tutaj w swych długich jasnych włosach, któreście nazywali złotą kaskadą. A teraz — Wojewoda ponury, ²⁹⁰ smutny; nigdy już zabaw!

P u ł a s k i

Co mówiła o mnie?

Z b r o j a

Od jakiegoś czasu lęka się o Pana, że was spotka jakieś nieszczęście. «Zbroja — mówiła do mnie — Gubernator nastaje na naszego biednego Kazimierza, dybie na niego tak, że chce jego śmierci». Wierzę bardzo, on boi się, żebyście, Panie, nie ożenili się z panią Karoliną, bo on sam w niej zakochany.

P u ł a s k i

Ja — ożenić się z nią?

Z b r o j a

Dawniej, trudna by to była sprawa: córka Wojewody! ³⁰⁰ Ale teraz, jesteście człowiekiem tak znamienitym. Ach, żeby to Pan tu osiadł razem z Panią! Tak was tu kochają, mielibyście najlepszą drużynę myśliwską na całą Koronę i Litwę. Nie ma strzelca, który by nie uczynił wam upominku ze swego najlepszego sokoła i najlepszego charta.

P u ł a s k i

Marzysz, mój stary. Wesoło tu było, o tak.
(na stronie)
Czasami chciałbym, żeby nie było ani wojny, ani sławy, ani Rosji, ani Polski. Ale to minęło, minęło...

———

396

SCENA IV

CI SAMI. WOJEWODA, W STROJU MYŚLIWSKIM, W OTOCZENIU TATARÓW I KOZAKÓW, ZA NIM GÓRALE I STRZELCY, KTÓRZY STAJĄ PO STRONIE LEWEJ; CHOISY Z ODDZIAŁEM REGULARNEJ PIECHOTY WCHODZI Z PRAWEJ

Pułaski
(podchodząc do Wojewody)
Oczekujemy rozkazów Waszej Dostojności!

Wojewoda
310 To Waszmość!
(ściskając jego rękę)
Urosłeś Waszmość, o tak, urosłeś pod każdym względem.
(pochylając głowę, ciszej)
Waszmość sam jeden urosłeś. A my? Cóż ja znalazłem za powrotem? w Rzeczypospolitej, w domu własnym!

Pułaski
Prezentuję Panu pana majora de Choisy.

Wojewoda
(ściskając jego rękę)
Pan nie jest jak ci sprzymierzeńcy...

(czyni gest)
Pan jest sprzymierzony z nami krwią przelaną dla nas. Jestem z całą estymą dla Niego. Powracam z zagranicy. Ci cudzoziemcy są...
(z gestem lekceważenia)
320 — niewielu jest podobnych Panu. Z wielką jestem estymą.

397

De Choisy

I jakież można mieć nadzieję? czy Francja przyśle nam nareszcie amunicji, Austria czy opowie się za nami? Pan był w Anglii. Piszą w dziennikach...

Wojewoda

W tych krajach, od słowa do czynu jest dalej niż stąd do Krakowa.

De Choisy

Czy podobna, mój Boże! Zatem opuszczają was?

Wojewoda

Tym lepiej. Nauczą nas liczyć wyłącznie na siebie samych.

De Choisy

330   Miałem zawsze nadzieję, że ludy cywilizowane nie opuszczą was w taki sposób.

Wojewoda

Wierzyłem w waszą cywilizację, popełniłem błąd. Wychowanie swych dzieci oddałem ludziom cywilizowanym; popełniłem błąd. Wracając w granice mego kraju otrząsłem z siebie proch tej cywilizacji. Zostaję z powrotem takim jak moi przodkowie barbarzyńcą.

De Choisy

I co Pan zamierza czynić?

Wojewoda

Działać! — Zbroja! niech tu przyniosą baryłki z prochem i beczułki z miodem; są tam.

(Ludzie biegną do chaty i wytaczają z niej beczułki)

398

De Choisy
(do Pułaskiego)
340 Nie tak łatwo da on sobą kierować, jak myślałeś.

Pułaski
Odda mi dowództwo, a wtedy...

Wojewoda
(głosem podniesionym)
Dzieci! myślicie, że łowy skończone, a one się dopiero zaczynają. Pójdziemy teraz wypłoszyć zwierza dzikszego niż żubr litewski, żarłoczniejszego niż połos ukraiński. Pójdę wprost do legowiska tego potwora, czyście gotowi iść za mną?

Strzelcy i Górale
Wszyscy, Jaśnie Panie!

Zbroja
Na świętego Huberta, patrona myśliwych, a choćby to był ów smok, co się gnieździł niegdyś pod Krakowem 350 i pożerał co dzień burmistrza i trzech ławników, pójdziemy nań! Niech tylko nabiję strzelbę kulą poświęconą.

Wojewoda
Cicho! Stary jestem. Hrabia Adolf, moje dziecko jedyne, jest za młody. Żeby takie łowy poprowadzić, na to trzeba wam tęgiej głowy, ćwiczonego ramienia. Przedstawiam wam pułkownika Pułaskiego, waszego znajomego z dawna.

Strzelcy
(nadbiegają)
To wyście, Panie! To on! Niech żyje Kazimierz Pułaski!

399

Górale

Niech żyje Pułaski, rodzony syn naszych gór!

Wojewoda

Górale! Wszelkie prawa, jakie mam do waszego po-
360 słuszeństwa jako wasz pan, przelewam na niego,

(kładzie mu rękę na głowie)

przybieram go sobie za syna w Rzeczypospolitej. Strzelcy!
Ten oto srebrny róg, piastowany z ojca na syna przez
trzynastu Wielkich Łowczych, przodków moich, tę oznakę
godności mojej, składam w jego ręce.

Pułaski

Dostojny Panie! Jestem dumny, że zwać się mogę synem twoim. Ten róg, co płoszył dzikich drapieżców gór,
zabrzmi po wszystkich równiach naszej przestronnej Rzeczypospolitej i wzbudzi popłoch pośród bestyj, które ją
pożerają.

Wojewoda

Odbić te baryłki. Rozdzielcie żywność, ładunki. Posil-
370 cie się śpiesznie. Nabić broń grubymi kulami.

De Choisy

Jak to, chcesz Pan ruszyć w pochód?

Wojewoda

Tak.

De Choisy

W równiny? Ma Pan jaką jazdę?

Wojewoda

Przechodził Pan przez tatarskie Kościeliska. Kości tatarskie są rozsiane na przestrzeni dwóch mil; nasi przod-

kowie znieśli tam i pogrzebali całą hordę tatarską, która zagrażała chrześcijaństwu.

De Choisy

Pułaski?

Pułaski
(do Wojewody)

380 Pan de Choisy mniema, że byłoby lepiej zaczekać aż do czasu zreorganizowania naszej piechoty, a tymczasem przećwiczy się...

Wojewoda

Czekać? Panie Pułaski, głos powszechny już i tak oskarża Waszmość Pana o przeciąganie wojny; zresztą oddałem Panu komendę, żeby mieć ręce wolne.
(zarzuca wyloty)
Waści to rzecz zabiegać w sprawach ojczyzny, ja już troskam się tylko o mój honor rodowy, a ten zabrania mi czekać. Mógłbym się zgodzić na zwłokę, gdyby mi nie groziła śmiercią. Mój przyjacielu, za stary jestem na cze-
390 kanie.

Pułaski

Oskarżają mnie o przewlekanie wojny? Kto taki? Zawistni dowódcy. Tak. Ma Pan słuszność, im wcześniej, tym lepiej. Zobaczą...

De Choisy

Jak to? Już nie mówię o mieście; ale jeśli was zaatakują na równinie, bez sprawionych szyków, bez...

Wojewoda
Strzelcy, strąćcie mi kulą tego krogulca!
(Kilku strzelców strzela, ptak pada)

401

Górale, podetnijcie ten dąb.
(Ze dwudziestu górali rzuca z daleka toporami i trafiają w dąb)
Przyjaciele! Rosjanie mniej są bystrzy w locie niż krogulec i mniej twardzi do zrąbania niż ten dąb.

De Choisy

400 A zatem Pan postanowił?

Wojewoda
Postanowiłem.

Pułaski
(do de Choisy)
Cóż chcesz, uparty człowiek! Jak tylko staniemy w Krakowie, ogłoszą mnie marszałkiem konfederacji, a wtedy...

De Choisy
Panowie, nie pojmuję waszych planów. Nie wolno mi poświęcać tych zuchów,
(wskazując na swoją piechotę)
jestem za nich odpowiedzialny przed własnym sumieniem i przed mym rządem.

Wojewoda
Słusznie. Nasza sprawa taki już obrót wzięła, że może nas Pan odstąpić bez uchybienia swoim instrukcjom i swo-
410 jemu honorowi. W imieniu Rzeczypospolitej zwalniam Pana ze wszelkich zobowiązań. Jestem z całą estymą.
(ujmuje jego dłoń)
Co do nas, sprawa inna.

De Choisy
Oto ostatni Polacy idący w śmierć, ostatnia kropla polskiej krwi skazana na przelanie! Dobrze zatem! Nie jestem więcej na służbie mego rządu, jestem tylko Francuzem. Nikt nie powie, że Francja opuściła Polskę. Żoł-

nierze Francji! Ja jeden pozostałem z waszych oficerów, składam komendę nad wami. Wolno wam pójść za mną albo nie. — Pułaski, idę z tobą.

Żołnierze francuscy

420 Idziemy wszyscy, Panie Majorze! Polska to Francja! Naprzód!

Pułaski
(głośno)

Dzieci, ogłaszam wam, że idziemy przeciw Moskwie, idziemy oswobodzić Kraków. Precz z Moskalem!

Strzelcy i Górale

Precz z Moskalem! Precz z Moskalem! Niech żyje Pułaski! Niech żyje nasz Jaśnie Pan! Niech żyją Francuzi!

Pułaski

Jest nas garstka. Ale za dawnych naszych przodków zdarzyło się raz, że cała Polska uległa podbojowi, a król Władysław ukrywał się tutaj...

Zbroja

Tak, w tej grocie!

Pułaski

430 Silny swym prawem i błogosławieństwem papieża, ruszył stąd, gwałtowny jak Wisła, ojcowie wasi rzucili się za nim jak potoki Krępaku i wymietli nieprzyjaciela aż po morze. Widzicie stąd tę Wisłę, pełną krasy, jak toczy się w dali wstęgą błękitną. Wskazuje nam ona drogę do Krakowa, do Warszawy, do Bałtyku.

Górale i Strzelcy

Idźmy na Warszawę, aż do morza!

Pułaski

(pijąc do nich)

Wasze zdrowie — śmierć Moskalom! Kobzy, naprzód!
Zaśpiewajcie pieśń o królowej Wandzie.

(Strzelcy i Górale piją i śpiewają)

Patrzcie, ten święty człowiek to Ojciec Marek, kape-
⁴⁴⁰ lan Polski walczącej, przynosi nam błogosławieństwo
Ojca świętego.

Strzelcy i Górale

Ojciec Marek, sławny cudotwórca! Niech żyje Ojciec
Marek!

(biegną ku niemu)

Zdrowie Ojca Marka!

Ksiądz Marek

(z boleścią w głosie)

Bezrozumni! bezbożni! To wy w ten sposób głosicie
wojnę w imię Pana? Zaprzęstańcie tych wrzasków, nie
obrażajcie mych uszów; jeszcze brzmią w nich rzężenia
konających, których zakłuwano wczoraj w moich oczach
u stopni ołtarzy! Nieszczęsny! odejdź z tym kubkiem.

(odtrąca kubek)

⁴⁵⁰ Zmieszałeś to przeklęte wino z krwią, jaką dotąd są
przesiąknięte me szaty, z krwią dzieci, które kozacy roz-
nosili na pikach, roztrzaskiwali ich głowy o progi rodzin-
nego domu. Wracam z pogrzebu tych ofiar niewinnych.
Nie dotykajcie mię! ten habit stał się świętym jak relik-
wia.

Strzelcy i Górale

Okropność! Co za okropność! Zemsty! Śmierć Moskalom! Zemsta! Naprzód!

Ksiądz Marek

Bohaterzy! Mściciele! Tacyście silni, tacy dufni w siebie? A czemuż to szabla waszej szlachty strzaskała się
460 jak trzcina o oręż rosyjski? Czemu rady waszych senatorów rozwiały się jak dym pod podmuchem Rosjanina?
Bo nie szukały one mocy idącej od Pana. I Wiekuisty,
Bóg Zastępów Zbrojnych, podniósł swe ramię przeciw
wam i to ramię wciąż jeszcze jest podniesione. Na kolana, bezrozumni! Wołajcie w niebo o łaskę, o zmiłowanie! Na kolana przed Panną Najświętszą, Orędowniczką
waszą!

(wskazuje kaplicę)

Strzelcy i Górale

Boże, zmiłuj się nad nami! Na kolana! Mężu boży, módl
się za nami!

Ksiądz Marek
(na kolanach, z krzyżem w ręku)

470 Panno Święta! W dniach grozy nasi królowie na Twoim
ołtarzu składali swą starodawną koronę, a Tyś ją zwracała w ich ręce świetniejszą niż kiedykolwiek. Oto składamy u Twych stóp życie nasze i nadzieje nasze. Twój
Syn przyszedł na świat wśród pasterzy; objawił maluczkim to, czego wielkim odmawia. Spojrzyj na ten lud pasterzy! Patrz na ich ręce wzniesione ku Tobie, jak kwiaty
powiędłe, spragnione kropli rosy miłosierdzia. Objaw
nam sposób ocalenia naszej Ojczyzny. Nie pozwól, aby
lud cały padł wymordowany jak jeden człowiek. Twój
480 wierny lud Polaków. A jeśli zawinił, przyjmij w odkupie
krew naszą; pokaraj nas, ale przebacz wreszcie Polsce.

Strzelcy i Górale

Co daj Boże, amen!

Ksiądz Marek

A teraz podnieście się, i biada temu, kto rzuci choć jedno spojrzenie poza siebie! Niech ten nigdy bożego oblicza nie ogląda!

(Strzelcy i Górale formują się w oddziały i ruszają w pochód)

Wojewoda
(do Pułaskiego i do de Choisy)

Skierujecie się parowem na lewo. Zostawicie tych ludzi w przejściu podziemnym, które się łączy z klasztorem ojców karmelitów. Zbierzemy się razem w podziemiach karmelitów. Mieszczanie nas tam oczekują. Porozumie-
490 my się.

Zbroja
(nadbiega)

Jaśnie Panie! Hrabia Adolf! Hrabia Adolf!

———

SCENA V

CI SAMI. HRABIA ADOLF

Hrabia Adolf
(przeciska się przez tłum, podbiega do Wojewody i mówi mu coś przyciszonym głosem)

Pułaski i de Choisy

Co to? Jakieś wiadomości? Adolfie, wyglądasz zmieszany.

Wojewoda
(daje Adolfowi znak, aby milczał)

Nic, nic ważnego. Idźcie. Cicho. Zniknijcie pod ziemią jak borsuki, zaszyjcie się w las jak wiewiórki. Ani strzału! Ani słowa!

(Pułaski i de Choisy odchodzą z resztą Górali i Strzelców)

(do Adolfa)
Mówisz, że przybywa tutaj i że nic nie wie?

Adolf

Nie podejrzewa niczego, jak się zdaje. Chce się przyjrzeć polowaniu. Przybywa z paniami, z moją siostrą. To
500 wycieczka.

Wojewoda

Zbroja! zostawicie tu ze trzydziestu strzelców, takich, co się nie cofną przed niczym.
(Zbroja odchodzi)
Adolfie — to dobrze — odejdź, pójdź inną drogą — wracaj sam do miasta — ja tu zostaję. Trzeba ich przyjąć.
(Adolf odchodzi)

———

SCENA VI

Wojewoda
(sam)
Mam ich więc. Gdybym go teraz... Nie, jego zniknięcie zaalarmowałoby garnizon, mieliby się na baczności. Nie... udawajmy jeszcze raz... jeszcze raz jeden! Ach, żaden z mych przodków nie był w potrzebie udawania, nie wiedzieli nawet, co to znaczy. Wczoraj o małom się
510 nie zdradził. Jak się powstrzymać? Ten kłąb wężów już dobywał się, rozdzierając mi pierś. Ale — jeszcze — udawajmy! Tak. Jednakowoż jeśli zobaczę, że on odgaduje mój... jeśli odkryję na jego twarzy najmniejsze podejrzenie — zginą! I niech się potem co chce stanie. Zbroja! Jussuf! Seid!
(Zbroja, Jussuf, Seid zbliżają się)

Jenerał rosyjski zjawi się tu niebawem.

Z b r o j a
Tak, hrabia Adolf mówił nam o tym. — I Pani także.

W o j e w o d a
Trzeba, aby nie spostrzegli się, co tu zaszło. Będziemy
520 niby to wieczerzać spokojnie po polowaniu — tam.
(wskazuje dom)

Z b r o j a, J u s s u f, S e i d
Tak, Jaśnie Panie!

W o j e w o d a
Nie rozmawiać ani z Jenerałem, ani z nikim ze świty.
Gdy zapytają o co, odpowiadajcie skinieniem głowy.

W s z y s c y t r z e j
Słuchamy.

W o j e w o d a
Po trzech z naszych ludzi przyłączy się do każdej osoby
ze świty Jenerała i mieć ją będzie na oku z bliska w milczeniu.

W s z y s c y t r z e j
Tak, Jaśnie Panie!

W o j e w o d a
A wy baczcie na mnie, na mnie! Jeżeli dam znak czapką
530 i wypowiem słowa «Wojewoda idzie na Bar» — te słowa,
zrozumieliście?

W s z y s c y t r z e j
Zrozumielim, Jaśnie Panie!

408

Wojewoda
Wtedy rzucicie się każdy na swego, położycie trupem wszystkich, mężczyzn, kobiety, domowników. Wrzucicie ich do parowu, żeby z nich śladu nie zostało.

Jussuf i Seid
Tak, Jaśnie Panie!

Zbroja
Jak to? kobiety?

Wojewoda
Wszystkich!

Zbroja
Ależ Jaśnie Panie! ależ... Pani Hrabina? Pańska córka?
540 Hrabia Adolf mówił, że i ona także...

Wojewoda
Powiedziałem: wszystkich! Zbroja? ty rozprawiasz?

Zbroja
Słucham, Jaśnie Panie!
(na stronie)
Boże mój, co się dzieje? Co się z nami stanie?

Koniec aktu drugiego

JAKUB JASIŃSKI

czyli

DWIE POLSKI

TRAGEDIA
W PIĘCIU AKTACH

[Fragment]

OSOBY

HETMAN LITEWSKI, mężczyzna czterdziestopięcioletni.

BISKUP INFLANCKI, wuj Hetmana.

PANI KLARA, panna, lat 24, siostrzenica Biskupa, krewna Hetmana.

JAKUB JASIŃSKI, pułkownik wojsk polskich, młodzieniec dwudziesto-
pięcioletni, szczupły i blady.

REFERENDARZ WIELKI LITEWSKI, starzec siedemdziesięcioletni,
w mundurze.

KOMANDOR MALTAŃSKI, syn Referendarza, młodzieniec w tym samym wieku co Jasiński, w stroju francuskim.

STANISŁAW ROMBA, stary szlachcic, służebny Pani Klary.

SIOSTRA SZARYTKA.

Rzecz dzieje się w Wilnie, w pałacu biskupa inflanckiego nad brzegami
Wilii, w r. 1794.

AKT I

KOMNATY PANI KLARY, SALONIK ZAWIESZONY STARYMI PORTRETAMI, DRZWI
W GŁĘBI I PO OBU BOKACH. DRZWI Z PRAWEJ STRONY OTWARTE, Z LEWEJ
PRZYMKNIĘTE

SCENA I

PANI KLARA W CZARNYM STROJU POLSKIM, W ROGATYWCE Z KITKĄ, SIEDZI NA SOFIE
I PRZĘDZIE NA KOŁOWROTKU. U JEJ STÓP STANISŁAW, W STROJU POLSKIM, Z SZABLĄ
U BOKU, SIEDZI NA MAŁEJ PODUSZCE, TRZYMA TEORBAN, TO ZNACZY RODZAJ GITARY
WIELKOŚCI HARFY

Stanisław
(kładąc teorban na ziemi)
Nie, Pani Klaro, nie idzie. Moja dłoń już do niczego,
palce ślizgają się po strunach, tak jak ja wałęsałem się dzisiaj rano po ulicach Wilna. Biedny wieśniak! nic ja tu nie
znaczę.

Klara
Jeżeli się czujesz zmęczony, no, to zaśpiewaj mi marsz
mego dziadka, dziadunia, jest krótki.

Stanisław
Nie. Nie jestem już godny dotknąć tego instrumentu.
Ach! żegnaj, mój stary druhu! Spoczywać będziesz jak
ta szabla, będziesz dla mnie tylko wspomnieniem, tylko
10 *memento mori.*

Klara
Stanisławie, stajesz się krnąbrny! Od tylu lat przywy-
kłam słuchać co wieczór twych pieśni, to już mój chleb

413

powszedni. Zaśpiewaj koniecznie; ten teorban i ten kołowrotek przypominają mi życie w naszym dworze. Będzie mi się zdawało, że jestem na wsi.

Stanisław

Bóg widzi, jak lubiłem śpiewać dla Pani! Gdyby nie ty, dawno byłbym to strzaskał. Ach, droga Pani, ty jedna godna jesteś oceniać nasze pieśni narodowe, ty jedna z upodobaniem ich słuchasz. Starodawna Polska śpiewacza ma
20 już tylko w tobie jedynego słuchacza. A te inne panie, co już nie mówią językiem swych matek, co wymyślają sobie nie wiadomo jaki żargon, i zamiast żeby trzymały u siebie muzykantów, same grają niemo siedząc przed jakąś machiną, niby przed organkami barberyjskimi.

Klara

No to opowiedz mi jaką legendę. Na przykład o wielkim księciu Jagielle.

Stanisław

Ani śpiewów, ani opowiadań! nie! Ach! ten biedny teorban, czy Pani wie, tu sobie z niego drwią! Nie śmiem już przychodzić z nim na komnaty Pani. Tylko jedni do-
30 jeżdżacze pana Hetmana proszą mnie, żeby im pograć. Grać przed dojeżdżaczem! Nie przyniosę go tu więcej z sobą; za to, jak wrócimy na wieś...

Klara

Kaprysisz, mój stary, tak jak twój instrument! A kiedyśmy byli na wsi, rozpowiadałeś ciągle tylko o wspaniałościach Wilna, o przeglądach wojsk, o świetnych balach szlacheckich, o przepychu.

414

Stanisław

Któż to mógł przewidzieć! Ale od śmierci Księcia Pana, ojca Pani, nie ruszyłem się przecież ani krokiem z waszego dworu! Nie wiedziałem, że Polska zmieniła się do tyla, 40 a raczej, że już nie ma Polski. Doprawdy, tak mi się wydaje, jak gdyby pewnej pięknej nocy ukradziono nam naszą dawną Polskę, a kiedym się przebudził, cóżem znalazł? Wojsko w półfraczkach, jak małpy jakie, w stroju francuskim, w perukach, a kobiety z ogonami. Sztuki diabelskie, moja Pani. Nic nie rozumiem, w głowie mi się mąci z tego wszystkiego. Da Pani wiarę, że od tygodnia nie sypiam wcale, co mi się od śmierci ojca Pani przydarzyło raz tylko jeden, kiedy Pani zachorowała. Jestem pewien, że albo umrę, albo stracę rozum i przedzierzgnę się również. Bo to 50 rzecz niebezpieczna patrzeć na opętańców, człowiek może sam z kolei popaść w opętanie.

Klara

Jeśli się naprawdę czujesz tu tak nieszczęśliwy, wracaj do mego dworu, jeśli masz odwagę mię opuścić. Rozłąka z tobą będzie mię kosztować niemało, nie chcę jednakowoż, byś ginął dla mej przyjemności.

Stanisław

Ja — opuścić ciebie, Klaro? Od dnia kiedy jeden z twoich przodków nobilitował jednego z mych przodków na polu bitwy lat temu czterysta, od tego dnia nasz dom służył zawsze waszemu. Nie mogę cię opuścić, tak jak chmiel 60 nie może rzucić płotu, który go podpiera. Ale jeżeli wolno mi doradzić Pani... wracajmy razem, rzućmy to diabelskie miasto. Po prawdzie, tak mi zda się, jakbyśmy zabrnęli w jakieś trzęsawisko, a wszystko, co widzimy naokół, jakby było jednym czartowskim mamidłem, jakimś

415

sztucznym Wilnem... gdyby nie te kościoły i krzyże, które widzę.

Klara

A w naszym dworze czułeś ciągły niepokój, jak ptak przelotny zamknięty w kurniku. Narzekałeś ustawicznie, że marnuję moją młodość, że województwo całe nie było 70 godne zamykać w sobie taką piękność. Powinnam była koniecznie udać się do stolicy: wszyscy wielcy panowie mieli ubiegać się o jedno moje spojrzenie. Królowie mieli się we mnie kochać! Ach! widzi mi się, że straciłam bardzo w twoich oczach i już nie masz odwagi pokazywać mnie tak samo jak twego teorbana.

Stanisław

Nie tylko ja to mówię. Szlachta z całego województwa uwielbia cię. Ale ja tych hreczkosiejów nie uważałem za godnych Pani. Teraz widzę, że więcej oni są warci niż te błazny wileńskie. Fe, wstyd i hańba! Mój Boże! to mają 80 być potomkowie bohaterów, których opiewałem i z których niejednego znałem? Gdzie spotkać teraz takiego Pułaskiego o sokolim oku i piersi lwa? Gdzie taki Sawa, który zabijał byka uderzeniem pięści? Ach, pomarli oni wszyscy. Moja kochana Klaro! Miałem Panią za ostatnią Polkę, obawiam się bardzo, czy nie jesteś ostatnim Polakiem. Widzę w tym całym tłumie tylko twoje oblicze, przypominające mi rysy tych świętych bohaterów — a duszę Pani znam!

Klara

Wuj Biskup zatrzymuje mnie tu. Jest moim opiekunem.

Stanisław

90 Biskup, co nosi frak!

416

Klara

Wśród tej młodzieży, którą tak pomiatasz, widzisz jednak Hetmana Litewskiego, dawnego przyjaciela i towarzysza sławnego Pułaskiego. O jego czynach sam układałeś pieśni. Ten nie jest wietrznik, on cię ceni wysoko.

Stanisław

Jest odważny i podobny do prawdziwego mężczyzny, ale od czasu kiedym go widział walczącego u boku Pułaskiego, zmienił się i on.

Klara

Spodziewam się... Był wtedy całkiem młody, prawie dziecko.

Stanisław

100 A jednakże wydawał mi się mieć więcej powagi i godności; towarzystwo wesołków zepsuło go. Ma w swym zachowaniu się coś takiego, co jest odległe od podobieństwa z ojcem Pani.

Klara

Jedyny to człowiek, który mi się tu podoba. Lubię jego dumę, jego śmiałość — a potem, jest dla mnie odpowiedni, nie jest już pierwszej młodości.

Stanisław

Podoba się Pani? A przecież przyrzekłaś kiedyś rękę panu Komandorowi, synowi Referendarza Wielkiego. Istnieje nawet umowa na piśmie. Imć Pan Referendarz będzie 110 tym mocno strapiony, a szkoda. Syna nie znam, ale ojciec to prawdziwie wielki pan w dawnym stylu.

Klara

I ja również nie znam Komandora. Ksiądz Biskup opiekun zaproponował mi tę partię. Wiesz, że nauczono mnie

posłuszeństwa. Byłam mu w tym powolna. Ksiądz Biskup
polecił mi podpisać umowę. Ale Komandor wojażuje, sama nie wiem gdzie, a mówią, że to człowiek lekki i nie-
osobliwego prowadzenia się. Jestem bardzo rada, że Ksiądz
Biskup zmienił zamiar, bo jeżeli mam wychodzić za mąż,
to wolałabym pana Hetmana.

Stanisław
120 Mają tu nadejść niebawem Jego Eminencja, Hetman
i Referendarz.

Klara

Tutaj?

Stanisław
Tak, tutaj, bo mają coś sekretnego do omówienia, a Pani pokoje są bardziej odosobnione. W pałacu rojno zawsze od tłumu ludzi, od gości.

Klara
(tajemniczo wskazując drzwi po lewej)
A czy powiedziałeś tamtym panom, żeby się zachowy-
wali jak najciszej?

Stanisław
Tak, Ech! czworo drzwi dzieli tę komnatę od ich pokoju. Czy oni długo tam jeszcze pozostaną?

Klara
130 Dopóki nie minie niebezpieczeństwo i nie znajdą innego schronienia — bo tu idzie o ich życie. Czy żaden z domowników, nikt w pałacu nie domyśla się niczego?

Stanisław
Niczego zgoła. Od chwili gdyśmy im dali wysiąść z ło-
dzi i wpuścili ich przez okno, nikt z nich go nie otwiera.

A poza tym okna wychodzą na Wilię. Nikt nie może ich dostrzec, a ja dobrze pilnuję komnat Pani.

Klara

To dobrze.

(słychać kroki)

Panowie nadchodzą. Zostawiam ich samych. Kiedy odejdą, podasz obiad tamtym panom.

(wskazuje drzwi po lewej)

140 Ale nie zaniechaj przedtem pozamykać wszystkich drzwi.

Stanisław

Dobrze! dobrze! Wszelako niech się Pani postara odprawić ich jak najprędzej. Gdyby to wyszło na jaw! Ja cię znam, Pani moja, ale świat, niegodny cię znać, mógłby źle sądzić o tobie.

(Klara wychodzi)

SCENA II

BISKUP INFLANCKI, REFERENDARZ, HETMAN, STANISŁAW

Biskup

Mości Referendarzu, mój przezacny przyjacielu i drogi kuzynie, przywiodłem was tu do tych odosobnionych komnat, będziemy tu swobodniejsi. Pomówimy o sprawie familijnej. Siadajcie, proszę...

(siadają)

150 Panie Stanisławie Romba, nieboszczyk ojciec pani Klary zamianował Waćpana współopiekunem swej córki. Pomówimy o naszej wychowanicy. Waćpan masz głos w naszej radzie. Siadaj, Wasze.

Stanisław

Nieboszczyk Książę, pan mój, świeć mu Panie! uczynił mi ten zaszczyt niepomierny. Jak Waszej Eminencji wiadomo, w dwóch tylko wypadkach mam prawo przedłożyć swe zdanie, mianowicie w sprawie wyboru nauczycieli panienki i w sprawie wyboru jej męża.

Biskup

Nie są to sprawy błahe. Ale do rzeczy; rękę naszej Kla-
160 ry przyrzekliśmy synowi Waszmości za zgodą naszej wychowanicy.

Referendarz

Zależy mi niezmiernie na tym związku. Że tu jednak idzie ò sprawę tak delikatnej natury, śmiem prosić Pana Hetmana, aby raczył zostawić nas na chwilę samych. Mogłoby Go to znudzić.

Hetman

Przeciwnie, obchodzi mnie to jak najżywiej. Bo po co te korowody? Mówmy otwarcie.

Biskup

Proszę cię, mój synowcze, zostaw nas na chwilę, na jedną chwilę.

(odprowadza go do drzwi w głębi)

SCENA III

CI SAMI, PRÓCZ HETMANA

Biskup

170 Co do nas, pragnęliśmy tego małżeństwa gorąco, czego dowodem, że zawarowaliśmy na piśmie, na wypadek zer-

420

wania umowy, iż winny zerwania będzie obciążony cesją
pewnych ziem tudzież zapłatą pewnej sumy.

Referendarz
Pragnęliżbyście Państwo zerwać ten układ? Miałażby
pani Klara zmienić swe zamiary?

Biskup
Zgoła nie. Ale wiadomo Waszmości, już sporo czasu
minęło, jak zawarliśmy ten układ. Pan Komandor, syn
Waszmości, miał przybyć możliwie jak najśpieszniej, a jakoś go nie widać. Podróżuje wciąż, mijają lata, panna nie
180 może czekać zbyt długo. Pisuje wprawdzie do panny, ale
nie wydaje się, żeby mu było pilno zawrzeć z nią znajomość. Bez wątpienia nic w tym dziwnego, gdy się jest
młodym, przystojnym chłopcem, i do tego za granicą.

Referendarz
Nie tajno mi, że o trybie życia mego syna krążą przykre pogłoski. Po powrocie poddam go surowemu badaniu.
Zobaczymy, czy on godny będzie takiej małżonki. Bo mój
Panie, szczęście panny Klary jest mi równie drogie jak
mego własnego dziecka. Córka to starego mego przyjaciela, osoba rzadkich zalet, moi Panowie, o tak, rzadkich
190 zalet. Kocham ją jak córkę i szanuję jak siostrę.

Biskup
Nie o to idzie. Ech, mój Boże, jeżeli Komandor ma kochanki, jeżeli grywa trochę, ach! Boże wielki, kto z nas nie
szumiał? To nie o to idzie.

Referendarz
Ja, Mości Księże Biskupie, dość mam grzechów wła-
snych, żeby brać na siebie te, które mi przypisujesz, a do
których nie poczuwam się żadną miarą; jakoż i u syna

mego nie ścierpiałbym ich. Jeśli przekonam się, że jest takim, jakim go Ksiądz Biskup być mniema, to mężem Klary nie zostanie.

Biskup

200 Doprawdy, powtarzam raz jeszcze, nie o to tu idzie. Ale widzisz, Mości Referendarzu, każda epoka ma swe obyczaje, swe gusta. Imć pan Komandor, który tyle się nawojażował, tyle widział, wróci może z innymi poglądami na małżeństwo w ogóle, a na przymioty swej przyszłej w szczególności. Będzie miał prawo być wymagającym.

Referendarz

Czegoż może on wymagać więcej we względzie rodu czy fortuny, nie mówiąc o przymiotach osobistych?

Biskup

Syn Waszmości to pan w każdym calu. Młodość swą 210 spędza na wielkim świecie. Człowiek to z ogładą i dowcipem; spotkałem go w Berlinie, gdzie budził zachwyt; jest tedy rzeczą możliwą, że nie znajdzie on w naszej siostrzenicy tego wszystkiego, czego ma prawo wymagać.

Referendarz

To już byłby prawdziwym głupcem i dowiódłby złego smaku. Nie znam w całym świecie chrześcijańskim człowieka, który by stał, już nie powiem, zbyt wysoko, ale raczej dość wysoko, aby być godnym Klary.

Biskup

Dziękuję Waszmości. Wszelako trzeba wyznać, że edukacja jej uległa cokolwiek zaniedbaniu. Po trosze moja 220 w tym wina, ale niestety tak byłem zajęty sprawami publicznymi, a następnie jej ojciec udzielił nam jedynie pra-

422

wa proponowania guwernerów, a panu Stanisławowi
Rombie, tu obecnemu, prawa przyjmowania ich lub odpra-
wiania. Pan Romba zaś uparł się odprawiać wszystkich
cudzoziemców. Książę nieboszczyk był oryginałem. Zresztą nie mówmy o tym więcej: zło już się stało.

Stanisław
Jeżelim dobrze zrozumiał, Wasza Eminencja gniewa
się, żeśmy nie nauczyli panny Klary tych wszystkich pięknych rzeczy, w których są tak biegłe damy wileńskie.
²³⁰ Jednakowoż wybaczy Wasza Eminencja, ale Jego zdanie
w tej mierze jest odosobnione. Pan Referendarz jest innego zdania. Całe nasze województwo jest innego zdania.
Cały nasz lud, cała nasza szlachta kocha pannę Klarę!
Trzeba było widzieć, w jakim szacunku jest pani Klara
u całej szlachty. Osoba to zbożna, cnotliwa i zna na pamięć wszystkie opowieści, które ja znam, a znam ich sporo.
Jeżeli nie skacze dość wysoko, jeżeli nie mówi tuzinem
języków jak opętana, to dlatego, że Książę nieboszczyk,
jej ojciec, świeć mu Panie, nie chciał czynić ze swej córki,
²⁴⁰ Mości Księże Biskupie, ani wieży Babel, ani komedian-
tki.

Biskup
Bez urazy, panie Romba. Powiedziałem, że co się stało,
to się stało. Skoro już o tym mowa, niechże Waść nie
pozwala jej chodzić samej po kościołach i szpitalach. Żeby zaś nie wyglądała na komediantkę, powinna by rzucić ten strój z innego świata, a przybrać taki, w jakim
chodzą wszyscy.

Stanisław
Panienka nie wychodzi nigdy inaczej jak w moim to-
warzystwie, proszę Księdza Biskupa. Na strojach kobie-
²⁵⁰ cych nie znam się tak dobrze jak Wasza Eminencja.

423

Biskup

Mój dobry Stanisławie, pomówimy o tym później.

(Stanisław wychodzi)

Teraz, Mości Referendarzu, oto cała sprawa w dwóch słowach. Przypuśćmy taki przypadek, bo wszystko należy przewidzieć, przypuśćmy, że syn Waszmości poczuje do Klary odrazę. Mam nadzieję, że nie będziesz go przymuszać.

Referendarz

Po co przypuszczać coś podobnego? Zaczekajmy, ma wrócić niebawem, zobaczymy. Chyba że panna Klara ma kogo innego na widoku.

Biskup

²⁶⁰ Nie zapominajmy, że ja tylko przypuszczam taki przypadek. Otóż, gdybyśmy się na nieszczęście znaleźli w podobnym położeniu, ośmieliłbym się zaproponować Waszmości partię dla pana Komandora. Znasz moją kuzynę, siostrę Hetmana. Jest pełna krasy, dowcipu, zresztą sam Waszmość ją znasz. W Petersburgu dość jej było się zjawić, żeby zaćmić wszystkie damy dworu Imperatorowej, dworu, który nadaje teraz ton Europie, od czasu jak Wersal stał się jaskinią jakobinizmu. Muszę Waszmości powiedzieć, że hrabia Zorycz, obecny faworyt Imperatorowej, ²⁷⁰ chciał ją poślubić.

Referendarz

Żeby taki łotr śmiał...

Biskup

Zapewniam Waszmość, że udzielni książęta europejscy czuliby się szczęśliwi, oddając swe córki Zoryczowi.

Referendarz

W dzisiejszych czasach — być może.

Biskup

Ale to mierziło Hetmana. Ma on niektóre zapatrywania w rodzaju Waszmość Pana. Zresztą ja to rozumiem. A przy tym to by nas postawiło wobec Imperatorowej w położeniu... Słowem, wolałbym ją widzieć małżonką syna Pańskiego. Ma trzy miliony posagu.

Referendarz

280 Wolałbym dla mego syna raczej pannę Klarę.

Biskup

Byle mu się tylko podobała. Ach, mój Boże! Siostrę Hetmana trzymam w odwodzie. Widzi Waszmość, jak sobie cenię zaszczyt wejścia z nim w parantelę. Wyznaję, że to małżeństwo posunęłoby znacznie naprzód moje plany patriotyczne. Waszmości znane jest obecne moje stanowisko w tym kraju. Nie tajno ci również, co dzisiaj znaczy hetman i do czego może kiedyś dojść. Słowem, nasza familia kieruje dzisiaj sprawami Wielkiego Księstwa: to jest faktem. 290 Familia Waszmości jest jedną z najpotężniejszych, posiadacie licznych stronników: i to też jest faktem. Różnicie się z nami w poglądach na politykę, wiem o tym. Ale jeżeli my się połączymy, jeżeli nasze przymierze utwierdzimy tym małżeństwem, możemy najpierw zapewnić spokój krajowi, a następnie...

Referendarz

To Waszmość, Księże Biskupie, poruszasz tę kwestię drażliwą. Zniewalasz mię do wypowiedzenia całej prawdy. Powiem przeto Waszmości, że daleki od podzielania waszych opinii politycznych, zwalczać je będę zawsze, wszędzie i ze wszystkich moich sił. I gdyby jakiekolwiek mał-

425

300 żeństwo miało wpłynąć na poglądy mego syna, nie dopuściłbym nigdy do takiego małżeństwa. Nie pochlebia mi żadną miarą tak bliski związek z Hetmanem.

Biskup

Doskonale. Człowiek tego pokroju co Waszmość nie powinien zmieniać lekko swych zapatrywań. A zatem pomówmy otwarcie. Dla nas obu będzie z największą korzyścią pomówić otwarcie. Roztrząśnijmy nasze zapatrywania, aby przyjąć to, które wyda się nam najlepiej uzasadnione. Co masz tedy nam do zarzucenia, mnie i Hetmanowi? proszę?

Referendarz

310 Zmusza mię Waszmość do podjęcia się roli Wielkiego Instygatora Litewskiego? Jestem .tylko Wielkim Sędzią.

Biskup

Jakie zatem pobudki ma Waszmość, by sądzić nas tak surowo?

Referendarz

Przede wszystkim, dlaczego pan Hetman przybiera tytuł rosyjskiego jenerała, wbrew ustawie z roku 1566, która potępia tych, co...

Biskup

Jest on jenerałem rosyjskim, aby mieć prawo rozkazywania oddziałom rosyjskim, których pełno w Wielkim Księstwie. I mnie poczytują za zbrodnię, że pobieram 320 pensję od Imperatorowej.

Referendarz

Waszmość — pensję pobierasz? Trudno by dać temu wiarę, gdyby nie własne wyznanie. Waszmość, senator

426

Rzeczypospolitej, wielki Boże! Ależ Waszmość ma pół miliona dochodów!

Biskup
(*podrażniony*)
I przyjmuję nędzną pensję, i pozwalam, by wszyscy o tym mówili, aby podburzyć przeciw sobie opinię i dać w ten sposób Imperatorowej porękę mojej wierności. Ona uważa mnie za zaprzedanego Rosji.

Referendarz
Pewno, że nie Waszmość jest tu kupującym.

Biskup
330 Kupuję protekcję Rosji i powiem Waszmości dlaczego, Panie Wielki Sędzio. Jesteśmy głowami dwóch stronnictw. Będziemy z sobą rokować jak monarchowie, bez pośrednictwa ministrów. Poniechajmy form dyplomatycznych: odsłonię Waszmości wszystkie pobudki mego postępowania, okażę dokładnie mój cel. Tej samej otwartości oczekuję od ciebie.

Referendarz
Nigdy nie byłem dyplomatą, Mości Biskupie. Przekonania moje są znane, to nie ja je wymyśliłem, po prostu idę za przekonaniami mych przodków.

Biskup
340 Niestety, czasy się zmieniły! Waszmości znany jest stan Rzeczypospolitej. Król stary, zemrzeć może lada dzień. Po jego śmierci potencje, które nas otaczają i które nas gnębią, mają zamiar nie dopuścić do nowej elekcji i rozebrać między siebie nasz kraj. Pokażę Waszmości korespondencję dyplomatyczną, która dowodzi, że plan

taki istnieje. Już nawet powzięto naprzód środki w celu wprowadzenia go w życie.

Referendarz

Od kiedy istnieją państwa niezawisłe, zawsze były one zagrożone przez sąsiadów. Wybronili się nasi przodko-
350 wie, wybronimy się i my.

Biskup

A czyż jesteśmy w stanie obronić się przeciw trzem najpierwszym potencjom? Czy mamy jakich sprzymierzeńców? Prusy wskutek swego położenia geograficznego są zdane na łaskę i niełaskę Francji; nie dowierzają Austrii i zawsze będą ciążyć ku Rosji. Austria boi się Rosji, to prawda, ale stokroć więcej boi się jakobinizmu francuskiego; wie, że kiedyś będzie pożarta, ale Rosja zjada ją po kawałeczku i będzie potrzebowała stu lat na pochłonięcie cesarstwa austriackiego, podczas kiedy Fran-
360 cja połknąć je może od razu. Austria zacznie od tego, że rzuci nas Rosji na pastwę, aby ją tym zaprzątnąć na jakiś czas.

Referendarz

Tak tedy, gdyśmy zagrożeni przez trzech śmiertelnych wrogów, to zamiast myśleć o obronie, Waszmość zajęty jesteś tylko wyborem, jaką śmiercią i z czyjej ręki zginąć; podajesz gardło temu, który jest najbardziej rozżarty.

Biskup

I najpotężniejszy. Dla ocalenia naszej niepodległości jeden tylko widzę środek, mianowicie ofiarowanie koro-
370 ny, po śmierci Króla, jednemu z wnuków Imperatorowej, Wielkiemu Księciu Aleksandrowi albo Konstantemu. Tej samej myśli jest Król, tej samej myśli są najlepsi nasi mę-

428

żowie stanu. Imperatorowa, usadowiwszy swą dynastię na naszym tronie, będzie nas dla własnej korzyści osłaniać. Dadzą nam czas urządzić się na nowo, a już nasze syny lub wnuki znajdą sposobność, by się tej opieki pozbyć. Hiszpania nie popadła bynajmniej w niewolę Francji przez to, że miała na tronie Burbonów.

Referendarz

I Waszmość śmie alians z arcychrześcijańskim królem, 380 pierworodnym synem Kościoła, pierwszym szlachcicem Europy, stawiać na równi z przymierzem z greckim despotą. Czyż on dotrzyma danego słowa? Jakaż religia, jaki honor powstrzyma go od wiarołomstwa? Ale nie mówmy więcej o tym. Zapytam Waszmości raczej, jakim prawem zawieracie przymierze i frymarczycie koroną bez upoważnienia sejmu? Czy Waszmości nie wiadomo, że ustawa z roku 1561, potwierdzona przez dwadzieścia dwa sejmy następne, uważa takie praktyki za zbrodnię obrazy Rzeczypospolitej?

Biskup

390 Są okoliczności, w których *salus populi suprema lex esto!* Konfederacja z roku 1732, w celu wypędzenia Sasów z kraju, oddała się pod protekcję Piotra Pierwszego, i nikt nie śmiał podać w wątpliwość patriotyzmu skonfederowanych. Książęta Czartoryscy, by urządzić na nowo Rzeczpospolitą i wynieść swego krewniaka na tron, zawezwali pomocy Rosji.

Referendarz

Jedni i drudzy popełnili wielkie błędy. Jednakże, mówiąc z punktu widzenia prawa, nie byli winni. Mieli za sobą precedensy i szli za utartym zwyczajem, który do- 400 puszczał niekiedy zebrania dzielnicowe do sprawowania władzy zwierzchniej. Ale wraz po tych wypadkach ustawa z roku 1747, potwierdzona przez drugi artykuł konfederacji z roku 1763, piętnuje jako zdrajców ojczyzny tych wszystkich, którzy by się ośmielili wzywać pomocy zagranicznej.

Biskup

Waszmość znasz czystość moich intencji, a mam też nadzieję, że gdybyś miał wyrokować o mnie, wyłożyłbyś inaczej prawo.

Referendarz

Niech Bóg was strzeże, byś Waszmość miał być kiedy ⁴¹⁰ zawezwany przed mój trybunał. Prawo jest wyraźnie określone. Skazałbym Waszmości, pozwalając spowiednikowi dać wam rozgrzeszenie z uwagi na czystość intencji. Żeby kraj mógł żyć, trzeba, żeby żyły prawa, Mości Panie.

Lokaj
(wchodząc)
Jaśnie Pan Hetman.

Biskup

Nasza narada zaledwie się rozpoczęła. Pomówimy znowu o tym wszystkim. Nie przyjmuję jeszcze odmowy Waszmości, nie przyjmuję jej. Pomyśl nad tym, suponując oczywiście nadal, że syn twój nie będzie tym projek⁴²⁰ tom przeciwny.

SCENA IV

Hetman

Mości Referendarzu, witam Pana! Arcyszczęśliwe to
zdarzenie, że cię spotykam.

Referendarz

Niski sługa Waszmości.

(zabierają się do wyjścia)

Hetman

Pragnąłbym pomówić z Waszmością. Jesteśmy sąsia-
dami, byliśmy niegdyś przyjaciółmi, mam nadzieję, że
jesteśmy nimi trochę dotąd. Powiedz mi, Panie Referendarzu, po co przybyłeś do Wilna w takim czasie? To nie
pora na zwoływanie wielkich roków trybunalskich.

Biskup

A tak, tak! *Ubi arma sonant, leges silent.*

Hetman

430 Zrobiłbyś Waszmość lepiej, zostając na wsi. Pobyt
w Wilnie może być dla ciebie niebezpieczny. Przyjaciel-
ska to rada.

Referendarz

Dzięki. Właśnie chciałem powiedzieć, że mam honor
udzielić Waszmości tej samej rady.

431

Hetman
Waszmość radzisz mi wyjechać stąd?

Referendarz
Nie inaczej. Pobyt w tym mieście może być dla Waści niebezpieczny.

[Tu rękopis się urywa]

UWAGI O TEKSTACH

DZIADY. POEMA (Część II i IV)

DZIADY. POEMA (Część II i IV). Utwór ukazał się w drugim tomie *Poezyj* A. Mickiewicza w Wilnie 1823 r., ponownie wydany przez autora w drugim tomie *Poezyj* drukowanych w Petersburgu 1829 r.

Z tekstu tam podanego zachowało się w rękopisach:

1. Autograf *Upiora*, przechowany w Archiwum Filomatów. Utwór napisany w r. 1823, już po ukończeniu całego poematu; powstał z początkiem lutego i d. 20 II wysłany został w czystopisie J. Czeczotowi. W ostatniej chwili, już podczas druku tomiku, dosłał poeta odmienną redakcję dwu ostatnich strof.

2. Tekst II cz. *Dziadów* dochował się w Archiwum Filomatów w dwóch zespołach: a) w odpisie Jana Czeczota, poprawionym i rozszerzonym przez autora, b) w dodatkowych wstawkach uzupełniających, zapisanych własnoręcznie przez Mickiewicza.

a. Kopia Czeczota wypełnia zeszyt formatu 4°, obejmujący cztery półarkusze zgięte, kart osiem. Karta 1 recto jest czysta, na 1 verso mieści się autograf pierwszej redakcji *Przedmowy*. Karty 2–8 zapisane zostały (w maju 1821 r.) obustronnie kaligraficznym pismem Czeczota. Tekst kopii zamyka się wierszem 504:

a kysz, a kysz, (Widmo znika)

Odpis przynosi pierwotną redakcję utworu, krótszą i przekazującą koncepcję jego nieco odmienną, niczym nie zapowiadającą jeszcze kontynuacji. Dopiero pod koniec 1822 poeta przygotowując do druku II tomik wraca do II cz. *Dziadów*, przerabia ją i uzupełnia.

b. Uzupełnienia zapisał na czterech stronicach zgiętej ćwiartki arkusza i dosłał Czeczotowi 30 stycznia 1823 r. Mieszczą one wstawki: w. 9–10, 13–26, 29–34, 37–48, 133–160, 346–369, 505–520. Uzupełnienie największe, tzw. „przejście", w. 521 do końca, mające jakoś związać część II z IV, dopisał poeta jeszcze w ciągu roku 1822 i przesłał Czeczotowi. Ten autograf się nie dochował.

List z ostateczną redakcją *Przedmowy* doszedł do Czeczota dopiero w połowie lutego 1823 r.

Zaznaczyć należy, że zarówno odpis Czeczota, jak korektury i dodatki samego poety dostępne są dziś dla czytelnika. Wierną ich podobiznę podano w aneksie do studium niżej podpisanego: *Formowanie „Dziadów" cz. II. Rekonstrukcja genetyczna*. Warszawa, PIW 1967.

3. Autografu IV cz. *Dziadów* nie mamy, o jego losach nic też nie da się powiedzieć. Według notatki, jaką Mickiewicz zapisał na autografie czystopisu *Dziadów* cz. III (rkps w Kórniku), utwór ten powstał na wiosnę, w kwietniu 1822 r.

Z pierwotnego tekstu doszedł nas pośrednio drobny tylko fragment. Obejmuje on mianowicie te kilkanaście wierszy, które poeta, drukując w r. 1823 drugi tomik, zgodził się — pod naciskiem cenzury — usunąć. Z żalem pisze o tym Czeczotowi (26 II) 10 III 1823: „Pozwoliłem wyrzucić owe porównanie całunku, jak się pozwala oko wyłupić, aby głowę ocalić". Później wszelako, przedrukowując utwór poza zasięgiem cenzury, ustępu usuniętego do tekstu już nie wprowadził.

Zachował ten ustęp, zapewne w odpisie, brat Mickiewicza, Aleksander. Jako profesor uniwersytetu charkowskiego spotkał się tam po r. 1853 z dawnym swym uczniem, a teraz kolegą, Antonim Stanisławskim (późniejszym tłumaczem *Boskiej Komedii*, 1870) i pozwolił mu ten fragment odpisać. Od niego otrzymał odpis niejaki Jan Załęski z Wołynia, który z kolei udostępnił go w Żytomierzu Janowi Prusinowskiemu. Za tego zaś sprawą dostał się on do druku (zob. J. Prusinowski, *Kilka wspomnień z młodości Adama Mickiewicza*, „Gazeta Codzienna" 1860, nr 41–45).

Ustęp ocalony miał następować po w. 325. Jako nie mający podstawy w tekście autoryzowanym przez poetę, nie został w żadnym z wydań włączony do utworu. Dla jego historii ma on wszelako znaczenie, toteż należy go tutaj umieścić:

Gustaw

[——————————]

Dla ciebie trzeba innego wywodu:
Słuchaj... czy byłeś nabożnym za młodu?
Czy ty na skrzydłach modłów latałeś do nieba?

Ksiądz

Modlitwa zawsze jedne ma dla mnie powaby,
Prawda; jednakże pomału
Wiek tępi ostrze zbytniego zapału.

Gustaw

Pamiętasz... kiedy miałeś dziewięć, dziesięć latek,
I po raz pierwszy, w uniesieniu ducha
Nabożnie kląkłeś u kratek?
Kolana zgięła ci skrucha,
Usteczka do stulonych przycisnąłeś dłoni,
Łzę pokuty oko roni...
A wtem się na ołtarzu rozdarły obsłonki,
Błysnął kielich, dzwonią dzwonki,
I kapłan na twych ustach złożył Pańskie Ciało!...

Ksiądz

Ach! Wówczas! wówczas mi się zdało,
Że dusza moja ze mną się rozstanie!

437

Gustaw

A co? pamiętasz, kapłanie?
O, luba [... etc.]

W tekście głównym cz. IV należy wreszcie sprostować dwie pomyłki. Dostały się one do tekstu wydania pierwszego i przejmowane były przez wydania następne. Poeta tymczasem zaraz po wyjściu tomiku II podał ich poprawy w liście do Czeczota (z d. 14–15 IV n. s. 1823). Są to:

w. 155: Ach te to (w wydaniu 1823 mylnie: Ach, te to są...)
w. 193: ani to, ni owo (w wydaniu 1823: ani to, ani owo).

DZIADY. WIDOWISKO

DZIADY. WIDOWISKO. Luźne sceny tak przez poetę zatytułowane zachowały się w autografie (brulionie) w Muzeum Mickiewicza w Paryżu (rkps nr 3).

Wydawca *Pism* Mickiewicza (Paryż 1844), Aleksander Chodźko, pierwszy podał o nich wiadomość w uwadze umieszczonej na czele II tomu:

„Poemat *Dziady* stanowi jedną nieprzerwaną całość. Pierwsza część jego, napisana w Kownie, znajduje się w rękopisie u autora, ale zapewne dopiero później na świat wyjdzie; a wtenczas i porządek całego poematu zmieniony będzie!".

Wydrukowano wszelako te sceny dopiero po śmierci Mickiewicza w wydaniu zbiorowym *Pism*, Paryż 1860, a porządku w cyfrowym układzie całego poematu nikt nigdy nie poważył się zmieniać.

Autograf-brulion I cz. *Dziadów*, dzieło — jak sądzić należy — początkowych tygodni 1821 r., nie przepisany, nie został też definitywnie wykończony, mimo że autor myślał o włączeniu tej części już do wydania 1823 r. Wyjeżdżając w r. 1824 do Rosji, zabrał poeta rękopis ze sobą, ale do pracy nad nim nie wrócił, a nawet go na czas dłuższy zarzucił.

Mieści się on na 11 kartach ćwiartkowych, powstałych przez zgięcie półarkuszy, karta 12 pozostała w całości czysta. Karty napisane są obustronnie i mieszczą tekst utworu zasadniczo ciągły, scena skończona po scenie skończonej, aczkolwiek sceny te nie są ze sobą spojone i nie dają organicznego ciągu, ale tworzą samoistne niejako obrazy. Same w sobie są one wszelako zwarte. Jedynie ku końcowi autografu dwa odrębne elementy: ballada *Młodzieniec zaklęty* i *Pieśń Strzelca* zostały wpisane nie tam, gdzie by im z porządku rzeczy wypadało. Tłumaczy się to niewątpliwie tym, że powstały wcześniej i następnie dopiero włączył je poeta odsyłaczami w miejsca należyte.

W wydaniu niniejszym, nie wdając się w szczegółowe uzasadnienia, podajemy tekst w układzie możliwie najbliższym układowi autografu. Pod naporem samo przez się rozumiejącej się konieczności odbiegamy od niego w dwóch tylko, wyżej wskazanych, szczegółach: balladę *Młodzieniec zaklęty* ze s. 10–12 autografu przenosimy na jego stronicę 15 i umieszczamy po słowach Starca, domagającego się zaśpiewania tej właśnie „ulubionej piosenki". A po wtóre *Pieśń Strzelca* ze s. 13 przenosimy na czoło stronicy 17 autografu, przed monolog Gustawa, tzn. właśnie na miejsce, gdzie poeta również zanotował jej przynależność, podając jako wskazówkę jej refren końcowy.

Przy innych scenach lub częściach scen brak jakichkolwiek wskazówek poety świadczących, że miałoby się przemieszczać je w tekście i jak mianowicie.

Sprawa, jak powinien wyglądać należyty porządek scen w tak niewykończonym utworze i czy w ogóle ma się gospodarować w układzie zostawionym przez autora, zajmowała badaczy od dawna. Poświęcili jej — żeby tylko o najważniejszych wspomnieć — osobne studia: J. Kallenbach *Rewizja tekstu I części „Dziadów"* (druk. w „Pamiętniku Wydziału Filolog. A.U.", t. VI, Kraków 1888) i J. Kleiner *„Dziadów" cz. I. Tekst całkowity w nowym układzie* (druk. w „Pamiętniku Literackim" 1934). Nie tu miejsce na przedstawienie wyników tamtych studiów, tym mniej na dyskusję z ich wnioskami. Dość powiedzieć ogólnie, że można podzielić pogląd podstawowy Kleinera, stwierdzający, że to, co się zachowało w autografie, nie jest szeregiem nie spojonych ściśle urywków, „fragmentów", lecz daje utwór, wprawdzie „nie dokończony, przerwany w momencie decydującym, ale aż do granicy tej będący ciągłą, planowo skomponowaną całością." Ale trudniej przystać na to, żeby ten słuszny punkt wyjścia uzasadniał — jak było we wspomnianym wypadku — próby przestawiania mimo wszystko i własnowolnego wiązania scen, a więc poprawiania układu poety — przy pomocy hipotez dostatecznie nie uzasadnionych.

W konsekwencji trzeba się zgodzić, że układ nadany utworowi przez poetę, a w wydaniu niniejszym wiernie (poza wskazanymi powyżej dwoma szczegółami) przejęty z autografu, ma własną, wyraźną, swoistą logikę i opiera się o koncepcję twórczą, która da się uzasadnić, a chyba i obronić. Układ ten został też wprowadzony tutaj po uważnym, drobiazgowym przestudiowaniu autografu przy pomocy jego doskonałej kopii fotograficznej (w Muzeum Mickiewicza w Warszawie).

DZIADY. POEMA (Część III)

DZIADY. POEMA (CZĘŚĆ III) ukazała się w Paryżu jako IV tom zbiorowego wydania *Poezyj* w r. 1832. Już w roku następnym wyszło drugie wydanie w osobnym tomie, pod własnym tytułem, Paryż 1833. Resztki nakładu tego wydania włączono — zmieniwszy kartę tytułową — jako tom IV do paryskiego wydania zbiorowego z r. 1838, ogłoszonego staraniem A. Jełowickiego. Tekst tomu nie ma zatem znaczenia samodzielnego. Za życia poety drukowano utwór jeszcze raz w II tomie wydania zbiorowego *Pism*, Paryż 1844.

Udokumentowanie filologiczne tekstu III cz. *Dziadów* nie przedstawia większych trudności. Z czterech wydań dokonanych za życia poety jedno (pierwsze) wyszło niechybnie spod pieczy korektorskiej samego autora. Wydania następne: 1833, (1838) i 1844, wykazują drobne odchylenia tekstowe, których autorstwa nie jesteśmy w stanie stwierdzić dowodem, ale które najprawdopodobniej nie pochodzą od poety. Toteż tekst podstawowy w wydaniu niniejszym bierzemy z wydania paryskiego 1832 r. usuwając zeń niewątpliwe myłki drukarskie, zarówno te, które on sam wykazał w erratach na końcu tomu, jak też i inne, przezeń nie dostrzeżone.

Stosunkowo bogato przedstawia się też zasób wersji rękopiśmiennych. Zachowała się — jeżeli chodzi o część dramatyczną — pokaźna partia brulionu (A1) ze wstawkami do wersji pierwotnej (nie dochowanej), następnie cały odpis na czysto dokonany ręką poety (A2), wreszcie znaczna część odpisu ręką Ign. Domejki (KD) z poprawkami i wstawkami Mickiewicza. Jeżeli chodzi o epicki *Ustęp*, mamy i tutaj brulion (A1) i czystopis (A2); wiersz zaś *Do przyjaciół Moskali* doszedł nas w jednym tylko autografie-brulionie (A).

Każdą z tych pozycji wypada określić trochę dokładniej.

I. 1. Dochowany fragment brulionu części dramatycznej (A1 w Muz. Mick. w Paryżu nr 14) mieści się w zeszyciku drezdeńskim, który prócz *Reduty Ordona* i sporej części tłumaczenia *Giaura* obejmuje rozrzuconą na różnych kartkach poważną część scen dalszych, mianowicie sc. VI całą, sc. VII w. 75–230, sc. VIII w. 105–635, sc. IX całą, oraz wstawki do sc. I w. 15–27, 485–515. Sceny brakujące, które stanowiły razem pierwiastkową redakcję utworu, znajdować się musiały w podobnymże zeszyciku — zaginionym. Zeszycik zachowany opisał i tekst jego (z wieloma usterkami) ogłosił J. Kallenbach w „Pam. Tow. Liter. im. A. Mickiewicza", V, w rozprawce *Szczątki autografu pierwszego III cz. „Dziadów"*.

2. a) Ukończywszy brulion poeta przepisał tekst starannie (ukończył przepisywanie d. 29 IV 1832 r.); autograf ten (A2) ofiarował Klaudynie Potockiej; zachował się on w zbiorach Biblioteki Kórnickiej. Podobiznę jego ogłosił J. Kallenbach pt. *„Dziadów cz. III" w podobiźnie autografu A. Mickiewicza* (Kraków 1925). Autograf kórnicki części dramatycznej obejmuje tekst „Prologu" i scen I–IX.

b) Uzupełniają go karty luźne zachowane w Muz. Mick. w Paryżu (nr 17), zawierające „Dedykację", „Przedmowę" i „Objaśnienia"; podobiznę ich włączono do publikacji z r. 1925.

c) Jedną kartę, obejmującą sc. I w. 35–80, 117–121, ogłosił w druku i podobiźnie A. Lewak, *Z nieznanych rękopisów A. Mickiewicza* (Kraków 1928).

3. Trzecim ogniwem w procesie formowania utworu jest odpis Ign. Domejki (KD), dokonany wcześnie, zapewne jeszcze w Dreźnie (w zeszycie z firmą drezdeńską). Całość odpisanego utworu mieściła się w dwóch takich zeszytach, dochował się wszelako tylko drugi, zawierający tekst sc. VI–X, w tym sceny IX (dzisiejszego „Prologu"), która w dawniejszym przejścio-

wym pomyśle miała zamykać właściwą część dramatyczną. Odpis ten poddany był uważnej kontroli samego Mickiewicza, który poczynił w tekście sporo poprawek i uzupełnień (dwie ćwiartki z uzupełnieniami, tu przynależne, dostały się do Muz. Mick. w Paryżu i włączone zostały przez Kallenbacha do podobizny z r. 1925; jedna z nich jest brulionem tekstu 2c). Tak wykończony odpis stanowił zapewne podstawę druku wydania z r. 1832. Zeszyt Domejki (znajdujący się dzisiaj w zbiorach Bibl. Jagiell. nr 5262) opisał St. Estreicher w rozprawie pt. *Nieznany manuskrypt III cz. „Dziadów"*, w „Pam. Tow. Liter." VI.

4. Dla jedności obrazu wspomnieć należy, że dwa „ustępy" części dramatycznej przepisał poeta niezależnie od tekstu drukowanego.

a) 5-zwrotkową piosenkę Feliksa: „Nie dbam, jaka spadnie kara..." napisał poeta w Dreźnie 1832, zatytułował *Pieśń więźnia Litwina* i ofiarował A. Cichockiemu (tekst i podobizna w: A. Lewak *op. cit.*).

b) „Chór aniołów" ze sc. IV w. 21-35 wpisał do czyjegoś sztambucha (dziś zaginionego), skąd ogłosił go L. Méyet w książce zbiorowej *Sami sobie* (Warszawa 1901).

II. 1. Autografy *Ustępu* dochowały się dwa: pierwszy (A1) na 10 kartkach wyrwanych z jakiegoś zeszytu i przedartych głęboko w pół. Tekst zawierający liczne skreślenia, poprawki i dopiski nosi charakter brulionu. Dostał się on ostatecznie do Muz. Mick. w Paryżu; opracował go i drukiem ogłosił A. Krechowiecki w „Pam. Tow. Liter." VI. Autograf mieści tekst pięciu „ustępów", nie tytułowanych. (Jedyny tytuł *Petersburg* obejmuje dwa „ustępy": *Przedmieścia stolicy* i *Petersburg*), brak jednego, mianowicie *Pomnika Piotra Wielkiego*. Autograf jest uszkodzony, brak mu pierwszej kartki (*Drogi do Rosji* w. 1-41), tudzież w „ustępie" *Przegląd wojska* kart trzech, na których się mieściła pierwotna wersja dwustu jedenastu wierszy (w. 77-288). Karty te, wraz z zachowaną, mieszczącą początek „ustępu", stanowiły w rękopisie pierwotnym jednolity, 8-stronicowy arkusz. Redakcje w poszczególnych „ustępach" są krótsze, po odliczeniu tekstu na kartach zatraconych stwierdzić musimy, że dochowany brulion obejmuje łącznie wierszy 725, tzn. o 344 wiersze mniej, niż mają odpowiednie „ustępy" w druku.

2. a) Odpis na czysto *Ustępu* (A2), dokonany ręką poety, mamy w autografie kórnickim (I 2a). Tutaj ilość, tytuły i porządek „ustępów" zgodne są z wydaniem drukowanym, tekst atoli wykazuje w stosunku do drukowanego różne kreślenia i rozbieżności.

b) Drobna, 6-wierszowa wstawka do „ustępu" *Oleszkiewicz* (w. 127–132) zanotowana została na osobnej kartce autografu obok liryków: *Te rozkwitłe świeżo drzewa...* i *Ja w tej izbie spać nie mogę...* (Muz. Mick. Paryż, nr 13).

3. Wiersz *Do Przyjaciół Moskali* zachował się w brulionie (A) zapisany na jednej stronicy osobnej ćwiartki. Tekst i podobiznę ogłosił A. Krechowiecki (op. cit.). Oryginał w Muz. Mick., Paryż, nr 16.

FRAGMENTY

WYJĄTEK Z TRAGEDII SZYLLERA
DON CARLOS

„Poemat dramatyczny" Fryderyka Schillera, wybitnego dramatopisarza niemieckiego, nosi w oryginale tytuł: *Don Karlos, Infant von Spanien* (1787). Oparty jest na konflikcie między miłującym wolność królewiczem Don Carlosem (1545-1568) a jego ojcem, Filipem II, despotycznym władcą Hiszpanii (w l. 1555-1598).

Mickiewicz przełożył — zapewne w r. 1822 — pierwszą i niemal całą drugą scenę I aktu. Występują w nich obok Karola: Domingo, spowiednik fanatycznego króla, i Rodrygo (Markiz Poza), postać niehistoryczna, w dramacie przedstawiciel najszlachetniejszych idei wolnościowych i humanitarnych.

Obie sceny wydrukowano w wileńskim noworoczniku literackim „Znicz" w l. 1834 i 1835, jednakże tylko pierwszą zamieszczono w wydaniu zbiorowym *Pism* Mickiewicza, Paryż 1844.

Zachował się autograf początkowych wierszy przekładu, 1-222, nabyty ze spuścizny po Fr. Malewskim (dziś w Ossolineum, ogłoszony w „Pam. Tow. Liter." IV), oraz kopia całości (bliższa pierwodruku niż autograf) ręką Onufrego Pietraszkiewicza (w Archiwum Filomatów).

Nasz tekst opiera się zasadniczo na pierwodruku, ale uwzględnia także autograf i kopię. W szczególności na ich podstawie przywraca wiersze 111-115, 139-146, 157-164 (które nie mogły się ukazać w „Zniczu" z powodu cenzury rządowej rosyjskiej) oraz wprowadza drobne poprawki w wierszach 43, 100, 238, 261, 272, 289, 298, 304, 309, 317, 318, 320.

Z TRAJEDII SZEKSPIRA
ROMEO I JULIA

Tragedia Szekspira *Romeo i Julia* jest osnuta na losach dwojga kochanków z Werony, rozłączonych wskutek zaciekłej nienawiści rodów (Montecchi i Capuletti), do których należeli.

Scena ukazała się w noworoczniku „Melitele", Warszawa 1830, następnie w VIII tomie wydania zbiorowego *Poezyj,* Paryż 1836. Na tym wydaniu opiera się nasz tekst. — Autografu brak.

[JASIŃSKI]

Fragment pochodzi z ostatnich lat życia poety; jest zapewne urywkiem jakiejś większej całości — zniszczonej. — Akcja rozgrywa się w tych samych czasach, które poeta przedstawiał w dramacie francuskim pt. *Jakub Jasiński,* i kończyłaby się zapewne wybuchem powstania Jasińskiego.

Fragment dramatu bez tytułu zachował się w autografie, przywiezionym po śmierci poety z Konstantynopola. (Obecnie w Muz. Mick. w Paryżu).

Ogłosił go pt. *Jakub Jasiński* Władysław Mickiewicz w IV tomie *Żywotu A. Mickiewicza,* Poznań 1895.

W wydaniu niniejszym tekst oparto na autografie; nadano tytuł krótszy, aby odróżnić od dramatu francuskiego.

FRAGMENTY FRANCUSKIE

KONFEDERACI BARSCY

Mickiewicz napisał ten dramat w r. 1836 z myślą o wystawieniu go na jednej ze scen paryskich. W utworze przeznaczonym dla cudzoziemców posługiwał się swobodnie danymi historycznymi. Trzon dramatu miało stanowić wyparcie z Krakowa wojsk carskich przez konfederatów. — Część miasta zajął Pułaski latem 1770 po zwycięskich walkach na Podkarpaciu; z tym wydarzeniem skojarzył autor drugie, z lutego 1772, kiedy de Choisy z oddziałem francuskim zajął Wawel.

LE CONFEDERES DE BAR (KONFEDERACI BARSCY). Z istniejącej niegdyś całości zachowały się tylko dwa pierwsze akty tekstu francuskiego, w kopii sporządzonej przez Bohdana Jańskiego, a poprawianej przez Mickiewicza. (Kopia w Muz. Mick. w Paryżu).

JACQUES JASIŃSKI ou LES DEUX POLOGNES (JAKUB JASIŃSKI, czyli DWIE POLSKI). Fragment autografu znajduje się w Muz. Mick. w Paryżu.

Oba utwory ogłosił Władysław Mickiewicz w osobnym tomie pt. *Drames polonais* (*Dramaty polskie*), Paryż 1867; wprowadził tam na własną rękę liczne poprawki stylistyczne.

Przekłady polskie. Istnieje ich kilka: swobodny przekład wierszem Tomasza Olizarowskiego („Przegląd Polski", 1866, po czym w wydaniach Mickiewicza od r. 1880), przekłady prozą Józefa Kallenbacha (w *Pismach* Mickiewicza, Brody 1913, t. VI–VII) i Jana Kasprowicza (*Dzieła wszystkie* Mickiewicza, Lwów 1911, t. III).

W wydaniu niniejszym zamieszczono przekład dokonany z rękopisów przez Artura Górskiego.

SPIS RZECZY

Dziady

Fragmenty

Fragmenty francuskie
(w przekładzie polskim)

Uwagi o tekstach

„Czytelnik", Warszawa 1982. Wydanie VI (II w tym oprac.).
Nakład 25 000 egz. Ark. wyd. 14,4; ark. druk. 28,25. Papier
offset. mat. kl. III, 65 g. 61 cm. Druk ukończono w lutym
1982 roku. Łódzka Drukarnia Dziełowa. Zam. wyd. 153 a;
druk. 1128/1103/81. Cena t. I/IV zł 450.—

Printed in Poland